KB084143

독자의 1초를 아껴주는 정성!

세상이 아무리 바쁘게 돌아가더라도
책까지 아무렇게나 빨리 만들 수는 없습니다.
인스턴트 식품 같은 책보다는
오래 익힌 술이나 장맛이 밴 책을 만들고 싶습니다.

길벗이지톡은 독자여러분이
우리를 믿는다고 할 때 가장 행복합니다.
나를 아껴주는 어학도서,
길벗이지톡의 책을 만나보십시오.

독자의 1초를 아껴주는
정성을 만나보십시오.

미리 책을 읽고 따라해본 2만 베타테스터 여러분과
무따기 체험단, 길벗스쿨 엄마 2% 기획단,
시나공 평가단, 토익 배틀, 대학생 기자단까지!
믿을 수 있는 책을 함께 만들어주신 독자 여러분께 감사드립니다.

홈페이지의 '독자마당'에 오시면
책을 함께 만들 수 있습니다.

(주)도서출판 길벗 www.gilbut.co.kr
길벗 이지톡 www.eztok.co.kr
길벗 스쿨 www.gilbutschool.co.kr

영어 토론

무작정 따라하기

영어 면접·스피킹 시험 완벽 대비!

영어 토론
무작정 따라하기

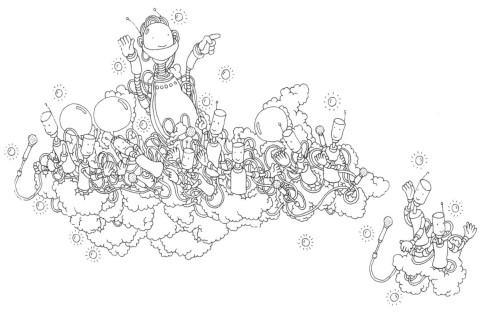

지은이 **소리클럽**

영어 토론 무작정 따라하기
The Cakewalk series — English Discussion

초판 발행 · 2009년 5월 9일
초판 16쇄 발행 · 2021년 6월 30일

지은이 · 소리클럽
발행인 · 이종원
발행처 · (주)도서출판 길벗
브랜드 · 길벗이지톡
출판사 등록일 · 1990년 12월 24일
주소 · 서울시 마포구 월드컵로 10길 56(서교동)
대표 전화 · 02)332-0931 | **팩스** · 02)323-0586
홈페이지 · www.gilbut.co.kr | **이메일** · eztok@gilbut.co.kr

기획 및 책임편집 · 이규선(moony1213@gilbut.co.kr) | **디자인** · 황애라
제작 · 이준호, 손일순, 이진혁 | **영업마케팅** · 김학흥, 장봉석 | **웹마케팅** · 이수미, 최소영
영업관리 · 심선숙 | **독자지원** · 송혜란, 윤정아

편집집행 및 교정교열 · 심은정 | **전산편집** · 페이지트리 | **일러스트레이터** · 밥장
CTP 출력 및 인쇄 · 예림인쇄 | **제본** · 예림바인딩

ISBN 978-89-6047-172-6 03740 (길벗 도서번호 000289)
© 소리클럽, 2009

정가 16,800원

독자의 1초까지 아껴주는 정성 길벗출판사
길벗 | IT실용, IT/일반 수험서, IT전문서, 경제경영서, 취미실용서, 건강실용서, 자녀교육서
더퀘스트 | 인문교양서, 비즈니스서
길벗이지톡 | 어학단행본, 어학수험서
길벗스쿨 | 국어학습서, 수학학습서, 유아학습서, 어학학습서, 어린이교양서, 교과서

페이스북 · www.facebook.com/gilbutzigy
네이버 포스트 · http://post.naver.com/gilbuteztok
유튜브 · https://www.youtube.com/gilbuteztok

최신 토픽, 최다 샘플 의견 수록으로
영어 토론 이 한 권으로 끝낸다!

《Master of Discussion : 영어 토론의 달인》이 세상에 나온 지 어느덧 4년이 넘었습니다. 당시 단편적인 일상 회화를 넘어서 영어로 내 의견을 말하고 토론하고 싶다는 바람을 가진 많은 분들에게 풍부한 자료와 훈련 과정을 제공하겠다는 의도 아래 이 책을 기획, 출간했습니다. 하지만 몇 년이 지난 지금까지도 서점에 가보면 이런 생각을 가진 분들에게 필요한 책이 더 많이 나오지 않아 안타까울 따름입니다. 결국 적지 않은 시간이 흘렀지만 많은 분들의 성원으로 다시 한 번 개정증보판을 내게 되었습니다.

그동안 수만 명의 독자분들에게 도움을 드린 것처럼 ≪영어 토론 무작정 따라하기≫도 여러분에게 많은 도움이 되었으면 좋겠습니다.

영어 토론부터 영어 면접, 스피킹 시험까지 다 통하는 핫 토픽 50개

토론이 활발히 이루어지려면 주제가 너무 무겁거나 고전적인 것이 아닌, 흥미로우면서도 실제 우리가 자주 접하는 현실적인 주제여야 합니다. 이 책에서는 문화, 건강, 과학, 경제, 교육, 사회 등에 이르는 다양한 파트의 최신 주제들이 실려 있습니다. 우리 주위에서 일어나고 있는 주제를 다루기 때문에 영어 토론 스터디 그룹에서 유용하게 활용할 수 있으며, 나아가 자신의 의견을 말하는 훈련을 통해 영어 면접과 스피킹 시험에도 도움이 됩니다.

요리조리 응용해 나만의 의견을 만드는 샘플 의견 200개

토론에서 가장 기본적인 것은 주제를 정확히 숙지하고 든든한 배경 지식을 갖추는 일입니다. 이제 기본 무기가 장착되었으니 자신의 의견과 주장을 효과적으로 전달하는 것만이 남았습니다. 다른 사람들의 다양한 의견을 엿보는 훈련을 많이 한다면 여러분의 시각을 확장하고, 자신의 의견을 정리할 수 있겠죠? 의견이 비슷하다면 이 샘플 의견을 요리조리 응용해 나만의 의견을 만들 수도 있습니다. 독자 여러분이 진짜 하고 싶어 하는 말들을 풍부한 샘플 의견으로 제시했기에 자신의 의견을 말하는 데 힘이 되어 드릴 것입니다.

영어의 양이 쌓이면 질이 변합니다

영어 공부를 할 때 가장 먼저 하는 일이 좋은 교재를 선택하는 것입니다. 하지만 아무리 좋은 교재라도 보지 않으면 실력이 늘지 않습니다. 눈으로만 읽어도 효과가 없습니다. 영어 공부법의 핵심은 능동적인 마음가짐으로 내가 주인공이라고 생각하며 직접 소리 내어 발표해 보는 것입니다. 기억하십시오! 영어 토론 실력은 얼마나 적극적으로, 자주 발표해 보았느냐에 정비례해서 발전합니다.

끝으로 개정증보판에 힘써 주신 최철 선생님께 감사의 말씀을 전합니다.

소리클럽 이정훈

영어 토론을 잘하기 위해서는 반드시 갖추어야 할 4가지 요소가 있습니다. 주제와 관련된 **어휘와 표현**들의 숙지, 실제로 자신의 생각을 영어로 말해 보는 **실천**, 자신의 주장을 효과적으로 상대방에게 이해시킬 수 있는 **논리**, 그리고 항상 세상의 문제들을 고민하면서 스스로 해결하려는 **적극적인 자세**. 이 중 어느 것 하나라도 부족하면 토론의 달인이 되기 어렵습니다. 《영어 토론 무작정 따라하기》는 이 모든 요소를 한꺼번에 잡을 수 있는 기회가 될 것입니다.

▶ 각 주제별로 필수 표현들을 정리한다!

'영어로 사고하라'는 명제는 비단 영어 토론을 위해서뿐만 아니라 전반적인 영어 공부를 위해 반드시 필요한 과제입니다. 그러기 위해서는 주제와 상황에 따라 등장하는 표현들을 잘 알고 있어야겠지요. 이 책에는 다양한 주제에 따른 필수 표현들을 충분히 담아 놓았습니다. 또 실제 상황에서 그대로 활용 가능한 실용적인 문장들도 많이 등장합니다. 여기 나온 어휘와 표현들을 따로 정리해 놓으면 실제 토론에서 유용하게 활용할 수 있습니다.

▶ 실제 토론을 준비할 때마다 필요한 부분을 꺼내어 쓴다!

분야별로 나뉜 다섯 개의 파트는 토론에 적합한 주제들을 다양하게 제시하고 있습니다. 50개의 주제와 200개의 샘플 의견에는 어떤 토론에서도 응용 가능한 내용이 충분히 담겨 있습니다. 토론을 준비하며 필요한 부분을 꺼내어 활용해 보세요. 주제 선택에도 유용할 뿐 아니라 자신의 의견을 정리하는 데 있어서도 든든한 길잡이가 되어 줄 것입니다.

▶ 실제로 말해야 한다!

이 책에 주제별로 실린 다양한 모범 토론의 주장들을 읽다 보면 저절로 머리 속에 자신의 주장이 그려질 것입니다. '모범 토론 엿보기'에 제시된 토론 과정을 듣고, 읽어 본 다음에는 반드시 자신의 주장을 소리내어 표현해 보시기 바랍니다. 짧은 문장, 두세 마디의 말이라도 직접 해 보는 것과 그냥 머리 속에 떠올리고 마는 것에는 엄청난 차이가 있답니다. 말하는 연습을 하지 않으면 실제 토론에서도 입이 떨어지지 않습니다.

▶ 비판적으로 생각해라!

왜 이런 주장을 했을까, 이런 주장이 타당한가, 나라면 이렇게 설명할 텐데 등등 제시된 토론 사례들을 항상 비판적인 시각으로 바라보시기 바랍니다. 성공적이고 생산적인 토론에 가장 중요한 것은 바로 토론 참가자들의 논리력입니다. 자신이 이 가상 토론에 참여하고 있다고 상상하면서 예리한 비판도 하고 머리도 끄덕거리며 토론을 이끌어 보시기 바랍니다.

▶ 베타테스터로 자신의 의견을 책에 반영해 보세요.

베타테스터는 책을 출간하기 전 미리 원고를 처음부터 끝까지 공부해 보면서 어려운 부분이나 이해가 안 되는 부분들을 체크해 더 완성도 높은 책을 만드는 데 도움을 주시는 분들입니다.

> **모집** '베타테스터 모집' 게시판에서 수시 모집
> (단, 길벗 포인트 1,550점 이상 가능)
> **혜택** 출간된 책 한 권 / 길벗 포인트 적립

온라인 베타테스터는 온라인상에서 매주 이메일 설문으로 책의 기획부터 마케팅까지의 전 과정에 참여해 독자가 원하는 책을 편집부와 함께 만들어 주시는 분들입니다.

> **모집** '베타테스터 모집' 게시판에서 수시 모집
> **혜택** 설문 참여 시 길벗 포인트(100~500point) 적립
> 베타테스트 기간 동안 모든 설문에 빠짐없이 참여하면 3,000포인트 추가 지급

▶ 이지톡 홈페이지에서 자료도 다운 받고, 궁금한 점도 물어보세요.

이지톡 홈페이지(www.eztok.co.kr)에 무료 회원으로 가입하시면, '자료실'에서 오디오 파일을 비롯해 영어와 관련된 자료를 무료로 다운 받을 수 있습니다. 또한 책에 대해 궁금한 점이나 어려운 부분이 있을 때에는 '책별 게시판'을 통해 해결할 수 있습니다.

▶ 혼자 공부하기 힘들다면 '완독의 기쁨'으로 함께, 끝까지 공부하세요.

어학의 왕도는 한 권을 반복해서 여러 번 보는 것이라고 합니다. 늘 새로운 각오로 시작하지만 책 한 권을 처음부터 끝까지 공부하는 것이 만만치 않죠. 함께 공부하고 격려하는 이지톡의 참여 캠페인 '완독의 기쁨'을 통해 할 수 있다는 자신감과 성취의 기쁨을 누리세요!

> **모집** 스터디 카페(cafe.never.com/eztok)에서 수시 모집
> **혜택** ① 학습 일정 관리 및 SMS 서비스
> ② 학습 시간표 및 복습 퀴즈 제공
> ③ 이지톡 공인 수료증 발급
> ④ 길벗 포인트 10,000점 제공

▶ 혼자 공부할 때

이 책의 구성은 난이도에 따른 분류가 아닌 주제별 분류를 취하였으므로 관심 있는 것부터 하나씩 선택하여 학습하세요.

1 주제 읽기

먼저 issue를 읽어 내려갑니다. issue에서 토론하고자 하는 바가 정확히 무엇인지 파악해야 합니다. 자신이 동의하는 점과 반대하는 점을 생각하며 읽어 봅니다.

5 mp3로 토론 과정 익히기

시간이 날 때마다 'issue'와 '모범 토론 엿보기'의 mp3를 들으면서 토론 과정을 귀로 익히세요. 해당 주제와 관련된 표현뿐 아니라 정확한 발음까지 익힐 수 있습니다.

2 표현 익히기

다음으로 하단에 나와 있는 필수 표현과 핵심어들을 익히고, 다시 한번 issue를 읽어 봅니다. 이렇게 읽고 나면 머릿속에 대강의 자기 의견이 그려질 것입니다.

4 내 의견 적어보기

자기 의견을 구체화하기 위해서는 직접 적어 보는 습관을 들이는 것이 좋습니다. '실전 토론하기'에 제시된 질문들에 자신의 의견을 적어 봅니다. 이때 마지막 페이지에 있는 '잠깐만요' 코너를 활용하면 좋습니다.

3 모범 토론 엿보기

'모범 토론 엿보기'의 다양한 의견을 읽어 보면서 자기의 의견을 구체화해 봅니다. 각 토론자의 논리성과 표현력을 살펴보면서 자신이라면 어떻게 말할지 생각해 봅니다.

▶ 여럿이 공부할 때

이 책으로 여럿이 공부할 때 가장 좋은 구성 인원은 5명입니다. 매 시간마다 돌아가며 한 명의 사회자를 정하고, 4명의 토론자가 의견을 나누는 것이 긴밀하게 토론을 진행하기에 좋습니다. 4~8명까지도 가능하지만, 그 이상이 되면 다른 방식을 이용하십시오.

모든 멤버는 먼저 토론 주제를 완벽하게 익히고 토론에 참여해야 합니다. 그날의 토론에 대해 모두 자신의 의견을 정리한 후 토론에 임해야 활기 있는 토론이 이루어질 수 있습니다.

1 스터디를 하기 전에

사회자는 그날의 토론 주제에 대해 가장 잘 알고 있어야 합니다. 해당 주제를 충분히 설명할 수 있도록 준비하는 것은 물론 토론 진행을 위한 표현까지 숙지하고 있어야 합니다. 그리고 '실전 토론하기'에서 제시한 질문들과 그밖에 주제와 연관되어 추가로 예상되는 질문들을 준비해야 그날의 토론을 활발하게 이끌어 낼 수 있습니다.

토론자는 그날의 토론 주제에 대해 미리 공부하고, 자신의 의견을 구체화한 후 토론에 참여해야 합니다.

★ 스터디를 하기 전에 토론자는 왼쪽에 나와 있는 혼자 공부하는 방법을 참고해 미리 공부합니다.

2 본격적으로 스터디하기

① 사회자가 오늘의 토론 주제에 대한 간단한 배경 설명을 합니다.
② 토론자들이 미리 준비한 자신의 의견을 발표하며 본격적인 토론을 시작합니다. 발표가 끝나면 '실전 토론하기'에 나온 질문과 각자 준비한 질문으로 자유 토론 시간을 갖습니다.
③ 사회자는 토론이 원활하게 진행될 수 있도록 적절한 시기에 질문을 제시해 주어야 하며 토론자는 1~2분 정도 형식에 구애받지 않고 자신의 의견을 말하도록 합니다. 처음부터 모든 질문에 완벽하게 대답할 순 없겠지만 반복적으로 훈련한다면 영어 토론에 필요한 순발력과 사고력 등이 증가할 것입니다.

3 평가하기

오늘의 주제에 대한 모든 토론이 끝나면 각자 오늘 토론에 대한 평가를 영어로 말해 보는 시간을 갖습니다. 이는 발전적인 다음 토론을 위해 꼭 필요한 단계입니다. 전반적으로 잘한 점과 개선할 점에 대해 얘기하고, 주제 자체에 대한 평가와 또 멤버들의 준비 상태, 참여도 등에 관한 다양한 평가가 있을 수 있습니다.

Issue

토론이 재미있으려면 먼저 말할 거리를 잘 선정하는 것이 필수! 너무 뻔한 주제, 지나치게 어렵거나 전문적인 지식을 요하는 주제 등은 토론에 적합하지 않습니다. 《영어 토론 무작정 따라하기》에서는 흥미롭고 경쾌한 토론이 될 수 있도록 우리 시대의 최신 issue만을 엄선했습니다.

자신의 주장을 펼치기 위해 그리고 상대방의 주장을 이해하기 위해 주제 관련 어휘들은 반드시 암기해 두는 게 좋겠죠?

무작정 따라하기 ❶ – 모범 토론 엿보기

각 주제에 대해 펼쳐지는 모범적이면서도 흥미진진한 토론의 예를 보여 주는 코너입니다. 4개의 Opinion은 Opinion 1부터 Opinion 4까지 역동적으로 이어지는 생생한 토론의 사례입니다. 다양한 주장들을 통해 여러분의 시각을 확장하고, 자신의 의견과 비슷한 의견은 조금더 응용해 나만의 의견으로 만들어 보세요!

토론 핵심 표현

Opinion에 쓰인 표현들 중 토론에 유용한 표현들만 정리했습니다. 본문에도 굵은 글씨로 강조해 놓았으니 어떤 상황에서, 어떤 문맥에서 이 표현들을 쓰는지 더 쉽게 이해할 수 있습니다.

About Internet censorship   Issue 04_1.mp3

Issue 04 Freedom of Speech Is Our Right.

표현의 자유는 우리의 권리입니다.

Since it was first developed by the American military, the use of the Internet has been on the rise at an extremely rapid rate. There were people who had never heard of e-mails just fifteen years ago. Now, people can download movies and music from the Internet, not to mention loads of various

- don't think there is~ ~라는 ~한 것이다 생각하지 않는다
- Is it okay if I interrupt? 제가 끼어들어도 될까요?

Internet censorship 인터넷 검열 제도 | step in 끼어들다, 개입하다 | suppress [səprés] 금지하다(억누르다) | ethical, moral [mɔ́(ː)rəl] 윤리적, 도덕적 | X-rated, immoral [imɔ́(ː)rəl] 성인용의 | unsuitable [ʌnsúːtəbəl] 부적절한 | freedom of speech 표현의 자유 | mass amounts of information 다량의 정보 | anonymously [ənʌ́niməsli] 익명으로 | recipient [risípiənt] 수신자, 받아들이는 사람

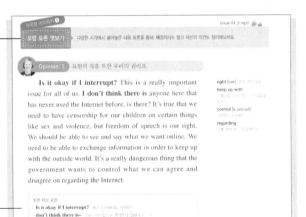

무작정 따라하기 ❶   Issue 04_2.mp3

모범 토론 엿보기 다양한 시각에서 풀어놓은 다음 토론을 통해, 배경지식도 넓고 자신의 의견도 정리해보세요.

Opinion 1 표현의 자유 또한 우리의 권리죠.

Is it okay if I interrupt? This is a really important issue for all of us. **I don't think there is** anyone here that has never used the Internet before, is there? It's true that we need to have censorship for our children on certain things like sex and violence, but freedom of speech is our right. We should be able to see and say what we want online. We need to be able to exchange information in order to keep up with the outside world. It's a really dangerous thing that the government wants to control what we can agree and disagree on regarding the Internet.

right [rait] 권리, 올바른
keep up with ~에 뒤지지 않다, 시류를 따르다
control [kəntróul] 통제하다
regarding ~에 관하여, ~에 관해서는

토론 핵심 표현
- **Is it okay if I interrupt?** 제가 끼어들어도 될까요?
- **don't think there is~** ~라는 ~한 것이다 생각하지 않는다

별책 부록 – 영어 토론 핵심패턴 428개

토론을 시작할 때, 상대방의 의견을 물을 때, 예를 들어 설명할 때, 상대방이 말하는 중에 끼어들 때, 주장을 요약할 때 등 토론을 위해 꼭 알아야 할 핵심패턴 428개를 뽑았습니다. 토론할 때마다 쓰게 되는 이 패턴들만 있으면, 어떤 주제가 주어져도 자신의 의견을 매끄럽게 말할 수 있습니다.

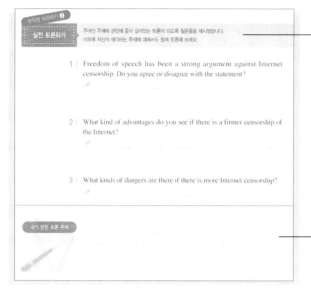

무작정 따라하기 ❷ - 실전 토론하기

좀 더 깊이 있는 토론이 되도록 예상 가능한 문제점들을 제시해 놓았습니다. 이 질문들에 자신의 주장과 뒷받침 의견을 정리해 두세요.

그리고 여기에 주어진 질문들만 생각해서는 안 되겠지요. 자신이 생각하는 문제점들에 의문 부호를 달 수 있어야 합니다. 직접 자신만의 토론 주제까지 만들어 보세요.

잠깐만요!

화룡점정. 토론의 달인이 되기 위해 꼭 필요한 점 하나가 바로 필수 문장! 실전에서 바로 활용할 수 있는 문장들을 엄선해 놓았습니다.

특별 부록 - 실전 토론 과정이 담긴 mp3 CD

토론 주제와 생생한 토론 과정을 네이티브의 음성으로 담았습니다. 라디오 토론 방송을 듣는다는 생각으로 자투리 시간마다 반복해서 들어 보세요.

주제별 표현은 물론 토론을 이끌어 나가는 방법과 영어 구사력까지 한꺼번에 늘어나게 될 것입니다.

차례

Part I — Technology and Culture

Part 2 *Health and Science*

Part 3 Education

Part 4 *Society* I

Society 2 — Korean Issues

Part I
Technology and Culture

Issue 01 We Just Share Files

우리는 단지 파일을 공유할 뿐이에요.

Today's discussion will be on Internet file-sharing. There are many file-sharing Web sites in Korea. There, visitors can upload or download digital Intellectual Property(IP) such as movies and music at very low cost or for free. In fact, the use of such sites seems almost universal in Korea. Many Korean and foreign entertainment and software companies have protested such activity as 'piracy,' and have tried to bring political and legal pressure on netizens to stop downloading, and on file-sharing sites to close. Despite the pressure, however, file-sharing sites remain ubiquitous in Korea. Some say that file-sharing sites should continue. They insist that pressure on file-sharing sites is another attempt by big companies to seize commoners' money by making them pay royalties. Other people say that we must abide by IP laws—specifically those relating to products like movies or music—if we ever want to be recognized as an advanced country. **How do you feel about this issue?**

- **Today's discussion will be on ~** 오늘의 토론은 ~에 관한 것이 되겠습니다
- **How do you feel about this issue?** 이 문제에 대해 어떻게 생각하십니까?

file-sharing [fáil-ʃɛəriŋ] 파일 공유 | **Intellectual Property** 지적 재산, 지적 소유권 | **universal** [jùːnəvə́ːrsəl] 보편적인, 일반적인 | **protest** [prətést] 항의하다, 이의를 제기하다 | **piracy** [páiərəsi] 해적질, 저작권 침해, 도용 | **pressure (on)** ~에의 압력 | **ubiquitous** [juːbíkwətəs] 어디에나 있는, 편재하는 | **seize** [siːz] 붙잡다, 빼앗다 | **commoner** [kámənər] 평민, 서민, 대중 | **abide by** ~을 지키다, ~에 따르다 | **advanced country** 선진국

무작정 따라하기 ❶

모범 토론 엿보기 : 다양한 시각에서 풀어놓은 다음 토론을 통해, 배경지식도 쌓고 자신의 의견도 정리해보세요.

 Opinion 1 대기업에 로열티를 지불할 의무는 없어요.

I don't understand why file-sharing should be a problem. I don't think giant firms will go bankrupt because of IP file-sharing. Big companies can afford some small losses from file-sharing. They already dominated the market. Do they have to dominate it even more? **I get angry whenever I see** these companies demanding that we stop 'piracy' and pay them royalties instead. I don't think we ever have an obligation to waste our wealth by paying royalties to them! I'm tired of their exploitation.

go bankrupt 파산하다
loss [lɔ(:)s] 손실, 손해
dominate [dámənèit] 지배(위압)하다
obligation [àbləɡéiʃən] 의무, 책임
wealth [welθ] 부, 재산, 재물
be tired of 싫증이 나다, 지겹다, 넌더리 나다
exploitation [èksplɔitéiʃən] 이용, 착취

토론 핵심 표현
· **I don't understand why ~** 왜 ~인지 모르겠습니다
· **I get angry whenever I see~** ~을 볼 때마다 화가 납니다

파일 공유가 왜 문제가 되는지 모르겠어요. IP 파일 공유로 거대 회사가 파산하지는 않을 거예요. 대기업들은 파일 공유로 인한 작은 손실을 감당해낼 여유가 있습니다. 그들은 이미 시장을 지배했습니다. 더 많이 지배해야 하나요? 이 회사들이 우리에게 '저작권 침해'를 중단하고 대신 로열티를 내라고 요구하는 것을 볼 때마다 저는 화가 납니다. 그들에게 로열티를 지불하여 우리의 재산을 낭비할 의무가 전혀 없다고 생각합니다! 저는 그들의 착취에 넌더리가 납니다.

 Opinion 2 우리나라의 이미지에 영향을 끼칠 수 있어요.

Well, **certainly you have some good points**. However, have you thought about the perception of Korea that other countries might have? I think the level of morality can greatly affect the overall image of our nation, which can have an influence on the economy. Whenever we read about IP piracy rates, we always see China, Korea, and Thailand at the top of the list. **To be frank**, I don't think Korea will

perception [pərsépʃən] 인식, 이해
morality [mɔ(:)ræləti] 도덕, 도의
have an influence on ~에 영향을 끼치다
at the top of the list 목록 맨 위에 있는
developed country 선진국

ever be accepted as a developed, advanced country as long as average citizens here don't respect IP laws.

respect [rispékt]
지키다, 존경(존중)하다

> 토론 핵심 표현
> · **certainly you have some good points.** 분명히 좋은 지적을 하셨습니다.
> · **To be frank** 솔직히 말해서

분명히 좋은 지적을 하셨습니다. 하지만 다른 국가들의 한국에 대한 인식을 생각해 보셨나요? 도덕 수준이 우리나라의 전반적인 이미지에 지대한 영향을 끼칠 수 있으며, 이는 경제에 영향을 미칠 수 있습니다. IP 저작권 침해율에 대한 글을 읽을 때마다 항상 중국, 한국, 그리고 태국이 목록 맨 위에 있습니다. 솔직히 말해서 일반 시민들이 IP 법을 지키지 않는 한, 한국은 절대 선진국으로 인정되지 않을 겁니다.

 Opinion 3 가격을 합리적으로 낮춰야 해요.

That may be true, but consider this: Maybe people share files because they are not priced properly. I mean, digital products are priced unreasonably. Even when the economy is slow, companies constantly say that they have to raise prices. I think it is sort of like 'robbing' people. Why can't they make the prices low enough for more people to actually afford? I think many people know how troublesome it is to download files illegally. They will definitely pay for the contents as long as the prices are reasonable. **Is this a good way to** root out piracy or what?

price [prais]
~에 값을 매기다, 평가하다
unreasonably
[ʌ̀nríːzənəbli]
터무니없이, 부당하게, 불합리하게
slow [slou]
경기가 나쁜, 부진한
sort of 다소, 얼마간, 말하자면
rob [rɑb]
빼앗다, 강탈하다, 훔치다
troublesome [trʌ́blsəm]
성가신, 귀찮은, 까다로운
pay for
~에 대한 값을 지불하다
reasonable [ríːzənəbəl]
합당한, 비싸지 않은
root out 근절하다, 뿌리뽑다
or what
(부정문 뒤에서) 아니면 다른 무엇

> 토론 핵심 표현
> · **That may be true, but consider this.** 그게 맞을지도 모르지만, 이걸 생각해 보세요.
> · **Is this a good way to ~ ?** 이것이 ~하는 좋은 방법이죠?

그게 맞을지도 모르지만, 이걸 생각해 보세요. 사람들이 파일을 공유하는 이유는 가격이 제대로 매겨지지 않아서일지도 모릅니다. 제 말은 디지털 상품은 값이 불합리하게 매겨진다는 겁니다. 경제가 불황일 때조차도 업체들은 끊임없이 가격을 올려야 한다고 말합니다. 이것이야말로 정말 사람들의 돈을 '훔치는 행위'라고 생각합니다. 왜 많은 사람이 실제로 그것을 살 수 있을 만큼 가격을 더 낮출 수는 없는 건가요? 많은 사람들이 파일을 불법으로 다운로드하는 것이 얼마나 골치 아픈 일인지 알고 있습니다. 가격만 합당하다면 사람들은 분명 콘텐츠 값을 낼 것입니다. 이것이 저작권 침해를 근절하는 좋은 방법이 아니고 무엇이겠습니까?

Opinion 4 외국의 한류 음악과 영화 공유를 비난할 수 없어요.

You know what I've heard? I've heard that even top singers like Lee Hyo-ri or Wonder Girls cannot sell even half a million CDs anymore. Korean companies and entertainers are being hurt by file-sharing. As we know, many Korean movies are also downloaded for free in Korea. **Even worse**, since we are file-sharing, we can't criticize the Chinese or Thais for file-sharing our 'Korean Wave' music or movies. If we don't respect IP, how can we tell those countries not to pirate our products? I was shocked to see so many pirated Korean movies in Bangkok, actually. But how could I complain about it?

entertainer [èntərtéinər]
연예인

free [fri:] 무료로, 공짜로

criticize [krítisàiz]
비평(비난)하다

Thai [tai] 태국 사람

Korean Wave 한류

pirate [páiərət]
해적 행위를 하다, 약탈하다, 표절
하다, 저작권을 침해하다

complain about
~에 대해 불평하다, 투덜거리다

토론 핵심 표현
· **You know what I've heard?** 내가 무슨 말을 들었는지 아세요?
· **Even worse** 설상가상으로

내가 무슨 말을 들었는지 아세요? 이효리나 원더걸스 같은 탑 가수들조차 더 이상 CD를 50만 장도 팔지 못한다고 합니다. 한국의 회사와 연예인들이 파일 공유로 인해 피해를 당하고 있는 것이지요. 또한 알다시피 많은 한국 영화들이 국내에서 무료로 다운로드되고 있습니다. 설상가상으로, 우리가 파일 공유를 하고 있기 때문에, 중국이나 태국 사람들의 '한류' 음악이나 영화 파일 공유를 비난할 수가 없습니다. 우리가 IP 법을 지키지 않는데 어떻게 이런 나라들에게 우리 상품의 저작권을 침해하지 말라고 할 수 있을까요? 실제로 저는 너무도 많은 한국 영화들이 방콕에서 저작권 침해를 받고 있는 것을 보고 충격을 받았습니다. 그러나 제가 어떻게 그것을 뭐라 할 수 있겠어요?

주어진 주제와 관련해 좀 더 깊이 있는 토론이 되도록 질문들을 제시했습니다.
이외에 자신이 생각하는 주제에 대해서도 함께 토론해 보세요.

1 | What kinds of files do you download from file-sharing sites? Would you consider file-sharing to be piracy?

2 | "File-sharing should be eliminated because it hurts Korea in several ways, such as in its national image." Do you agree or disagree with this statement?

3 | What do you think is the main reason file-sharing exists?

4 | What are some advantages and disadvantages of file-sharing?

5 | What is a unique approach to resolving the file-sharing issue ASIDE from applying anti-piracy laws?

내가 만든 토론 주제

앞의 질문들에 대답할 때 아래 문장들을 활용해 보세요.

1 | 큰 선수들은 작은 손실을 흡수할 수 있어요.
- Big players can suck up a small loss.
- Big companies are wealthy enough to tolerate a small financial loss (from IP piracy).

2 | 외국인들에게 주는 로열티가 국부를 고갈시켜요.
- Royalties to foreigners exhaust the national wealth.
- Foreigners are trying to suck us dry through royalties!

3 | 저작권 침해가 한국의 국제적 이미지에 좋다고 생각하나요?
- Do you think piracy is good for Korea's global image?
- How does Korea's IP piracy play out abroad?

4 | (IP 법을 포함하여) 법은 우리를 동물과 분리시키는 것이에요.
- Laws (including IP laws) are what separate us from animals.
- Being human means being able to follow basic laws.

5 | 한국의 거대 기업들은 영화와 음악에 대한 값을 제대로 매기지 않아요.
- Conglomerates aren't pricing movies and music properly in Korea.
- Conglomerate's pricing of movies and music is out of whack in Korea.

6 | 얻으려면 주어야 해요.
- You have to give a little to get a little.
- Compromise on this issue is necessary.

7 | 우리의 지적 재산권 침해 행위는 우리에게 피해를 주었어요.
- Our own actions on IP piracy have harmed us.
- IP piracy has blown up in our faces.

8 | IP에 관한 한, 우리는 황금률을 따라야 해요.(황금률: 다른 사람들이 너에게 해주었으면 하고 바라는 대로 너도 그들에게 해라.)
- As far as IP goes, we need to follow the Golden Rule.
- We need to follow moral principles so that others follow them, too.

Issue 02 Should I Reveal Myself?

내 자신을 밝혀야 하나요?

Despite the rising number of cyber-crimes such as cyber insults and libel on the web, there has been no effective solution. But after the suicides of some celebrities including the singer Yuni and Choi Jin-sil, who were psycho-logically distressed by the verbal abuse and rumors circulating on the Internet, the number of 'Internet real-name system' supporters went up. And **these incidents have been raising a debate over** Internet postings. Some argue that the real-name formula will make people who post messages act more responsibly. Others think the real-name scheme could be unconstitutional because it restricts people's privacy and their right to speak without revealing their identities. The Internet real-name system is now becoming a hot-button issue. Please **tell us what came across your mind** when you heard about the issue.

- **these incidents have been raising a debate over ~** 이 사건들은 ~에 관한 논쟁을 불러일으키고 있습니다
- **tell us what came across your mind** 떠오른 생각을 말해 주세요

insult [ínsʌlt] 모욕 | libel [láibəl] 중상하는 글, 모욕 | **suicide** [súːəsàid] 자살 | celebrity [səlébrəti] 유명인, 명사, 유명 연예인 | **psychologically** [sàikəládʒikəli] 심리적으로 | distress [distrés] 괴롭히다 | **verbal abuse** [və́ːrbəl əbjúːz] 욕설 | circulate [sə́ːrkjəlèit] 유포되다 | incident [ínsədənt] 일어난 일, 사건 | posting [póustiŋ] 인터넷 등에 올린 글 | formula [fɔ́ːrmjələ] 방식, 공식 | scheme [skiːm] 계획, 안 | unconstitutional [ʌ̀nkɑnstətjúːʃənəl] 헌법 위반의, 위헌의 | restrict [ristríkt] 제한[한정]하다 | reveal [rivíːl] 드러내다, 폭로하다, 밝히다 | identity [aidéntəti] 정체, 신원 | hot-button 결정적인, 중대한

무작정 따라하기 ❶

모범 토론 엿보기 ▷ 다양한 시각에서 풀어놓은 다음 토론을 통해, 배경지식도 쌓고 자신의 의견도 정리해보세요.

 Opinion 1 비신사적인 행동을 막기 위해 실명제는 필요해요.

I think **people should be responsible for** posting comments on the Internet. But many people can easily change their identity when the necessity arises. What I am saying is that one might act like a gentleman off-line, but at other times might behave like a man without any morality online. I think it is undesirable and cowardly to express one's opinion behind a veil of anonymity. The real-name system **is what we need to stop such** ungentlemanly behavior online.

comment [kámənt]
논평, 해설, 설명

necessity [nisésəti]
필요성, 불가피(성)

arise [əráiz]
일어나다, 발생하다

morality [mɔ(ː)rǽləti]
도덕, 도의

undesirable
[ʌ̀ndizáiərəbəl]
바람직하지 못한

anonymity [æ̀nəníməti]
익명, 무명

ungentlemanly
[ʌ̀ndʒéntlmənli]
비신사적인, 야비한

토론 핵심 표현
· **people should be responsible for ~** 사람들은 ~에 책임을 져야 합니다
· **is what we need to stop such ~** ~이 ~같은 것들을 막기 위해 필요한 것입니다

사람들이 인터넷에 의견을 올리는 데 대해 책임을 져야 한다고 생각합니다. 하지만 많은 사람들이 필요하다면 신원을 쉽게 바꿀 수 있습니다. 제 말은 오프라인에서는 신사처럼 행동할지 몰라도, 온라인에서 다른 때에는 도덕성이 전혀 없는 사람처럼 행동하기도 한다는 것입니다. 익명의 베일 뒤에서 자신의 의견을 표현하는 것은 바람직하지 못하고 비겁하다고 생각합니다. 실명제는 온라인에서 이러한 비신사적인 행동을 막기 위해 필요한 것입니다.

 Opinion 2 실명제는 말할 권리를 제한하는 거예요.

Anonymity certainly **has disadvantages for some people**, but it also has some merits. With anonymity, we can express our opinions freely, though the defamation of others is, and should be, a violation of free speech. We can say certain things through anonymous online communication that we wouldn't say to their faces. **In other words**, if the real-name system makes people afraid to say things

disadvantage
[dìsədvǽntidʒ]
불편함, 손해, 단점

merit [mérit] 장점, 가치

defamation [dèfəméiʃən]
중상, 비방

violation [vàiəléiʃən] 폭력

they really want to, it is actually restricting our right to speak.

토론 핵심 표현
- **has disadvantages for some people** 어떤 사람들에게는 불편함을 야기합니다
- **In other words** 바꿔 말하면

익명은 분명 어떤 사람들에겐 불편함을 야기하지만, 또 장점도 있습니다. 비록 타인에 대한 비방이 언론 자유의 폭력이라 할지라도, 우리는 익명으로 자유롭게 의견을 표현할 수 있습니다. 익명의 온라인 소통을 통해 우리는 사람들의 면전에선 할 수 없는 말을 분명하게 할 수 있습니다. 바꿔 말하면, 실명제로 사람들이 정말 하고 싶어 하는 것을 말하기 두려워하게 된다면, 이는 진짜 말할 권리를 제한하는 것입니다.

 Opinion 3 우리의 말은 우리 자신을 표현해요.

If it is something that you can't say to someone's face, **what makes it okay to** say online? I mean, we are free to say anything off-line but that doesn't mean that we are saying anything that is considered immoral. We try to be moral in our daily life because what we say represents us and people recognize you when you speak. Likewise, moral behavior online **can only be expected when** there is online regulation such as a real-name system.

immoral [imɔ́(ː)rəl]
부도덕한, 음란한
represent [rèprizént]
나타내다, 표현하다
regulation [règjəléiʃən]
규칙, 법규, 규제

토론 핵심 표현
- **what makes it okay to ~** 왜 ~하는 것이 괜찮나요?
- **can only be expected when ~** ~할 때만 기대할 수 있습니다

다른 사람들의 면전에서 할 수 없는 말이라면, 온라인에서 그 말을 하는 것은 왜 괜찮은 건가요? 우리는 오프라인에서 자유롭게 말하지만, 그것이 부도덕하게 여겨지는 말을 한다는 걸 의미하지는 않습니다. 우리의 말은 우리 자신을 표현하며 사람들은 당신이 말할 때 당신을 인식하기 때문에, 우리는 실생활에서 도덕적인 사람이 되려고 노력합니다. 마찬가지로 온라인에서 이런 도덕적인 행동은 실명제와 같은 온라인 규제가 있을 때만 기대할 수 있습니다.

　　You have your point, but **what we should really focus on here is** cyber-violence and its root causes. And I don't think that the anonymity of the Internet is the root cause of cyber-violence. I mean, I personally think the real-name system won't work because of loopholes that criminals would exploit. For them, acquiring another person's name and residency number would not be a big deal. **As we already know,** they can easily use stolen identities to obtain cell phones and bank accounts. An increase in such identity theft could certainly be an unwanted consequence.

root [ru:t] 뿌리의, 근본의
loophole [lú:phòul]
허점, 빠지는 구멍
residency [rézidənsi]
주거, 거주
residency number
[rézidənsi nʌ́mbər]
주민번호
not a big deal
별일 아닌, 아주 쉬운
unwanted [ʌ̀nwɑ́ntid]
바라지 않는, 바람직하지 못한
consequence
[kɑ́nsikwèns] 결과, 결말

토론 핵심 표현
· **what we should really focus on here is ~**
　여기서 우리가 정말 초점을 맞춰야 하는 것은 ~입니다
· **As we already know ~** 다들 이미 알다시피

당신의 말도 일리가 있습니다만, 여기서 우리가 정말로 초점을 맞춰야 하는 것은 사이버 폭력과 그 근본 원인입니다. 그리고 저는 인터넷의 익명성이 사이버 폭력의 근본 원인이라고 생각하지 않습니다. 개인적으로 저는 범죄자들이 허점을 이용하기 때문에 실명제는 효과가 없을 거라고 생각합니다. 그들이 다른 사람의 이름과 주민번호를 얻는 것은 어려운 일이 아닐 겁니다. 다들 이미 알다시피, 그들은 휴대 전화와 은행계좌를 손에 넣기 위해 훔친 신분증을 쉽게 사용합니다. 이러한 신분증 절도의 증가는 분명 원치 않는 결과가 될 수 있습니다.

주어진 주제와 관련해 좀 더 깊이 있는 토론이 되도록 질문들을 제시했습니다.
이외에 자신이 생각하는 주제에 대해서도 함께 토론해 보세요.

1 | "The real-name system restricts people's constitutional right to privacy and free speech." Do you agree or disagree with this statement?

2 | What do you think is the main cause of online misbehavior such as cyber-crime and the spreading of rumors?

3 | Do you think you could freely express your opinions online if you have to reveal your identity?

4 | What do you think are the risks and benefits of the real-name system?

5 | What is a unique approach to solving online spreading of rumors and other such problems ASIDE from using a real-name system?

내가 만든 토론 주제

1 | 정보는 자유를 원해요.

- Information wants to be free.
- There should be no limits or restrictions on information.

2 | 제일 중요한 것까지 버리지 말아야 해요.

- Don't throw out the baby with the bath water.
- You shouldn' t go to an extreme to solve online problems.

3 | 오프라인에서는 지킬 박사, 온라인에서는 하이드.

- Dr. Jekyll offline, Mr. Hyde online.
- A gentleman in the real world, but a monster in the cyber world.

4 | 말을 삼가세요.

- Measure your words.
- Take responsibility for what you say or write.

5 | 그것이 바로 민주주의의 모습이에요.

- That's what democracy looks like.
- Even though Web anonymity can cause social disorder, it's natural in a democracy.

6 | 이것이 민주주의 2.0이에요.

- It's Democracy 2.0.
- Online Web anonymity is the key to cyber democracy, or the 'next version' of human democracy.

7 | 인터넷 예절을 지켜라. / 네티켓을 배워라.

- Mind your Internet manners. / Learn Netiquette.
- Act responsibly online, including your postings.

8 | 인터넷에 글을 올리기 전에 먼저 생각을 해야 해요.

- Think before you post.
- Don't post irresponsible or rude comments online.

Issue 03 Hello?

여보세요?

Okay, let's begin our discussion on the use of cell phones in Korea. Everyone in Korea, from young to old and from business executives to elementary school students, seems to carry around cell phones these days. This craze has gotten so extreme that there are cell phone stores lined up side by side selling the same phones everywhere you go. You may ask, "how did this all begin?" Well, **you can say that** the cell phone revolution began with the use of pagers. People were able to keep track of each other with pagers, and as technology soared, people started seeing the convenience of cell phones. They embraced this technology, and now they can't seem to let it go. There are even people who no longer have land lines for their homes, choosing to have only cell phones as a means of communication. Furthermore, downloading movies and music videos to cell phones has become the trend with newer styles, making it convenient and entertaining at the same time.

- **Okay, let's begin our discussion on ~** 자, ~에 관한 토론을 시작해 보죠
- **you can say that ~** 여러분은 ~라고 말할 수 있습니다

executive [igzékjətiv] 경영 간부 | **craze** [kreiz] 열광, 열중, 대유행 | **extreme** [ikstríːm] 지나친, 극단적인 |
revolution [rèvəlúːʃən] 혁명 | **pager** [peidʒer] 호출기 | **keep track of** ~의 진로를 쫓다, ~의 상황을 알다 | **soar**
[sɔːr] 높이 솟다, 급상승하다 | **embrace** [embréis] 포옹하다, 열렬히 받아들이다 | **land line** [lǽnd làin] 지상통신선,
유선 | **entertaining** [èntərtéiniŋ] 즐거운, 유흥을 제공하는

Opinion 1 공공장소에서의 사용은 다른 사람들에게 불편을 줘요.

Let me add to that. Cell phones are convenient, but they also create a lot of inconveniences. Some people don't know where to draw the line between convenience and discourtesy in public places. **For example**, when people start playing games on their phones without turning off the sound, it disrupts others. I don't want to listen to loud beeping and blasting sounds on my way home from a hard day's work. What's more, some people use their phones in public areas, and you can hear very private and personal conversations. This is pure rudeness and it's unacceptable.

inconvenience [ìnkənvíːnjəns]
불편함, 귀찮은 일

discourtesy [diskə́ːrtəsi]
무례, 실례, 버릇 없음

disrupt [disrʌ́pt]
방해하다, 분열시키다

blasting [blǽstiŋ]
폭발, 나팔 소리, 울림

on one's way home
집에 가는 길에

private [práivit]
사적인, 비밀의

personal [pə́ːrsənəl]
개인의, 사적인

rudeness [rúːdnis]
버릇 없음, 무례함

unacceptable [ʌ̀nəkséptəbəl]
용납할 수 없는

> 토론 핵심 표현
> · **Let me add to that.** 제가 거기에 덧붙여 말하겠습니다.
> · **For example** 예를 들면

제가 거기에 덧붙여 말하겠습니다. 휴대 전화는 편리하지만 동시에 많은 불편함도 야기합니다. 어떤 사람들은 공공장소에서 편리함과 무례함 사이의 선을 구분하지 못하고 있습니다. 예를 들어 소리를 끄지 않고 휴대 전화로 게임을 하기 시작하면, 다른 사람들은 방해를 받게 됩니다. 저는 힘든 업무를 마치고 집으로 돌아가는 길에 시끄러운 '삐삐' 소리나 '팡팡' 소리는 듣고 싶지 않습니다. 게다가 어떤 사람들은 공공장소에서 전화기를 사용하는데, 그러면 매우 사적이며 개인적인 대화까지 듣게 되죠. 이것은 순전히 교양 없는 행동이며 용납할 수 없는 일입니다.

 Opinion 2 휴대 전화는 바쁜 직장인들에게만 필요합니다.

I agree with that a hundred percent. Let me give you an example to help you further understand my point. I was on the subway, and an obnoxious teenager was using really profane language on his cell. There were a lot of children around. I actually saw a little boy staring at this

obnoxious [əbnɑ́kʃəs]
불쾌한, 미움을 사는

profane [prəféin]
상스러운, 저속한

stare at
~을 응시하다, 빤히 쳐다보다

constantly [kɑ́nstəntli]
끊임없이, 자주

teenager. I understand people need phones for communication, especially in Korea where people are constantly on the job, but teenagers don't need cell phones. Koreans are one of the busiest people in the world. The extensive traveling time requires cell phones for busy working people. They should be used only for the convenience of working people, not elementary or teenage children.

토론 핵심 표현
· **I agree with that a hundred percent.** 저는 100퍼센트 그 의견에 동의합니다.
· **Let me give you an example to help you further understand my point.**
제 의견에 대한 이해를 돕기 위해 예를 들어드리겠습니다.

저는 100퍼센트 그 의견에 동의합니다. 제 의견에 대한 이해를 돕기 위해 예를 들어드리겠습니다. 지하철을 타고 오는데 밉살스러워 보이는 십대가 진짜 저속한 언어를 사용하면서 통화를 하고 있었습니다. 그 주변에는 어린이들이 많이 있었죠. 저는 실제로 한 소년이 이 10대를 물끄러미 바라보는 것을 보았습니다. 사람들이 의사 소통을 위해 전화를 필요로 한다는 점은 이해합니다. 특히 항상 바쁘게 일하는 한국 사람들의 경우 더욱 그렇죠. 그렇지만 10대들은 휴대 전화가 필요 없습니다. 한국 사람들은 세상에서 가장 바쁜 사람들에 속할 겁니다. 이동 시간이 늘어나면서 바쁜 직장인들에게 휴대 전화가 필요하게 되었죠. 휴대 전화는 초등학생이나 10대 아이들이 아닌 직장인의 편리함을 위해서만 사용되어야 합니다.

 Opinion 3 사진도 찍고, 뉴스와 날씨도 확인할 수 있어요.

I don't think you're completely correct on that point. I think cell phones are **not only** convenient, **but** they're **also** very entertaining. I use my phone to download games and music videos. You have to keep up with the latest and learn to use all the features of your phone. My phone can even take pictures and mini-videos. I use these features all the time. When I was hunting for an apartment, my husband was too busy to come with me. So I took pictures and videos of the apartments I saw. Not only that, being able to check the news and weather through your phone is really useful.

download [dáunlòud]
데이터를 내려 받다
keep up with
~와 보조를 맞추다,
뒤떨어지지 않다
feature [fí:tʃər]
특징, 기능

저는 그 점에 있어서 당신이 완전히 옳다고는 생각하지 않습니다. 휴대 전화는 편리할 뿐만 아니라 매우 흥미로운 것입니다. 저는 휴대 전화로 게임이나 뮤직 비디오를 다운 받습니다. 여러분은 시대의 흐름에 뒤처지지 말고, 가지고 있는 전화기의 모든 기능을 이용할 줄 알아야 합니다. 제 전화기로는 사진과 짧은 비디오까지도 찍을 수 있습니다. 저는 항상 이런 기능들을 이용하죠. 제가 아파트를 구하러 다닐 때 남편은 너무 바빠서 저랑 함께 갈 수 없었습니다. 그래서 저는 제가 본 아파트들을 사진으로 찍고 비디오 촬영도 했습니다. 그뿐만 아니라 전화로 뉴스와 날씨도 확인할 수 있는 점은 정말 유용합니다.

 Opinion 4 계속 고급 기능만을 추구해 사치를 조장합니다.

Can I say something here? Yes, it's cool to use fancy and trendy cell phones, but there's no need to have all those options like cameras or videos on your phones. All of these elaborate functions are unnecessary because you can get them in better quality through items like digital and video cameras. Besides, the cost of newer cell phone models are on the rise because people are falling into the trap of buying phones with ritzy tools attached. **That's why there are** so many used and unclaimed phones lying around, and they're piling up like trash.

fancy [fǽnsi]
화려한, 고급의

trendy [tréndi]
최신 유행의, 유행을 따르는

elaborate [ilǽbərèit]
복잡한, 정교한

on the rise
상승세의, 오르막인

fall into the trap of
~의 함정에 빠지다

ritzy [rítsi]
사치스러운, 호화로운

unclaimed [ʌ̀nkléimd]
소유주 불명의, 청구자가 없는

pile up
쌓이다, 불어나다

제가 한마디해도 될까요? 그렇습니다. 최신 유행의 고급 휴대 전화를 사용하는 것은 정말 신나는 일이지요. 그렇지만 카메라나 비디오 같은 그런 사양을 다 갖출 필요는 없습니다. 디지털 카메라나 비디오 카메라 같은 제품들을 통해 더 나은 품질의 기능을 얻을 수 있으므로 그렇게 정교한 기능들은 불필요합니다. 게다가 사람들이 사치스러운 기능이 첨가된 휴대 전화를 계속해서 사려고 하므로 새로 출시되는 휴대 전화의 가격은 점점 올라갑니다. 이것이 바로 많은 중고품과 주인 없는 전화기들이 널려 있는 이유이며, 그것들은 마치 쓰레기처럼 쌓여만 가지요.

주어진 주제와 관련해 좀 더 깊이 있는 토론이 되도록 질문들을 제시했습니다.
이외에 자신이 생각하는 주제에 대해서도 함께 토론해 보세요.

1 | If you own a cell phone, what kind of features do you have on your cell phone?

2 | How much of your cell phone usage is on activities unrelated to speaking to another person?

3 | Do you think Koreans depend on cell phones too much? Are there factors that intensify addiction to cell phone usage in Korea?

4 | What alternative ways do we have to keep in touch with each other? Are they as efficient as cell phones?

5 | What do you think about the idea of having 'cell-free' subways or buses?

내가 만든 토론 주제

앞의 질문들에 대답할 때 아래 문장들을 활용해 보세요.

1 | 휴대 전화는 여러 면에서 유용하게 사용될 수 있죠.

- Cell phones could be used efficiently in various ways.
- There are various ways of using cell phones effectively.

2 | 학생들에게 휴대 전화가 꼭 필요할까요?

- Do students really need cell phones?
- What's the usage of cell phones for students?

3 | 휴대 전화는 저를 가만 내버려두지 않아요.

- Cell phones will never leave me alone.
- I sometimes feel cell phones pin me down.

4 | 공공장소에서 시끄럽게 떠들면서 휴대 전화를 사용하는 것은 예의에 어긋나는 일이죠.

- It's very impolite to talk loud when using cell phones in public areas.
- Talking loudly on the cell phone in public places could bother others.

5 | 제가 부모라면 안전을 위해 딸 아이에게 휴대 전화를 사주겠어요.

- If I ever become a parent, I will for sure buy my daughter a cell phone for safety reasons.
- I would like my daughter to have a cell phone in handy just in case of an emergency.

6 | 단지 유행을 따르기 위해서 꼭 새 휴대 전화로 바꿀 필요가 있을까요?

- Is it really necessary to buy new cell phones to go along with the trend?
- Why do we switch cell phones so often? Just to follow the trend?

7 | 휴대 전화의 다양한 기능들을 어떻게 활용해야 하는지 모르면 왠지 저만 뒤처지는 느낌이 들어요.

- I feel as if I fall behind others when I don't know how to use all those various functions of the cell phone.
- Not knowing how to use all those fancy functions of the cell phone makes me feel as if I'm left behind.

8 | 휴대 전화를 많이 사용하게 되면서 우리는 다른 의사 소통 수단들은 잊어버리고 있어요.

- With the increased usage of cell phones, we're forgetting all the other forms of communication.
- You can hardly see other forms of communication these days due to the increased usage of cell phones.

Issue **04** Drugged by TV

TV에 중독되다

All right, everyone. Shall we start? Since the beginning of time, humans have always enjoyed various forms of entertainment, whether it's talking or watching TV. TV has become popular because we can get various forms of news and information through it. How would we know about the atrocities of the world if we can't see moving pictures and images of the violence? So it started out as a source of information, but now it has become more of a source of entertainment. **Some people say that** it's the unrealistic and fantasy lives Viewers see on TV that get us addicted to television. Viewers want to live these fantasies, and so we go out and buy the same clothes and accessories worn by the stars we see on TV. Also, viewers get so engrossed in the lives of the characters that we forget how to differentiate reality from fiction. **Some may argue that** TV is harmless because it's a way to escape from pressures of the real world without the use of drugs or alcohol.

- **All right, everyone. Shall we start?** 자, 여러분. 그럼 시작할까요?
- **Some people say that ~** 어떤 사람들은 ~라고 말합니다
- **Some may argue that ~** 어떤 사람들은 ~라고 주장하기도 합니다

atrocity [ətrásəti] 잔혹, 만행 | **violence** [váiələns] 폭력, 난폭함 | **unrealistic** [ʌnríːəlistik] 비현실적인 | **addicted to** ~에 중독되다, 몰두하다 | **engrossed** [engróust] 몰두하여, 열중하여 | **differentiate** [difərénʃièit] 구별하다, 차별화하다 | **escape** [iskéip] 벗어나다, 탈출하다 | **pressure** [préʃər] 압박감, 압박

 Opinion 1 　요즘 세상에 대한 다른 사람들의 생각을 알 수 있어요.

I watch TV because I can keep up with current events through news programs. It's also possible to keep up with trends through dramas and comedy shows. **Let me explain further.** In Korea, I think fashion trends change quite often compared to other parts of the world. Perhaps this is because people want to dress like the stars they see on TV, but I think it's mainly because Koreans are fairly good about keeping up with world events and trends. **What I mean is**, through TV, I'm able to see what others think and how they feel about the current times.

토론 핵심 표현

· **Let me explain further.** 제가 더 설명해 볼게요.
· **What I mean is ~** 제가 의미하는 바는 ~입니다

---

keep up with
~에 뒤떨어지지 않다, ~과 보조를 맞추다

current [kə́ːrənt]
지금의, 현재의

trend [trend]
경향, 추세, 유행

fairly [fɛ́ərli]
아주, 상당히

저는 뉴스 프로그램을 통해 요즘 일어나는 사건들에 대해 알 수 있기 때문에 TV를 봅니다. 드라마나 코미디 쇼를 통해 최신 유행을 알게 되는 것도 가능하죠. 더 설명해 볼게요. 저는 한국에서는 패션 유행이 다른 나라에 비해서 정말 자주 바뀐다고 생각합니다. 아마 이것은 사람들이 TV에 나오는 스타들처럼 옷을 입고 싶어 하기 때문일 수도 있지만, 주된 이유는 한국인들이 세상에서 일어나는 사건들과 경향을 상당히 잘 알고 있기 때문이라고 생각합니다. 그러니까 제 말은 TV를 통해서 요즘 세상에 대해서 다른 사람들이 어떻게 생각하고 느끼는지 알 수 있다는 것입니다.

 Opinion 2 　폭력적이고 불필요한 프로그램이 너무 많아요.

Can I interrupt for a minute here? I'm not sure I can agree with you. Television is a good source of information, but it's only one source. Technology is so advanced now. You can find the same kinds of information anywhere. For example, you can get them by reading

interrupt [ìntərʌ́pt]
방해하다, 중단하다

source [sɔːrs]
원천, 근원, 출처

technology [teknálədʒi]
기술 공학, 과학 기술

advanced [ədvǽnst]
진보한, 진보적인

newspapers, listening to the radio, or even by surfing the Internet. There are so many unnecessary TV shows on screen nowadays. It's creating a lot of violence in our society and our children are learning the false notion that violence is okay. Therefore we need to limit what we see, especially what our children see.

surf the Internet
인터넷을 검색하다
on screen TV에
false [fɔːls] 거짓의, 잘못된
notion [nóuʃən] 개념, 관념
limit [límit]
한정하다, 제한하다

토론 핵심 표현
· **Can I interrupt for a minute here?** 여기서 제가 잠시 끼어들어도 될까요?
· **I'm not sure I can agree with you.** 저는 당신의 의견에 동의할 수 없을 것 같네요.

여기서 제가 잠시 끼어들어도 될까요? 저는 당신의 의견에 동의할 수 없을 것 같네요. TV는 좋은 정보의 원천이지만 단지 하나의 수단일 뿐이죠. 현재 기술이 매우 진보했습니다. 당신은 어느 곳에서든지 그런 정보들을 얻을 수 있습니다. 예를 들면 신문을 읽거나, 라디오를 듣거나, 혹은 심지어 인터넷을 검색하면서도 정보들을 얻을 수 있죠. 요즘 TV에는 불필요한 프로그램들이 너무 많습니다. 이것은 우리 사회에 많은 폭력을 낳고, 우리의 아이들에게 폭력이 괜찮다는 잘못된 생각을 갖게 하죠. 따라서 우리는 우리가 보는 것, 특히 우리 아이들이 보는 것들을 제한할 필요가 있습니다.

 Opinion 3 움직이는 모습을 보는 것이 상황 이해에 도움이 됩니다.

That's a good point, but violence on television is more of a recent problem. **I agree that there is** a lot of violence on TV now, but you have to look at the positive side of television. If it weren't for TV, we would not know what the outside world thinks and how different everyone's opinions are compared to our own. Would you have known about the craze the World Cup created in Korea if you did not see the images on screen? **I don't think so.** There's only so much you can read in magazines and newspapers. Seeing the actual moving images can help you better understand certain situations.

positive [pázətiv]
긍정적인, 적극적인
If it weren't for
~이 없다면
craze [kreiz] 열광, 열중
actual [ǽktʃuəl]
실제적인, 현실의
moving image
움직이는 상

좋은 지적입니다만, TV의 폭력성은 최근에 부각된 문제입니다. 저는 요즘 TV에 폭력이 많다는 점에는 동의합니다만, TV의 긍정적인 면도 봐야 합니다. TV가 없다면, 우리는 나라 밖의 사람들이 무슨 생각을 하는지 그리고 모든 사람들의 의견이 우리의 의견과 어떻게 다른지 알 수 없을 것입니다. 화면을 통해 보지 않았다면 한국의 월드컵 열풍을 알 수 있었을까요? 그렇지 못했을 것입니다. 잡지나 신문을 통해 읽는 것이 전부였겠지요. 실제 움직이는 모습을 보는 것이 어떤 상황을 이해하는 데 더 많은 도움이 됩니다.

 Opinion 4 개성 등이 존재하지 않는 사회가 만들어질 거예요.

　　I can understand that, but don't you think TV is like a drug? People are getting addicted to watching television to get their information. Like, I know someone that has to watch TV every night before he sleeps in order to wind down. He says he can't sleep without watching TV for at least an hour. That's like taking drugs and getting addicted. **In other words,** addiction is being dependent on something. It's something your body physically and mentally needs. And if you must watch TV every day for whatever reason, then it's a form of addiction.

그 점은 이해할 수 있습니다. 그렇지만 TV가 마약과 같다고 생각하지 않나요? 사람들은 정보를 얻기 위해 TV 시청에 중독되어 갑니다. 저는 매일 밤 잠들기 전에 긴장을 풀기 위해 반드시 TV를 봐야 하는 사람을 알고 있습니다. 그는 적어도 한 시간 정도는 TV를 보지 않으면 잠들 수 없다고 말합니다. 이것은 마약을 해서 중독되는 것과 비슷합니다. 다시 말하자면, 중독이란 어떤 것에 의존하는 것입니다. 당신의 몸이 신체적, 정신적으로 필요로 하는 어떤 것입니다. 그리고 이유야 어쨌든 간에 당신이 매일 TV를 봐야만 한다면, 그것은 일종의 중독이죠.

주어진 주제와 관련해 좀 더 깊이 있는 토론이 되도록 질문들을 제시했습니다.
이외에 자신이 생각하는 주제에 대해서도 함께 토론해 보세요.

1 | What kind of shows do you usually watch?

2 | There is a lot of violence on television today. What do you think of the violence on TV?

3 | Why do you think some people compare TVs to drugs? Do you think TV is addictive?

4 | There are many informative news programs on TV nowadays. Do you think the journalists are able to report these programs without any bias?

5 | One of the popular programs is reality-based shows. What do you think of these reality-based shows?

내가 만든 토론 주제

앞의 질문들에 대답할 때 아래 문장들을 활용해 보세요.

1 | 요즈음은 거의 모든 곳에서 TV를 볼 수 있어요. 피할 수 없죠.
- Nowadays you can see TV playing almost everywhere. You just can't avoid it.
- You don't need to try hard to watch TV. It's played everywhere these days.

2 | 세상이 너무 빨리 바뀌는 것 같아요. 텔레비전이 큰 몫을 하고 있죠.
- I think the world is changing so quickly. And TV is playing a big role on it.
- TV is encouraging the people to change quickly.

3 | 텔레비전이 세상을 볼 수 있는 유일한 수단은 아니죠.
- TV is not the only way to learn about the world.
- Watching TV is just one way of looking at the world.

4 | TV는 소식을 얻을 수 있는 가장 편리한 수단이에요.
- TV is the most convenient way to get news.
- There are many other ways to keep up with the news, but TV surely is the easiest way.

5 | TV 속의 폭력이 우리 아이들에게 어떤 영향을 미칠지 생각해 보셨어요?
- Have you thought of the influences of TV violence on our children?
- What influences could violence on TV have on our children?

6 | TV의 중독성에 대해서는 인정하지 않을 수 없네요.
- I'll have to admit TV can be very addictive.
- You can't help but to watch TV again and again.

7 | 모든 사람들이 TV에 나오는 스타들처럼 되려고 하면 문제가 되죠.
- It could be problematic if all people tried to be stars on TV.
- Imagine what it'd be like if people did exactly the same as stars on TV.

8 | TV 속의 스타들은 단지 환상에 불과해요. 그것은 실제가 아니라고요.
- The stars on TV are just fantasies. They're not real.
- You have to realize that TV stars exist on TV only, not in a real life.

Issue 05 Hi. What's Your Name?

안녕. 네 이름은 뭐야?

We're here today to talk about the dangers of online chatting. There's no denying the fact that the Internet has given us a lot of positive outcome. However, as we become more dependent on the Internet for various reasons, there is a rise in the addiction of certain types of Internet options, like chatting. **I'm sure all of you** have chatted online at one time or another, whether it's using a chatting site or exchanging information with your friends through a messenger service. There are some people whose social lives are only through chatting sites. This creates anti-social behavior and unrealistic views of life. Chatting addicts forget about their daily responsibilities and lose track of the time. They're so reliant on chatting that they can't tear themselves away from the computer for long periods of time.

- **We're here today to talk about ~** 우리가 오늘 이 자리에 모인 것은 ~에 관해 이야기하기 위해서입니다
- **I'm sure all of you ~** 여러분 모두 ~일 것이라고 확신합니다

There is no denying the fact that ~라는 사실을 부인할 수 없다 | **outcome** [áutkÀm] 성과, 결과, 결론 | **chat online** 온라인상에서 이야기하다 | **social** [sóuʃəl] 사회적인, 사교적인 | **view of life** 인생관 | **lose track of the time** 시간 가는 줄 모르다 | **be reliant on** ~에 의존하다 | **tear away** 떼어내다, 벗기다, 쥐어뜯다

Opinion 1 인터넷 채팅은 그저 오락거리일 뿐이에요.

In my opinion, there is no such thing as Internet addiction. You can't get addicted to the Internet because addiction is something your body craves physically. Although people use the Internet every day, that doesn't mean they're addicted to it. It's used as a means of communication; it's a way to exchange information. **Furthermore**, chatting is just a form of entertainment. It's harmless fun. People are making it too serious. There's nothing wrong with chatting and meeting new people through the Internet. You just have to be careful of psychos out there who'll take advantage of you.

crave [kreiv]
열망하다, 갈망하다
as a means of
~의 수단으로서
psycho [sáikou]
정신병 환자, 괴짜
take advantage of
~을 이용하다, 속이다

토론 핵심 표현
· **In my opinion** 제 의견으로는
· **Furthermore** 뿐만 아니라, 게다가

제 의견으로는 인터넷 중독이란 것은 없습니다. 중독이란 몸이 신체적으로 강렬히 원하는 것이므로 인터넷에 중독될 수는 없는 거죠. 사람들이 매일 인터넷을 사용한다고 해서 그게 인터넷에 중독되었음을 의미하는 것은 아닙니다. 인터넷은 의사 소통의 수단으로 사용되는 겁니다. 정보를 교환하는 하나의 수단이지요. 게다가 채팅은 일종의 오락거리일 뿐입니다. 아무런 해가 없는 놀이이지요. 사람들은 그것을 너무 심각하게 여기고 있습니다. 인터넷을 통해 얘기를 나누고 새로운 사람들을 만나는 데에 문제는 전혀 없습니다. 단지 당신을 이용하려고 하는 이상한 사람들만 조심하면 되는 거지요.

 Opinion 2 채팅은 위험하고 중독성이 있어요.

I don't get it. You're warning people of psychos online. So, in a way, you're telling people that the Internet is dangerous, but you're also saying that it's harmless. **Don't you think you're contradicting yourself?** There

in a way
보기에 따라서는, 어떤 면에서는
contradict [kàntrədíkt]
모순되다, 자가당착에 빠지다
incidence [ínsədəns]
사건, 발생

have been so many incidences of people being targeted by mentally unstable people through chatting sites. It's not harmless. It's dangerous, and we need to have some sort of protection from these psychos. Nowadays when people talk about addiction, they are also referring to the dangers of an activity. That's why chatting is addictive.

토론 핵심 표현
· **I don' get it.** 나는 그게 이해가 되지 않습니다.
· **Don' you think you are contradicting yourself?**
  당신이 지금 모순에 빠져 있다고 생각하지 않나요?

이해가 안 되는군요. 당신은 온라인상의 이상한 사람들을 경계해야 한다고 말하고 있습니다. 따라서 어떤 면에서 당신은 인터넷이 위험할 수 있다고 말하는 거죠. 그런데 당신은 또 인터넷이 해가 없다고 말하고 있습니다. 당신 스스로 모순에 빠져 있다고 생각하지 않나요? 채팅 사이트를 통해 정신적으로 불안한 사람들의 표적이 되어 피해를 본 사람들이 많습니다. 이것은 무해한 것이 아닙니다. 위험한 것이며, 우리는 이렇게 이상한 사람들을 막을 어떤 보호 대책을 마련해야 합니다. 요즘음 중독을 논할 때 어떤 활동의 위험성을 언급하기도 합니다. 따라서 채팅은 중독성이 있는 거죠.

 Opinion 3 정신적으로 불안한 사람들과의 채팅은 위험합니다.

In my experience, chatting can be dangerous. **Let me tell you about a personal experience.** I met a girl through chatting, and we really hit it off on a chatting site. Eventually we met up and dated for a while. Well, I found out that she was very mentally unstable. She started following me around and keeping tabs on who I met and talked to. **To make a long story short,** I had to get a restraining order on her. That was the end of my chatting days. So you see, chatting can be dangerous because not only is it addictive, but there are also people out there who don't know how to behave normally in social situations.

토론 핵심 표현
· **In my experience** 저의 경험으로는
· **Let me tell you about a personal experience.** 저의 개인적인 경험을 말씀드리죠.
· **To make a long story short** 간략하게 말하면

제 경험으로는 채팅은 위험할 수 있습니다. 저의 개인적인 경험을 말씀드리죠. 저는 채팅을 통해 한 소녀를 만났고, 우리는 채팅 사이트에서 뜻이 잘 맞았죠. 결국 우리는 만나게 되었고 잠깐 동안 데이트도 했습니다. 그런데 저는 그녀가 정신적으로 매우 불안하다는 것을 알게 되었습니다. 그녀는 저를 항상 따라다니기 시작했고 제가 누구를 만나는지 누구와 이야기하는지 지켜보기 시작했죠. 간단히 말하자면, 저는 그녀에 대해 법원의 접근 금지 명령을 받아야 했습니다. 그로써 제 채팅 시절은 끝이 났지요. 보시다시피, 채팅은 중독성이 있을 뿐만 아니라 사회적 상황에서 어떻게 정상적으로 행동해야 하는지 모르는 사람들이 있어 위험할 수 있습니다.

 Opinion 4 채팅을 통해 다른 나라 사람들의 생각도 알 수 있습니다.

Excuse me, may I interrupt? That's a really extreme situation. Yes, there are dangers on the Internet. But as long as you know how to limit yourself, there's nothing wrong with chatting online. You can find out other people's views and opinions on certain issues. **Let me put it another way.** People from all over the world chat online. When you're in Korea, you only get a chance to hear what Koreans think about certain problems. However, if you're able to talk to someone from, let's say, France, then you can find out what people from that part of the world think about the same problem. So, it's a win-win situation.

extreme [ikstríːm]
극도의, 극단적인
limit oneself
스스로 통제하다, 자제하다
let's say 예를 들어
win-win situation
윈윈 상황(서로에게 이득이 되는 상황)

토론 핵심 표현
· **Excuse me, may I interrupt?** 미안하지만, 제가 끼어들어도 될까요?
· **Let me put it another way.** 제가 다른 식으로 말해 보죠.

미안하지만, 제가 끼어들어도 될까요? 정말 극단적인 상황을 겪으셨군요. 네, 인터넷에는 많은 위험이 있죠. 그렇지만 스스로 자제하는 법을 안다면 온라인 채팅도 그리 문제될 것은 없습니다. 당신은 어떤 문제에 대한 다른 사람의 의견과 견해를 알 수 있게 되죠. 제가 다른 식으로 말해 볼게요. 전 세계 사람들이 온라인 채팅을 합니다. 당신이 한국에 있을 때는 어떤 문제를 한국 사람들이 어떻게 생각하는지 들을 기회밖에는 없지요. 하지만 다른 사람, 예를 들어 프랑스인과 이야기할 수 있다면 똑같은 문제를 그들이 어떻게 생각하는지도 알 수 있습니다. 따라서 이것이야말로 서로에게 이득이 되는 상황인 거죠.

주어진 주제와 관련해 좀 더 깊이 있는 토론이 되도록 질문들을 제시했습니다.
이외에 자신이 생각하는 주제에 대해서도 함께 토론해 보세요.

1 | Do you think Internet addiction is as serious as some people think it is?

2 | How long do you use the Internet per day? How much of that time is spent on chatting whether it's a chatting site or a messenger service?

3 | Do you think chatting online is dangerous? If so, why?

4 | Do you know anyone that you think may have an addiction to chatting?

5 | What are some of the advantages of chatting online?

내가 만든 토론 주제

1 | 누군가와 가볍게 나누는 채팅이 꼭 나쁘지만은 않은 것 같은데요.
- I don't think chatting about harmless things with someone is such a negative effect.
- What harm can a light chatting session with someone you don't know do to you?

2 | 문제는 채팅에 중독될 수 있다는 점이죠.
- The problem is that you could get addicted to chatting.
- It's a problem when people can't stop chatting.

3 | 자기 자신이 중독되어 있는 사실을 모를 수도 있어요.
- You might not realize that you're addicted.
- It so happens that you might not be aware of your addiction.

4 | 채팅을 통해 새로운 사람들을 만날 수 있죠.
- You can meet new people through chatting.
- Chatting gives you a chance to meet different people.

5 | 메신저와 같은 프로그램을 이용하여 외국에 있는 친구들과 연락할 수 있는 것은 정말 멋져요.
- It's a great thing that you are able to keep in touch with your friends who are overseas by using programs such as the messenger.
- The messenger program allows you to chat with your friends without high telephone bills.

6 | 온라인상으로 만나서는 어떤 사람인지 판단하기 어려워요.
- You can never tell what people are like if you meet them online.
- It's hard to judge people online.

7 | 채팅으로 만난 사람들에게는 믿음이 가질 않죠.
- You cannot really trust people who you meet online.
- It's hard to trust someone whom you meet through online chatting.

8 | 온라인상에서는 말을 조심해서 해야 해요.
- You should be careful of what you say online.
- When you're online, it's important to watch what you say.

Issue 06 Freedom of Speech Is Our Right

표현의 자유는 우리의 권리입니다.

Since it was first developed by the American military, the use of the Internet has been on the rise at an extremely rapid rate. There were people who had never heard of e-mails just twenty years ago. Now people can download movies and music from the Internet, not to mention loads of various information and data. Because of increased usage, there has also been an escalation of Internet crime. **What we want to do today is to discuss** Internet censorship. There are growing numbers of Internet sites containing violent and X-rated graphics. This has not only created debates on ethical and moral issues, but also a dilemma on where to draw a line in regards to the appropriate age and the degree of information. Many governments have stepped in to censor the Internet because of increased violence and unsuitable graphics, which direct to Internet crimes. **What's your opinion on this?**

· **What we want to do today is to discuss ~** 오늘 우리는 ~에 관해서 토론하고자 합니다
· **What's your opinion on this?** 이 점에 대한 당신의 의견은 무엇입니까?

on the rise 상승세인, 오르고 있는 | **extremely** [ikstrí:mli] 극단적으로, 극심하게 | **escalation** [èskəléiʃən] 단계적 확대, 상승, 증가 | **censorship** [sénsərʃip] 검열 제도 | **X-rated** 외설적인, 허가 받지 못한 | **ethical** [éθikəl] 도덕상의, 윤리적인 | **dilemma** [dilémə] 진퇴양난, 딜레마 | **in regards to** ~에 관해서 | **appropriate** [əpróuprièit] 적절한, 알맞은 | **unsuitable** [ʌ̀nsú:təbəl] 부적당한, 어울리지 않는 | **direct to** ~로 향하게 하다, 이어지다

모범 토론 엿보기　다양한 시각에서 풀어놓은 다음 토론을 통해, 배경지식도 쌓고 자신의 의견도 정리해보세요.

 Opinion 1　정부가 인터넷 정보를 통제해서는 안 됩니다.

Is it okay if I interrupt? This is a really important issue for all of us. **I don't think there is** anyone here that has never used the Internet before, is there? It's true that we need to have censorship for our children on certain things like sex and violence, but freedom of speech is our right. We should be able to see and say what we want online. We need to be able to exchange information in order to keep up with the outside world. It's a really dangerous thing that the government wants to control what we can agree and disagree on regarding the Internet.

right [rait]
권리, 인권, 요구

control [kəntróul]
지배하다, 통제하다

regarding [rigá:rdiŋ]
~에 관해서는, ~한 점에서는

> 토론 핵심 표현
> · **Is it okay if I interrupt?**　제가 끼어들어도 될까요?
> · **I don't think there is ~**　저는 ~이 있다고 생각하지 않습니다

제가 끼어들어도 될까요? 이것은 우리 모두에게 정말 중요한 문제입니다. 아직까지 인터넷을 한 번도 사용해 보지 않은 사람은 없을 거라고 생각하는데, 혹시 있나요? 우리의 아이들을 위해서 성이나 폭력과 관련된 것들은 검열 제도가 필요합니다. 그렇지만 표현의 자유는 우리의 권리죠. 우리는 온라인상에서 원하는 것을 보고 말할 수 있어야 합니다. 바깥 세상에서 일어나는 일들을 알기 위해서도 정보를 교환할 수 있어야 하죠. 정부가 인터넷과 관련해 우리가 동의할 수 있는 것과 동의할 수 없는 것을 제한하고자 하는 것은 정말 위험한 일이 아닐 수 없습니다.

 Opinion 2　온라인의 비윤리적인 자료들을 막아야 합니다.

As you've mentioned, the Internet is dangerous. There has never been another source of information that could distribute mass amounts of information to such an enormous capacity of the human population. This mass distribution can be delivered anonymously and without

distribute [distríbju:t]
분배하다, 퍼뜨리다

enormous [inɔ́:rməs]
거대한, 막대한, 엄청난

capacity [kəpǽsəti]
수용량, 정원

anonymously
[ənɑ́nəməsli] 익명으로

knowing who the viewer is. For all we know, children are seeing propaganda on the Internet. For example, there are instructions on how to build bombs and how to make drugs online. **That's why I can't agree with you on your point.** The government is the best source of authority for suppressing unethical materials online.

> 토론 핵심 표현
> · **As you've mentioned** 당신이 언급하신 것처럼
> · **That's why I can't agree with you on your point.**
>   그것이 바로 내가 당신의 의견에 동의할 수 없는 이유입니다.

말씀하신 것처럼, 인터넷은 위험합니다. 인터넷 말고는 엄청난 수의 사람들에게 그렇게 방대한 양의 정보를 퍼뜨릴 수 있는 다른 정보 원천이 없었습니다. 이러한 엄청난 정보 전달은 익명으로 이루어지며 누가 보는지도 알 수 없습니다. 어쩌면 아이들이 인터넷을 통해 선전하는 주장이나 방법을 보고 있을지도 모릅니다. 예를 들어 온라인에는 폭탄을 만드는 방법이나 마약 제조 방법에 관한 설명이 있지요. 이것이 바로 제가 당신의 의견에 동의할 수 없는 이유입니다. 정부는 온라인상의 비윤리적인 자료들을 막을 수 있는 가장 적절한 권력 주체입니다.

 Opinion 3 의견 차이나 개성 등이 존재하지 않을 거예요.

I can't agree with you a hundred percent. Once we allow the government to suppress our freedom of speech, there's no stopping them. They'll start limiting our thoughts and ideas, which will create a society where there are no differences of opinions and no individuality. Once the government gets too much power over our lives, they'll start misusing those powers. **What's more,** the Internet is an international phenomenon. There are so many Internet Service Providers all over the world. If the government shuts down a website in one country, it can go to a different ISP in another country.

---

propaganda
[prɑ̀pəgǽndə]
선전, 선전하는 주장이나 방법

instruction [instrʌ́kʃən]
교수, 지식, 교훈

authority [əθɔ́:riti]
권위, 권력

suppressing [səprésiŋ]
진압하다, 금지하다, 억누르다, 은폐하다

individuality
[ìndəvìdʒuǽləti]
특성, 인격, 특질

misuse [misjú:z]
오용하다, 혹사하다

phenomenon
[finámənàn]
현상, 사건

shut down 폐쇄하다, 막다

토론 핵심 표현

토론 핵심 표현
- **I can't agree with you a hundred percent.** 당신의 의견에 결코 동의할 수 없군요.
- **What's more** 게다가

당신의 의견에 결코 동의할 수 없군요. 일단 우리가 표현의 자유를 정부가 제한하도록 허용한다면, 그들을 막을 수 있는 게 없습니다. 그들은 우리의 사고와 의견들을 제한하기 시작할 것이며, 그러면 의견 차이나 개성 등이 존재하지 않는 사회가 만들어질 것입니다. 정부가 일단 우리 삶을 지나치게 지배하게 되면, 그러한 힘을 잘못 사용하게 될 것입니다. 게다가, 인터넷은 국제적으로 나타나는 현상입니다. 전 세계적으로 인터넷 서비스 공급 업체가 무수히 많습니다. 정부가 어떤 나라의 한 웹사이트를 폐쇄한다면, 그 사이트는 다른 나라의 또 다른 인터넷 서비스 공급 업체를 찾아가게 될 것입니다.

 Opinion 4 아이들을 적극적으로 보호해야 합니다.

I don't think so. There are so many immoral acts on the Web. The government needs to step in and take control of it. The government has a right to protect people, especially children. Sometimes children are able to enter websites that are only meant for adults. There are certain websites that parents cannot prevent their children from viewing. What about sites that send out junk e-mails without knowing who the recipients are? **So, I don't understand how you can say that** the government shouldn't get involved. They're the ultimate power of authority in our lives.

immoral [imɔ́(:)rəl]
부도덕한, 음란한, 외설적인

prevent from
~을 막다, 방해하다

recipient [risípiənt]
수납자, 수령인

involve [inválv]
포함하다, 관련시키다

ultimate [ʌ́ltəmit]
최후의, 궁극적인, 최고의

토론 핵심 표현
- **I don't think so.** 저는 그렇게 생각하지 않아요.
- **So, I don't understand how you can say that ~**
  따라서 전 당신이 어떻게 ~라고 말할 수 있는지 이해할 수 없어요

저는 그렇게 생각하지 않아요. 인터넷상에서 부도덕한 행위가 많이 일어나고 있습니다. 정부가 개입해서 그것을 통제할 필요가 있죠. 정부는 국민들, 특히 아이들을 보호할 권리가 있습니다. 때로 아이들은 오직 성인만을 대상으로 만들어진 웹사이트에 들어갈 수 있어요. 아이들이 볼 수 없도록 부모가 막을 수 없는 웹사이트들이 있죠. 수신인이 누구인지도 모른 채 정크 메일을 보내는 사이트는 어떤가요? 따라서 저는 어떻게 당신이 정부가 개입하지 않아야 한다고 말할 수 있는지 이해가 되지 않는군요. 정부는 우리의 삶에서 권위를 가진 최고의 권력입니다.

무작정 따라하기 ❷

실전 토론하기

주어진 주제와 관련해 좀 더 깊이 있는 토론이 되도록 질문들을 제시했습니다.
이외에 자신이 생각하는 주제에 대해서도 함께 토론해 보세요.

1 ｜ "Freedom of speech has been a strong argument against Internet censorship." Do you agree or disagree with the statement?

2 ｜ What kind of advantages do you see if there is a firmer censorship of the Internet?

3 ｜ What kinds of dangers are there if there is more Internet censorship?

4 ｜ Most parents want more control on what's appropriate to be put online. What kinds of control do you think there should be?

5 ｜ How much power should the government have over our right to obtain information through the Internet?

내가 만든 토론 주제

1 | 학교에서는 학생들이 감독 없이는 인터넷을 사용하지 못하도록 해야 해요.
- Schools should not allow students to use the Internet without supervision.
- Students should be allowed to use the Internet only under the teacher's supervision.

2 | 표현의 자유는 절대적인 것은 아니지만 사회가 우리에게 준 하나의 권리예요.
- Freedom of speech is not an absolute but a right that our society gives us.
- The society has given us the freedom of speech. Of course we should not try to misuse it.

3 | 무시무시한 자살 사이트에 들어가 본 적 있나요?
- Have you ever been to one of those horrible suicide sites?
- Did you ever come across those horrible suicide sites?

4 | 여러분의 자녀가 인터넷에서 음란물을 보고 있다고 생각해 보세요.
- Think of your kids watching sex materials on the Internet.
- Just think that your kids could be watching sex materials on the Internet.

5 | 정부가 모든 웹사이트에 들어가서 그 내용을 점검할 수는 없어요.
- Governments are not able to go into every single website and monitor their contents.
- Governments do not have the resources to monitor websites and control their contents.

6 | 모든 나라가 똑같은 도덕 기준을 가지고 있는 것은 아니죠.
- Not all countries share the same moral codes.
- Every country has different moral codes.

7 | 검열 제도가 모든 정크 메일들을 없애 버릴 수 있다면 정말 좋을 거예요.
- It'd be very helpful if censorship could stop all those junk mails.
- I hope all those junk mails could be blocked by censorship.

8 | 어떤 형태이건 검열 제도는 위험하며 오용될 소지가 있어요.
- Censorship of any form is dangerous, and open to misuse.
- It is possible for censorship to be misused, and it's dangerous.

Issue 07 BRB, CYA in a Few Min

금방 올게, 이따 봐.

Today, we're going to talk about how language has changed through technological advances in modern society. As everyone started discovering the Internet, they've realized that communication is easier through messengers, chatting sites, and e-mails. With the spread of these services, there has been a flood of new Internet chatting words and expressions, using incorrect grammar, vocabulary, and spelling. People have developed a new way of using a limited amount of words, whether it's English or Korean, in a limited amount of space and time. This rise in the deconstruction of traditional language has brought about many efforts to campaign against it. On the other hand, if you don't know the Internet lingo, then you may be seen as ignorant and not trendy. **What do you think about this?**

• **Today, we're going to talk about ~** 오늘, 우리는 ~에 관해 이야기하고자 합니다
• **What do you think about this?** 이것에 대해 어떻게 생각하세요?

technological [tèknəládʒikəl] 과학 기술의, 기술 혁신으로 인한 | advance [ədvǽns] 진보, 향상 | spread [spred] 퍼짐, 보급 | a flood of 아주 많은, 무수히 쏟아지는 | deconstruction [dìːkənstrʌ́kʃən] 해체, 파괴 | campaign [kæmpéin] 캠페인을 벌이다, 운동을 일으키다 | lingo [líŋgou] 알아들을 수 없는 말, 전문 용어 | ignorant [ígnərənt] 무지한, 무식한

모범 토론 엿보기 : 다양한 시각에서 풀어놓은 다음 토론을 통해, 배경지식도 쌓고 자신의 의견도 정리해보세요.

Opinion 1 쉽고 실용적으로 의사 소통할 수 있어요.

    The Internet lingo materialized because it gave people an opportunity to use easier, more practical ways to communicate online. People had to learn to be sparse with their words when they were limited from time, space and cost. **Let me give you some examples of** some Internet lingo. Do you know what this means: Some PPL are calling me so I'll BRB, CYA in a few min? PPL stands for 'people,' BRB is 'be right back,' and CYA means 'see you.' **As you can see**, it takes a lot less time to type these letters than to spell out the whole thing. It's a part of language development.

토론 핵심 표현
· **Let me give you some examples of ~** 제가 ~의 예를 몇 가지 들어드리죠
· **As you can see** 보시다시피, 여러분도 아시다시피

인터넷 용어는 사람들에게 온라인상에서 보다 쉽고 보다 실용적으로 의사 소통을 할 기회를 주기 때문에 구현되었습니다. 사람들은 시간, 공간, 비용 등이 제한된 상황에서 말을 적게 효율적으로 하는 법을 알아야 했습니다. 제가 인터넷 용어의 예를 몇 가지 들어드릴게요. 다음 문장이 무엇을 의미하는지 아세요? "어떤 PPL이 나를 부르고 있어. 그래서 나는 BRB야. 잠시 후에 CYA." PPL이란 'people(사람)'을 의미하고, BRB는 'be right back(다시 오다)', 그리고 CYA는 'see you(만나자)'를 의미합니다. 보시다시피, 모든 문자를 다 쓰는 것보다 이러한 문자들을 사용하는 것이 훨씬 시간이 적게 들죠. 이것은 언어가 발달되고 있는 것이라 할 수 있습니다.

Opinion 2 나이든 세대는 그 언어를 이해할 수 없습니다.

    I totally disagree with you. Language is something that has to be standardized so that people of all generations can understand and communicate with each other. In other words, a language is a promise between people, and the

---

materialize [mətíəriəlàiz]
구체화되다, 실현되다

practical [prǽktikəl]
실용적인, 실제적인

sparse [spɑːrs]
적은, 빈약한

stand for
~을 나타내다, 의미하다

spell out
철자를 쓰다

standardize
[stǽndərdàiz]
표준에 맞추다, 표준화시키다

generation [dʒènəréiʃən]
세대, 동시대의 사람들

Internet lingo breaks that promise. We can see the generation gap when we compare the language of today's teenagers with that of their grandparents. The elderly can't understand the grammar and structure of the shortened language format that their grandchildren use. **That's why I can't agree with you at all.**

compare A with B
A와 B를 비교하다
elderly [éldərli]
나이가 지긋한, 중년이 지난

> 토론 핵심 표현
> · **I totally disagree with you.** 저는 전적으로 당신의 의견에 반대합니다.
> · **That's why I can't agree with you at all.**
>   그것이 바로 제가 당신의 의견에 전혀 동의할 수 없는 이유입니다.

저는 전적으로 당신의 의견에 반대합니다. 언어란 모든 세대의 사람들이 서로 이해하고 의사 소통할 수 있도록 표준화되어야 합니다. 다시 말해서, 언어는 사람들 사이의 약속인데, 인터넷 용어는 그 약속을 깨는 것입니다. 오늘날의 10대 청소년들과 조부모들이 사용하는 언어를 비교해 보면 세대 차이가 나는 것을 알 수 있습니다. 나이든 세대들은 손자, 손녀들이 사용하는 단순화된 언어의 문법과 구조를 이해할 수 없습니다. 그것이 바로 제가 당신의 의견에 전혀 동의할 수 없는 이유입니다.

 Opinion 3 표준어의 파괴는 의사 소통에 도움이 되지 않습니다.

You've really nailed it on the head, and **I'd like to add something to it.** Development or advancement of Internet lingo is meaningless. It's for the pure convenience when young people shorten words and use incorrect grammar. Of course, it's fun and entertaining to sound cute when they send text messages on their cell phones or when they chat online. But the destruction of our standard language does not help people communicate better because not all population accept it. The mainstream culture must accept the language in order for it to be standard. **Wouldn't you agree with me on this point?**

nail [neil]
명중시키다
convenience
[kənví:njəns]
편리, 편의, (문명의) 이기
destruction [distrʌ́kʃən]
파괴, 파멸
mainstream [méinstrì:m]
주류, 주체

바로 정확히 지적하셨습니다, 그리고 제가 거기에 조금 덧붙이고 싶은데요. 인터넷 용어 발달이나 진보는 무의미합니다. 젊은이들이 단어를 줄여 쓰거나 부정확한 문법을 사용하는 것은 순전히 편리함을 위해서입니다. 물론 휴대 전화로 문자 메시지를 보내거나 온라인상에서 채팅을 할 때 귀엽게 들리는 것은 재미있고 즐겁습니다. 하지만 표준어의 파괴는 사람들의 원활한 의사 소통에 도움이 되지 않습니다. 모든 사람들이 그것을 받아들이는 것은 아니기 때문이죠. 그 언어가 표준화되기 위해서는 문화의 주류를 이루는 사람들이 그것을 받아들여야 합니다. 이 점에 있어서 제 생각에 동의하지 않으세요?

 Opinion 4 젊은 세대가 받아들이면 표준화가 될 수 있습니다.

I agree with you on that point, but it's becoming more acceptable to simplify our language. **Perhaps what we need to do is** to educate people on how to use Internet lingo, and it could soon be standardized. We don't speak the same language as our ancestors, right? It's the younger generation who will become the future leaders of our society. It's a given fact and there's nothing wrong with allowing them to choose the language they use while they're young. Furthermore, they will one day outnumber the older generation. Once the majority accepts it, it will be standardized.

acceptable [ækséptəbəl]
받아들일 수 있는, 용인할 수 있는

simplify [símpləfài]
간단하게 하다, 단순화하다

ancestor [ǽnsestər]
조상, 선조, 선구자

outnumber [àutnʌ́mbər]
수적으로 우세하다, 수로 압도하다

majority [mədʒɔ́(:)rəti]
대부분, 대다수

그 점에 있어서는 당신에게 동의하지만, 언어의 단순화가 더 쉽게 받아들여지고 있습니다. 우리가 해야 할 일은 인터넷 용어를 어떻게 사용해야 할지 교육시키는 것이며 그러면 인터넷 용어는 곧 표준화될 것입니다. 우리가 우리 조상들과 똑같은 말을 해야 하는 것은 아니잖아요, 그렇죠? 앞으로 우리 사회의 미래 지도자가 될 사람들은 바로 젊은 세대입니다. 이것은 당연한 사실이며 그들이 어린 나이에 사용할 언어를 선택하도록 해도 아무런 문제가 될 것은 없습니다. 게다가 언젠가 그들의 수가 구세대를 앞지르게 될 거예요. 일단 대다수가 그것을 받아들이면, 그것은 표준화될 겁니다.

무작정 따라하기 ❷

실전 토론하기 주어진 주제와 관련해 좀 더 깊이 있는 토론이 되도록 질문들을 제시했습니다.
이외에 자신이 생각하는 주제에 대해서도 함께 토론해 보세요.

1 ｜ Why do people use the Internet lingo?

2 ｜ What kinds of Internet lingo do you know? Explain some of the popular ones that you know of.

3 ｜ Do you think language changing is inherent in our civilization, or is it something we can prevent?

4 ｜ There have been many campaigns to 'correct' the wrong use of our language. What do you think about this?

5 ｜ Are there any social consequences for the changing communication in our culture? If so, what do you think we should do about it?

내가 만든 토론 주제

앞의 질문들에 대답할 때 아래 문장들을 활용해 보세요.

1 | 언어는 문화의 중요한 부분이에요.

- Language is a big part of a culture.
- Language plays a big role in a culture.

2 | 왜 우리의 아름다운 언어를 파괴하려는 거죠?

- Why break down the beautiful language that we already have?
- Destruction of our language should not be allowed.

3 | 저는 절대로 인터넷 용어를 배우지 않을 거예요.

- I don't think I would ever want to learn Internet lingo.
- I'll never learn Internet lingo on my will.

4 | 우리 아이들이 인터넷에서 쓰는 말을 절반도 이해하지 못해요.

- I can't even understand half the language my children use on the Internet.
- It's hard to understand the language my children use on the Internet.

5 | 인터넷 용어는 단지 젊은이들 사이에서만 쓰이는 것 같아요.

- Internet lingo is used just among the younger generations.
- I just get the feeling that Internet lingo is just for younger generations.

6 | 누가 표준어의 기준을 정할 수 있죠?

- Who gets to decide what the standard language is?
- What is the basis for standard language?

7 | 시간을 절약하는 타이핑이 표준어 글자를 다 쓰는 것보다 더 효율적이라고 생각하지 않나요?

- Don't you think spending less time typing is more efficient than writing out the standard language?
- I'm sorry, but I'd rather spend less time typing and stick with the Internet lingo.

8 | 우리 나이든 세대들도 젊은 세대들의 행동을 이해하기 위해 노력해야 해요.

- We, the older generation, need to try to understand the younger generation's behavior.
- We, the older generation, will have to look at things from a younger generation's point of view.

Issue 08 Buy Our Products and You'll Be Happy!

우리 물건 사세요, 행복해질 거예요!

We live in a world of advertisements. Ads are everywhere from TV to subways, even on buildings and highways. **The purpose of this discussion is to find out** what effects and influence ads have on our lives. **First of all, let's discuss** the different types of ads before moving on to their effectiveness. In Korea, there are typical ads like those on TV and in newspapers and magazines, but recently there have been an increase in banner ads on the Internet, signs on buildings, highway billboards, and sticker ads. No matter where we go, we are influenced by the ads we see. If you've been watching movies lately, you can even see subtle advertising they do for certain products through signs in the background or stars using these products. This plastering of advertisements can create eyesores, but without ads, capitalism would not work.

· **The purpose of this discussion is to find out ~** 이번 토론의 목적은 ~을 살펴보는 것입니다
· **First of all, let's discuss ~** 우선 ~에 대해 토론하죠

ad [æd] 광고(=advertisement) | **effectiveness** [iféktivnis] 유효성, 효과적임 | **typical** [típikəl] 전형적인, 대표적인 | **banner ad** 배너 광고 | **billboard** [bílbɔ̀ːrd] 광고판 | **subtle** [sʌ́tl] 교묘한, 미묘한, 이해하기 어려운 | **plaster** [plǽstər] 잔뜩 발라 붙이다, 더덕더덕 붙이다 | **eyesore** [áisɔ̀ːr] 눈에 거슬리는 것 | **capitalism** [kǽpətəlìzəm] 자본주의

모범 토론 엿보기 　다양한 시각에서 풀어놓은 다음 토론을 통해, 배경지식도 쌓고 자신의 의견도 정리해보세요.

 Opinion 1 　상당수의 광고는 효과가 없어요.

In my opinion, there are so many advertisements everywhere we go, but much of them are ineffective. **Like you said**, they create eyesores. I especially hate sticker ads. Vendors put stickers everywhere without asking for permission. People come home to find sticker ads plastered on their doors, and it's really hard to get them off. Another ineffective type of advertisement is Internet banner ads. Web surfers just glance at them for a brief period, or find them to be a nuisance when these ads pop up on their computer screens.

ineffective [iniféktiv]
효과가 없는, 쓸모 없는

vendor [véndər]
행상인

permission [pə:rmíʃən]
허락, 허가

get off
~을 제거하다, 떼어내다

web surfer
인터넷 이용자

glance at
흘긋 보다, 잠깐 보다

nuisance [njú:səns]
성가심, 귀찮음

pop up
갑자기 나타나다

> 토론 핵심 표현
> · **In my opinion** 제 의견으로는
> · **Like you said** 말씀하신 것처럼

제 의견으로는 우리가 가는 곳마다 정말 많은 광고들이 있지만 상당수는 효과가 없는 것들입니다. 말씀하신 것처럼 그런 광고들은 눈살을 찌푸리게 만들죠. 저는 특히 스티커 광고를 싫어합니다. 행상인들은 허락도 받지 않은 채 어느 곳이든 스티커를 붙이죠. 사람들은 집에 오면 문에 덕지덕지 붙어 있는 스티커 광고들을 보게 됩니다. 그리고 그것들은 떼는 것도 정말 어렵습니다. 아무 효과 없는 또 다른 광고는 인터넷 배너 광고입니다. 인터넷 이용자들은 그것들을 그저 잠깐 보거나, 혹은 컴퓨터 화면에 이런 광고들이 갑자기 나타나면 짜증을 내지요.

 Opinion 2 　광고가 있어서 자본주의가 유지되는 거예요.

That's true, but without advertising, capitalism will not work. **Let me give you an example of what I mean.** Think about what made you buy certain products. Commercials on TV show how much fun you can have using certain products, so we go out and buy what we see on an

commercial [kəmə́:rʃəl]
광고 방송의, 상업상의

beverage [bévəridʒ]
음료수

high-profile [hai-próufail]
유명 인사의, 명사

idol [áidl]
우상, 숭배하는 사람

advertisement. This is effective advertising because it makes us buy things we don't really need. Another example is how beverage companies use high-profile people to sell their drinks. We won't die even if we don't drink Coke or Pepsi. But we want to be like our idols that choose those drinks.

토론 핵심 표현

· **That's true, but ~** 그건 사실이지만 ~
· **Let me give you an example of what I mean.**
  제 말이 무슨 뜻인지 예를 들어드리죠.

그건 사실이지만, 광고가 없다면 자본주의는 유지되지 못할 거예요. 제 말이 무슨 뜻인지 예를 들어드리죠. 당신이 어떤 물건들을 어떻게 사게 되는지 생각해 보세요. TV의 광고들은 당신이 어떤 상품들을 얼마나 신나게 사용할 수 있을지를 보여 주고, 그러면 우리는 곧 나가서 광고에서 보았던 것을 사지요. 이것은 우리가 꼭 필요하지 않은 것들도 사게 만들기 때문에 효과가 좋은 광고라 할 수 있습니다. 또 다른 사례는 음료 회사에서 어떻게 유명한 사람들을 고용해 음료수를 판매하는가 하는 것입니다. 코카 콜라나 펩시 콜라를 마시지 않는다고 죽는 것은 아닙니다. 하지만 우리는 그 음료수를 선택한 스타들처럼 되고 싶어 하죠.

 Opinion 3 필요하지 않은 물건도 광고 때문에 구매합니다.

I entirely agree with you. Advertisers use celebrities to sell products. **I have to admit that** I've bought products I didn't need because of an ad. Take fast foods for example. Everyone knows how bad they are for you, but millions of people eat them. Advertisers know how to make their food look extra good on commercials. They also come up with jingles that go well with their commercials. These commercials are so powerful that fast food companies don't need high-profile celebrities to sell their products. Nowadays the more unique and bizarre the commercials are, the greater the chances are for people to remember the products.

celebrity [səlébrəti]
명사, 유명인

millions of
수백만의

extra [ékstrə]
특별히, 각별히

come up with
제안하다, 생각해 내다

jingle [dʒíŋgəl]
(기억하기 쉬운 음이 반복되는) 광고용 노래

go well with
잘 어울리다

bizarre [bizá:r]
기묘한, 괴상한

저는 전적으로 당신의 의견에 동의합니다. 광고주들은 상품을 판매하기 위해 유명인들을 이용하죠. 저도 광고 때문에 필요하지 않은 물건을 구매한 적이 있다는 것을 시인해야겠군요. 패스트 푸드를 예로 들어 보죠. 모든 사람들은 패스트 푸드가 얼마나 몸에 해로운지 알고 있지만, 수백만 명의 사람들이 먹고 있죠. 광고주들은 그들의 음식이 광고상에서 어떻게 하면 특별히 더 좋아 보이는지 알고 있습니다. 또한 광고와 잘 어울리는 CM송도 생각해 내죠. 이러한 광고들은 영향력이 매우 강해서 패스트 푸드 회사들은 상품을 팔기 위해 굳이 연예인을 이용하지 않아도 됩니다. 요즘에는 광고가 독특하고 기묘할수록, 사람들이 그 상품을 더욱 잘 기억합니다.

 Opinion 4 허위 광고로 불필요한 돈을 지불하게 만듭니다.

That makes me think about false advertising. Advertisers work to get consumers to buy superfluous things. That's how they make money. **For instance**, consider ads they send you on your cell phones. Some of these make you call them and charge you fees for calling them. They make it seem like you're getting a deal of a lifetime, but in the end, you just pay unnecessary charges. That's false advertising. There are millions of other examples I can think of, but cell phone ads have been the most annoying in the past several years. There has to be a solution to this problem soon.

false [fɔːls]
허위의, 기만의

superfluous [suːpərfluəs]
불필요한, 부적절한

charge [tʃɑːrdʒ]
청구하다, 요금을 부담하다

fee [fiː]
(서비스) 이용 요금

in the end
마침내, 결국은

annoying [ənɔ́iiŋ]
성가신, 귀찮은

그 얘기를 들으니 허위 광고가 생각나는군요. 광고주들은 소비자가 불필요한 것까지 사게 만듭니다. 그게 바로 그들이 돈을 버는 방식이죠. 예를 들면 그들이 당신의 휴대 전화로 보내는 광고들을 생각해 보세요. 어떤 것들은 당신이 전화를 하도록 만들며, 전화 요금은 당신에게 부과하죠. 그들은 마치 당신에게 그것이 일생에 한 번밖에 없는 거래인 것처럼 생각하게 하지만, 결국 당신은 불필요한 요금만 지불하게 됩니다. 이것이 허위 광고입니다. 제가 생각할 수 있는 예만 해도 무수히 많지만, 휴대 전화 광고가 과거 몇 년 동안 겪은 것 중 가장 짜증나게 만들었던 것 같아요. 이 문제는 하루 빨리 해결되어야 합니다.

주어진 주제와 관련해 좀 더 깊이 있는 토론이 되도록 질문들을 제시했습니다.
이외에 자신이 생각하는 주제에 대해서도 함께 토론해 보세요.

1 | What would our lives be like without ads?

2 | There are many banner ads on the Internet. Do you pay much attention to them?

3 | Have you ever felt impulse to buy something you didn't need because of an advertisement you saw?

4 | What do you think about the inappropriateness of certain ads with too much sexual or violent contents?

5 | If you watch TV or listen to the radio, advertisers use music to influence the consumers. How effective are the jingles we hear on TV and radio advertisements?

내가 만든 토론 주제

앞의 질문들에 대답할 때 아래 문장들을 활용해 보세요.

1 | 저도 충동 구매를 한다는 점을 인정해야겠군요.
- I have to say that I do impulsive buying.
- I have to admit I am an impulsive buyer.

2 | 우리는 광고가 넘쳐 나는 세상에 살고 있어요.
- We live in the world of ads' flooding.
- Where we live is filled with ads.

3 | 간판들이 기본적으로 건물 전체를 뒤덮고 있어요.
- Signs basically cover the whole building.
- Some buildings are just plastered with signs.

4 | 상품을 주는 광고는 단지 눈길을 끌기 위한 것이에요.
- Prize-offering ads are just gimmicky.
- I promised myself never to fall for prize-offering ads.

5 | 웹 사이트를 열 때마다 뜨는 배너 광고는 너무 짜증나고 아무 효과도 없어요.
- Banner ads popping up when opening a website is so annoying and not effective at all.
- People think banner ads are just distracting and tend to ignore them.

6 | 제가 가장 싫어하는 광고는 스티커 광고예요. 떼내기도 너무 힘들어요.
- The kind of ad that I hate the most is the sticker ads. It's so hard to get them off.
- Sticker ads are the worst kind since I'll have a hard time getting rid of them.

7 | 긍정적인 면을 보자면, 여기 저기 널려 있는 광고 덕분에 전화 번호를 쉽게 찾을 수 있어요.
- Look on the bright side, you can easily find the telephone number you need if ads are everywhere.
- There is an upside to it too. If you ever need a telephone number, you would not have to look for it.

8 | 쿠폰도 일종의 광고이긴 하지만 유용하다고 말할 수 있지 않나요?
- Coupons are types of ads too. Wouldn't you say they're useful?
- Some ads are beneficial, for example coupons. Don't you think so?

Issue 09   I Had a Dream to Be Rich

나에겐 꿈이 있습니다, 부자가 되고 싶다는.

Are you ready to talk about the Lotto mania? The lottery has become very popular around the world because the prize money can exceed millions of dollars. Some people view the lottery as a type of gambling because it's taking a risk. **They argue that** some people get addicted and obsessed with it, making lotteries a danger to society. The chance of dying in a car accident is much greater than winning a lottery. Others say that the lottery is simply a form of entertainment and there are no real negative effects on society. Due to its slim chance of winning, ordinary citizens don't take it seriously. Therefore, the argument here is whether the lottery is a menace to our society or merely a form of fun entertainment.

· **Are you ready to talk about ~** ~에 대해 이야기할 준비가 되셨나요?
· **They argue that ~** 그들은 ~라고 주장합니다

mania [méiniə] 열광, 마니아 | lottery [látəri] 복권, 제비 뽑기 | exceed [iksíːd] 초과하다, 능가하다 | view [vjuː] ~라고 생각하다, 간주하다 | be obsessed with ~에 사로잡히다, 집착하다 | slim [slim] 불충분한, 빈약한 | argument [áːrgjəmənt] 논의, 논쟁 | menace [ménəs] 위험한 것, 협박, 위협 | merely [míərli] 그저, 단지 ~에 불과한

 모범 토론 엿보기   다양한 시각에서 풀어놓은 다음 토론을 통해, 배경지식도 쌓고 자신의 의견도 정리해보세요.

Opinion 1   쉽게 얻은 돈이 행복을 주지는 않습니다.

Well, **let me tell you what I think about** the lottery. I was watching this special program on TV a couple of months ago, and it was about a man that had won the Lotto in Korea. This man had to quit his job and go into hiding because his winnings were the largest ever in Korea and there were people, like gangsters, after him. When you have money, people treat you differently. In this man's case, it changed his life totally and made him take refuge because he feared for the safety of his life and that of his family. **What I'm trying to say is** that easy money doesn't always make your life stress-free.

go into hiding
숨다, 행방을 감추다

winnings [wíniŋs]
상금, 소득

take refuge
피난하다, 위안을 구하다

easy money
쉽게 얻은 돈

stress-free
스트레스 없는

> 토론 핵심 표현
> · **let me tell you what I think about ~** ~에 관해 제가 어떻게 생각하는지 말해 볼게요
> · **What I'm trying to say is ~** 제가 말하고자 하는 바는 ~입니다

자, 제가 복권에 대해서 어떻게 생각하는지 말해 볼게요. 저는 두어 달 전에 TV에서 어떤 특별한 프로그램을 봤는데, 그것은 한국에서 로또에 당첨된 한 남자에 대한 것이었죠. 그 남자는 직장을 그만두고 잠적해야만 했습니다. 그의 당첨금은 한국에서 사상 최고 액수였고, 그래서 조직폭력배 같은 사람들이 그를 쫓아다녔기 때문이죠. 당신에게 돈이 있으면 사람들은 당신을 다르게 대합니다. 이 남자의 경우, 그것이 그의 삶을 완전히 바꾸어 버렸고 그는 자신과 가족의 안전한 삶에 위협을 느껴 은신하게 되었습니다. 제가 말하고자 하는 바는 쉽게 얻은 돈이 반드시 스트레스 없는 삶을 만들어 주지는 못한다는 것입니다.

 Opinion 2   복권은 사람들에게 희망을 줄 수 있습니다.

I beg to differ. You have to realize that it was an extreme situation. Most people who win the lottery don't have to go into hiding. The lottery is just a form of leisure activity. People need to get their minds off their daily

extreme [ikstríːm]
극도의, 극단적인

get one's mind off
마음 속에 ~을 없애다, 지우다

down in the dumps
기가 죽은, 힘 빠진

stressful activities such as work, school, and family. They need something to look forward to. The idea of winning the lottery can give people hope when they are down in the dumps. A little bit of dreaming never hurt anyone. Everyone needs hope to help them endure hardships in their life. **Wouldn't you agree?**

hardship [háːrdʃip]
역경, 고난

> 토론 핵심 표현
> · **I beg to differ.** 유감스럽지만 내 생각은 달라요.
> · **Wouldn't you agree?** 동의하지 않으세요?

유감스럽지만 제 생각은 달라요. 그 경우는 매우 극단적인 상황이라는 것을 알아야 해요. 복권에 당첨된 사람들이 대부분 잠적하는 것은 아니죠. 복권은 단지 여가 활동의 하나일 뿐이에요. 사람들은 일이나 학교, 가족과 관련된 일상의 스트레스가 쌓이는 활동에서 벗어날 필요가 있어요. 기대할 만한 뭔가가 필요하죠. 복권에 당첨될 수 있다는 생각은 사람들이 풀이 죽어 있을 때 희망을 가져다줄 수 있습니다. 작은 희망을 갖는 것이 결코 해가 되지는 않아요. 모든 사람들은 삶의 고난을 견뎌내는 데 도움이 될 희망이 필요해요. 동의하지 않으세요?

 Opinion 3 상금으로 받을 수 있는 돈에 대한 제한이 필요해요.

Yes, that's a good argument, but there needs to be a limit to how much money is awarded. When there is so much unclaimed money, most lotteries carry that amount over to the next drawing, making some winnings over tens of millions of dollars. That's when people lose their senses and stand in long lines to purchase lottery tickets. **I've even heard of cases where** people spend their grocery money on lottery tickets. That's when they develop a gambling problem, which leads to addiction. Some people forget about important things like work and family, and instead they spend all their money on buying lottery tickets.

award [əwɔ́ːrd]
상, 상금; 상금을 받다
unclaimed [ʌ̀nkléimd]
청구자가 없는, 소유주 불명의
drawing [drɔ́ːiŋ]
복권, 당첨
lose one's senses
이성을 잃다, 미치다
lead to
결국 ~이 되다, ~의 원인이 되다

네, 좋은 주장이지만 상금으로 돈을 얼마나 받을 수 있는가에 대한 제한이 필요해요. 대다수 복권이 주인이 나타나지 않은 많은 돈을 다음 회로 넘기기 때문에, 당첨금이 수천만 달러를 넘을 수도 있습니다. 그때 바로 사람들이 이성을 잃고, 복권을 사기 위해 길게 줄을 서는 상황이 벌어지죠. 심지어는 식비를 복권 사는 데 쓰는 사람들도 있다는 이야기를 들은 적이 있어요. 그러면 곧 중독으로 이어지는 도박의 문제로 발전하는 거죠. 어떤 사람들은 일과 가족 같은 중요한 것들을 잊어버리고 대신 복권 사는 데 돈을 몽땅 써 버리기도 합니다.

 Opinion 4 복권은 사람들을 돕기도 하고 경제에도 도움이 됩니다.

In one sense that may be true, but don't forget that there are many lotteries that help people. For example, I know of a lottery that donates some of its profits to the needy and toward education systems. Lotteries give more positive outcomes than negative ones. Economically it helps businesses as well since stores that sell lottery tickets can gain profits from selling tickets. People that go to buy lottery tickets are potential customers of the store they go into. **I don't think we need to go any further on this topic because** the positive consequences outweigh the negative ones.

donate [dóuneit]
기부하다, 기증하다

the needy
형편이 어려운 사람들

outcome [áutkʌm]
결과, 결론

potential [pouténʃəl]
잠재적인, 가능성 있는

go into
~에 들어가다, 종사하다

consequence
[kánsikwèns]
결과, 결론

outweigh [àutwéi]
~을 능가하다, ~보다 중대하다

어떤 면에서는 그게 사실일 수도 있지만, 많은 복권이 사람들을 돕는다는 것을 잊지 마세요. 예를 들면 이익금의 일부를 불우한 이웃이나 교육 분야에 기부하는 복권도 있어요. 복권은 부정적인 결과보다는 긍정적인 결과를 가져오는 경우가 더 많죠. 경제적으로 복권을 파는 상점들은 복권 판매로부터 이익금이 생기므로 복권은 사업에도 도움이 됩니다. 복권을 사러 가는 사람들은 그들이 들어가는 상점의 잠재적인 고객이 되는 셈이죠. 긍정적인 결과가 부정적인 것들보다 많기 때문에 이것에 관해서는 더 이상 이야기할 필요가 없을 것 같군요.

실전 토론하기

주어진 주제와 관련해 좀 더 깊이 있는 토론이 되도록 질문들을 제시했습니다.
이외에 자신이 생각하는 주제에 대해서도 함께 토론해 보세요.

1 | Have you ever bought a lottery ticket before? If so, what urged you to buy it?

2 | Is lottery a menace to our society, or is it just for the entertainment?

3 | Should there be a limit to how much money is awarded in a lottery? Why or why not?

4 | Some people like to gamble and get themselves into serious trouble. What is the worst-case scenario for someone who is addicted to the lottery?

5 | If you win the lottery, what would you do with the money?

내가 만든 토론 주제

1 | 저는 주마다 복권을 사는 것이 습관처럼 되어 있어요. 그렇지만 한 끼 식사 값 이상을 쓰진 않아요.

- It's become habitual for me to buy lotteries every week. But I don't go over the cost of one meal.
- I, myself, buy lotteries worth no more than the cost of one meal every week as a habit.

2 | 스스로 숫자를 정하고 그것들이 맞는지 확인하기 위해 기다리는 것은 일종의 오락거리일 뿐이죠.

- Picking numbers yourself and waiting to see whether you got them right is just a form of an entertainment.
- You are just entertaining yourself when you pick the numbers and wait to see whether you have them right.

3 | 복권은 다양한 면에서 경제를 활성화시키는 데 도움을 줄 수 있어요.

- There are various ways which lotteries can help the economy boost up.
- The economy in slump can be helped by lotteries in various ways.

4 | 복권이 많은 사람들의 삶을 어떻게 바꾸어 놓았는지에 관한 프로그램을 TV에서 본 적이 있어요.

- I remember watching a program on TV about how lottery has changed lives of many people.
- There was a program on TV showing how lottery affected many people's lives.

5 | 복권에 당첨된 사람들이 당첨 후 더 행복한 삶을 살지 못했다는 것이 조사를 통해 입증되었습니다.

- The research proved that the winners of lottery did not have happier lives after the winning.
- The research shows that people who won the lottery claim that they led happier lives before the winning.

6 | 재정적 어려움에 빠져 있는 사람들은 복권에 중독되기 쉽습니다.

- It is easier for people in financial difficulties to get addicted to lottery.
- People in financial difficulties tend to get addicted to lottery easier.

7 | 복권을 할 때는 자기 절제가 중요해요.

- It is critical to have self-control when you're playing the lottery.
- The crucial point when playing the lottery is that you need to restrain yourself.

8 | 복권에 돈을 쓰는 것은 그 사람들 마음이죠. 왜 상금으로 돈을 얼마나 받아야 하는지에 대한 제한이 필요한 거죠?

- It's up to people to spend their money on lottery. Why should there be a limit to how much money is rewarded?
- There should not be a limit to how much money is rewarded. People are spending money on their will. Why stop them?

Issue 10 Full of Sex and Violence

성과 폭력으로 가득 찬

In the past couple of decades, there have been increasingly more sexual and violent contents on screens. It has become so commonplace that many people don't think twice about it before allowing children to view these movies. Some studies done on children's movies have astonishing results. For example, the popular children's movie, *Teenage Mutant Ninja Turtles*, had the most violent scenes of all the movies released in the same year. **What's wrong with** the picture here? The research has shown that young people are strongly influenced by movies and TV shows. When children view violence on screen, they'll believe that it's okay, and mimic the same behavior. If lawmakers step in, producers would complain of censorship. **I would like to hear what you think** we should do about this problem.

- **What's wrong with ~?** ～이 뭐가 문제인 거죠?
- **I would like to hear what you think ~** 여러분이 ～을 어떻게 생각하는지 듣고 싶습니다

decade [dékeid] 10년 | **commonplace** [kámənplèis] 평범한, 보통의, 진부한 | **think twice** 재고하다, 망설이다, 주저하다 | **view** [vju:] 보다, 바라보다, 시청하다 | **mutant** [mjú:tənt] 돌연변이의 | **release** [rilí:s] 개봉하다, 발매하다, 공개하다 | **mimic** [mímik] 흉내내다, 모방하다 | **lawmaker** [lɔ́:mèikər] 입법자, 국회의원

모범 토론 엿보기 | 다양한 시각에서 풀어놓은 다음 토론을 통해, 배경지식도 쌓고 자신의 의견도 정리해보세요.

 Opinion 1 폭력적인 장면을 소비자가 원해요.

Is it okay if I start first? Well, the violence we see on screen shows the change in our morals and values. Society used to view family and work as the biggest factor in our lives. It's different now. Movies and other forms of entertainment have grown to be an important aspect of all of our lives. The more importance we put on movies, the more violence we expect, since it makes the movie more entertaining and exciting to watch. **I don't think there's** anything we can do to censor the violence or sex as long as consumers continue to pay for and seek these kinds of movies.

moral [mɔ́(:)rəl]
도덕상의, 윤리의

value [vǽljuː]
가치관

aspect [ǽspekt]
면, 국면

censor [sénsər]
검열하다, 검열하여 삭제하다

토론 핵심 표현
· **Is it okay if I start first?** 제가 먼저 시작해도 될까요?
· **I don't think there's ~** ~이 있다고 생각하지 않습니다

제가 먼저 말해도 될까요? 우리가 영화에서 보는 폭력은 우리의 도덕관과 가치관의 변화를 보여 줍니다. 사회에서 우리 삶의 가장 중요한 요소는 가정과 일이라고 생각했었죠. 지금은 다릅니다. 영화나 여타 형태의 오락이 우리 모두의 삶에서 중요한 요인으로 자리잡기 시작했죠. 우리가 영화를 더 중요하게 생각하면 할수록 우리가 영화 속에서 기대하는 폭력의 강도는 높아집니다. 폭력은 영화를 더 재미있고 흥미롭게 만들기 때문이죠. 소비자가 그러한 영화에 돈을 내고 계속 찾는 한, 우리는 어떠한 방법으로도 폭력이나 성적인 장면을 없앨 수 없다고 생각합니다.

 Opinion 2 부모의 역할이 중요합니다.

That's possible, but the important issue is whether children should be allowed to watch anything that comes on TV. **As you all know**, there are blockbuster movies on TV every week. Although they filter some violence, they don't

blockbuster [blákbÀstər]
흥행대작

filter [filtər]
거르다, 여과하다, ~을 제거하다

gunfight [gÁnfàit]
총격전

remove everything. It was just last night when I saw gunfights and bloody dead bodies on TV. Parents need to be more aware of what's on TV and the contents of a movie before they allow their children to watch them. On the contrary, this is not easy because parents can't always preview the full movie before their children watch it.

토론 핵심 표현
· **That's possible, but ~** 그럴 수도 있겠지만, ~
· **As you all know** 모두 아시다시피

그럴 수도 있겠지만, 중요한 점은 아이들이 TV에 나오는 것을 다 볼 수 있도록 허용해야 하는가입니다. 모두들 아시다시피, TV에서는 매주 블록버스터 영화들을 방영합니다. 몇몇 폭력 장면들을 삭제하기는 하지만, 전부 다 없어지는 않지요. 바로 어젯밤에도 저는 TV에서 총격전과 피 묻은 시체들이 나오는 장면을 보았습니다. 부모들은 아이들에게 시청을 허락하기 전에 TV에서 무엇이 나오는지, 영화의 내용은 어떤지에 대해 더 잘 알아야 합니다. 하지만 부모가 아이들이 보기 전에 항상 영화 전체를 미리 볼 수는 없기 때문에 이것도 결코 쉬운 일은 아니죠.

 Opinion 3 등급 표시가 부모들에게 도움이 됩니다.

Let me get off the topic for a moment. Movies aren't the biggest problem nowadays. I think parents are more than capable of preventing their children from seeing violence on screens with the newer rating systems. I think it's harder for them to protect their children from Internet movies and adult sites. It's harder to filter movies that are online. **To get back to the topic on hand,** the ratings that appear before each show are effective because parents can see the rating and turn off the TV if it's not appropriate for their children to watch.

잠깐 주제와 다른 이야기를 해 보죠. 요즘 가장 큰 문제가 되는 것은 영화가 아닙니다. 저는 새로운 등급 표시 제도로 인해 부모가 아이들이 영화의 폭력 장면을 보지 못하도록 더 손쉽게 막을 수 있게 되었다고 생각합니다. 저는 아이들이 인터넷 영화를 보거나 성인 사이트에 접속하지 못하도록 막는 것이 더 어렵다고 생각합니다. 온라인상에 있는 영화를 여과하는 것이 더 힘들기 때문이죠. 다시 원래의 주제로 돌아가자면, 각 프로그램 앞에 등급을 표시하는 것이 효과적입니다. 부모가 그 등급을 보고 아이들이 보기에 적절하지 않다면 TV를 끌 수 있기 때문이죠.

 Opinion 4 폭력 영화는 아이들을 폭력적으로 만듭니다.

That's kind of what I wanted to say. At least movie and TV show ratings can help parents prevent their children from viewing indecent shows. **I agree that there's** no way parents can filter even half of the things on the Internet. When children see violence, they don't know that it's wrong unless they're taught otherwise. They see certain actions in movies and they mimic what they see and hear. That's why violent movies will eventually make our society more violent. The public needs to be more aware of this and be educated in how children are influenced by violent movies.

indecent [indíːsnt]
음란한, 외설스러운

제가 말하고자 했던 바와 비슷한 이야기군요. 적어도 영화나 TV 프로그램의 등급은 부모가 아이들이 음란한 프로그램을 보지 못하도록 막는 데 도움이 됩니다. 저는 부모가 인터넷상의 정보들을 절반 정도라도 거를 수 있는 방법은 없다고 생각합니다. 폭력이 잘못된 것임을 배우지 않는 한 아이들은 폭력 장면을 보았을 때 그것이 잘못되었다는 것을 알지 못합니다. 그들은 영화에서 어떤 장면들을 보고, 보고 들은 것을 따라하게 되죠. 이것이 바로 폭력 영화가 결국은 우리 사회를 더욱 폭력적으로 만들게 되는 이유입니다. 사람들은 이 점을 더 잘 인식하고, 아이들이 폭력 영화로부터 얼마나 영향을 받게 되는지 배워야 합니다.

무작정 따라하기 ❷

실전 토론하기 · 주어진 주제와 관련해 좀 더 깊이 있는 토론이 되도록 질문들을 제시했습니다.
이외에 자신이 생각하는 주제에 대해서도 함께 토론해 보세요.

1 | Do you think there is a difference between what was on screen 10 years ago and what we see today?

2 | With technological advances, we can view movies on videos, DVDs, and through the Internet. Do you think this makes it easier for people to view violence and sex on screen?

3 | Who is responsible for protecting our children from viewing violence in movies? Why do you think so?

4 | How effective are ratings for TV shows that appear before a program begins?

5 | Do you think that censoring sex and violence on screen is a violation of our freedom of speech?

내가 만든 토론 주제

1 | 10년 전보다 영화에 성과 폭력 장면이 많아진 것은 분명해요.

- There is definitely more sex and violence in movies than 10 years ago.
- You can see a lot more sex and violence in movies compared to 10 years ago.

2 | 관객이 비난 받아야 한다고 생각하세요?

- Do you think viewers should be criticized?
- Should viewers be the ones to be blamed?

3 | 아이들이 영화에서 무엇을 보는가는 그들에게 큰 영향을 미칠 수 있어요.

- What children see in movies can have a strong effect on them.
- The research argues that children are strongly influenced by what they see in movies.

4 | 어린 관객들은 영화 속에 나오는 성과 폭력으로부터 무엇을 배울 수 있을까요?

- What can young viewers learn from all that sex and violence in movies?
- What can all that sex and violence in movies do to young viewers?

5 | 영화 제작자들을 규제하는 법안이 마련되어야 해요.

- There should be some laws to restrict movie producers.
- Some laws ought to be passed to restrain movie producers.

6 | 도대체 왜 등급 제도가 있어야 하는 거죠?

- Why do we have a rating system?
- What's the point of having a rating system?

7 | 성과 폭력은 우리 실생활에서 큰 부분을 차지하고 있죠. 감출 수 없는 것들이에요.

- Sex and violence are a big part of our lives. We can't hide them.
- We cannot ignore sex and violence, which are a big part of our lives.

8 | 생생함을 더 살리기 위해 어떤 영화에서는 외설적인 장면이라도 포함시켜야 해요.

- To be more realistic, some movies ought to include some obscenity.
- In some movies, it is essential to have obscenity to portray reality.

Part 2
Health and Science

Issue 11 Fast Food or Slow Food?

패스트푸드 드실래요, 슬로푸드 드실래요?

Have you seen or heard of a film called *Super Size Me*? It is a documentary written, produced by, and starring an American independent filmmaker named Morgan Spurlock. In the film, Spurlock eats only at McDonald's restaurants, three times a day for 30 days, to illustrate how harmful fast food can be. The then-32-year-old Spurlock claimed that, after making the movie, he had suffered from gaining 11 kg, which took him 14 months to lose, and mood swings and liver damage. **We need to think about this carefully** because obesity is becoming a serious problem in our nation. Many health experts blame this on fast or 'junk' food. Korean fast food makers have been selling us everything from bulgogi burgers to ramen. Other analysts, however, have said there is nothing wrong with fast food. It's just another food choice that people can make according to their individual preferences. **Now share your thoughts on this issue here.**

- **We need to think about this carefully** 우리는 이것에 관하여 신중하게 생각해 보고자 합니다
- **Now share your thoughts on this issue here.** 그럼 이제 이 문제에 대한 여러분의 생각을 공유해 보세요.

slow food (fast food에 반대되는) 건강식, 전통 음식 | **independent** [ìndipéndənt] 독립한, 독자적인 | **illustrate** [íləstrèit] 예증하다, 설명하다 | **mood swing** [muːd swiŋ] (조울증 등에서 보여지는) 기분의 두드러진 변화 | **obesity** [oubíːsəti] 비만, 비대 | **blame** [bleim] ~에게 책임 지우다, ~의 탓으로 돌리다 | **analyst** [ǽnəlist] 분석가 | **preference** [préfərəns] 더 좋아함, 선호

81

 Opinion 1 비만을 야기하는 정크푸드 판매를 제한해야 합니다.

Of course, fast food is one of the most serious issues in our country. Obesity is becoming an epidemic here. **It's not just a matter of** looking fat, either. Obesity can lead to heart disease, diabetes, cancer, and other health problems. In the past we rarely saw obese people in our country. Since opening our market to foreign junk food, however, as a nation we've become fatter and fatter. Domestic companies are also producing large amounts of junk food, as you know. **I hope our government can** restrict or ban junk food sales since they are responsible for the national health.

epidemic [èpədémik]
유행(전염)병, 유행
diabetes [dàiəbíːtis]
당뇨병
restrict [ristríkt]
제한(한정)하다
ban [bæn] 금지하다
responsible for
~에 대해 책임이 있는

토론 핵심 표현
· **It's not just a matter of ~** 단지 ~의 문제만이 아니다
· **I hope our government can ~** 나는 우리 정부가 ~할 수 있기를 바랍니다

물론 패스트푸드는 우리나라에서 가장 심각한 문제 중의 하나입니다. 비만은 하나의 유행병이 되어 가고 있습니다. 또한 단지 뚱뚱해 보이는 문제만이 아닙니다. 비만은 심장병, 당뇨병, 암, 그리고 다른 건강 문제들을 야기시킬 수 있습니다. 과거 우리나라에서는 뚱뚱한 사람들을 좀처럼 보지 못했습니다. 하지만 외국의 정크푸드에 시장을 개방한 이래, 국가적으로 점점 더 뚱뚱해지고 있습니다. 국내 회사들도 대량의 정크푸드를 생산해내고 있습니다. 나는 정부가 국민 건강에 책임이 있으므로 정크푸드 판매를 제한하거나 금지하기를 바랍니다.

 Opinion 2 사람들에게는 음식과 건강을 선택할 권리가 있어요.

Well, **I admit that** junk food's unhealthy. However, people have a right to make healthy or unhealthy choices. Many people smoke or drink. That's also very unhealthy, but people have a right to do it if they want to. I don't think it's the government's business to tell us what to eat and

unhealthy [ʌnhélθi]
건강에 해로운
have a right to
~할 권리가 있다
make a choice 선택하다
business [bíznis]
(해야 할) 일, 직무

82

what not to eat. If I want to eat a big juicy hamburger and get fat, **I think that's my own business**. Others smoke, drink, fail to exercise, or whatever. People have a right to make their own food and health choices.

> 토론 핵심 표현
> · **I admit that ~** 나는 ~라는 것을 인정합니다
> · **I think that's my own business.** 그것은 자기가 알아서 할 일이라고 생각합니다.

나는 정크푸드가 건강에 해롭다는 것은 인정합니다. 하지만 사람들에게는 건강에 좋거나 나쁜 것을 선택할 권리가 있습니다. 많은 사람들이 담배를 피우거나 술을 마십니다. 그것도 역시 매우 해롭지만, 사람들은 자신이 원한다면 그것을 할 권리가 있는 거죠. 우리에게 무엇을 먹고 안 먹어야 하는지를 알려주는 것은 정부가 할 일이 아니라고 생각합니다. 만약 내가 육즙이 풍부한 햄버거를 먹고 살이 찌고 싶다면, 그것은 내가 알아서 할 일이라고 생각합니다. 사람들은 담배를 피우기도 하고, 술을 마시기도 하고, 운동을 안 하는 등등을 합니다. 사람들에게는 자신의 음식과 건강을 선택할 권리가 있습니다.

 Opinion 3 아이들을 위해서라도 규제는 필요합니다.

    Yes, but what about young people... kids? Nowadays I see so many fat kids on the streets. It's definitely because kids are eating so much pizza, hamburgers... things like that. **Don't you think** kids aren't mature enough to know how to eat properly? They can be easily affected by food commercials on TV or online. They can't understand the dangers of fast food the way adults can. So, I agree that there need to be more restrictions on fast food for the sake of children.

> 토론 핵심 표현
> · **Yes, but what about ~** 네, 하지만 ~은 어떤가요?
> · **Don't you think ~** ~라고 생각하지 않나요?

네, 하지만 젊은 사람들 … 아이들은 어떨까요? 요즈음 저는 길거리에서 뚱뚱한 아이들을 너무 많이 봅니다. 이는 분명 아이들이 피자, 햄버거 같은 것들을 너무 많이 먹고 있기 때문입니다. 올바르게 먹는 방법을 알기에는 아이들이 덜 성숙하다고 생각하지 않나요? 아이들은 TV나 인터넷의 음식 광고에 쉽게 영향을 받을 수 있습니다. 그들은 성인처럼 패스트푸드의 위험성을 알지 못합니다. 그래서 저는 아이들을 위해서 패스트푸드에 대한 더 많은 규제가 필요하다는 데 동의합니다.

 Opinion 4 바쁜 사람들에게 패스트푸드는 편리해요.

Well, **my idea's a little different**. I'm not a super healthy eater, but I do try to eat healthy. Sometimes, however, I just don't have time to eat healthy. So fast food comes in handy. **I think this is probably the same for** many others who are sometimes too busy to sit and wait until their food is served. For them, fast food is convenient because they can order a burger and eat it in five minutes. I know it's not healthy, but if you're in a big rush, sometimes it's the fastest way to satisfy your hunger. Just don't eat too much of it!

healthy eater
건강에 좋은 것만 먹는 사람
come in handy
(여러 가지로) 편리하다, 도움이 되다
in a rush 바쁘게
hunger [hʌ́ŋgər]
배고픔, 허기짐

토론 핵심 표현
· **My idea's a little different.** 제 생각은 조금 다릅니다.
· **I think this is probably the same for ~**
이것은 아마 ~도 마찬가지일 거라고 생각합니다

음, 제 생각은 조금 달라요. 저는 건강에 좋은 것만을 먹는 사람은 아니지만, 몸에 좋은 것을 먹으려고 노력합니다. 그러나 때로는 건강에 좋은 것을 먹을 시간이 없어요. 그래서 패스트푸드가 편합니다. 이는 너무 바빠서 음식이 나올 때까지 앉아서 기다릴 수 없는 많은 다른 사람들도 아마 마찬가지일 거라고 생각합니다. 햄버거는 주문해서 먹는 데 5분밖에 걸리지 않기 때문에 그들에게는 패스트푸드가 편리합니다. 건강에 좋지 않다는 것은 알지만, 매우 바쁠 때는 가끔 허기를 채워 줄 수 있는 가장 빠른 방법이지요. 많이 먹지만 마세요!

무작정 따라하기 ❷

실전 토론하기

주어진 주제와 관련해 좀 더 깊이 있는 토론이 되도록 질문들을 제시했습니다.
이외에 자신이 생각하는 주제에 대해서도 함께 토론해 보세요.

1 | "The Korean government should place more restrictions on fast food." Do you agree or disagree with this statement?

2 | Why do you think fast food has become popular in Korea?

3 | What are some differences between traditional Korean food and fast food?

4 | Do you think young people in Korea eat too much fast food? Why or why not?

5 | What is the best way to improve eating habits in Korea, especially among young people?

내가 만든 토론 주제

앞의 질문들에 대답할 때 아래 문장들을 활용해 보세요.

1 | 패스트푸드는 건강에 해로워요.

- Fast food kills.
- Fast food is dangerous.

2 | 정크푸드는 맛은 좋을지언정, 건강에는 해롭습니다.

- Although junk food tastes good, it's dangerous.
- Don't let the taste fool you.

3 | 내가 좋아하는 대로 먹을 거예요. (왜 내가 규제를 받아야 하는 겁니까?)

- I'll eat as I like. (Why should I be restricted?)
- To each his own.

4 | 적당히 먹는다면, 정크푸드는 괜찮아요.

- Junk food is okay in small doses.
- If it's eaten in moderation, junk food is okay.

5 | 정크푸드 업체들은 아이들을 먹잇감으로 삼고 있어요.

- The junk food industry preys on children.
- Fast food companies immorally target children.

6 | 아이들은 정크푸드에 대해 잘 모릅니다.

- Kids don't know any better about junk food.
- Kids are too innocent to know they should not eat junk food.

7 | 바쁠 땐 정크푸드가 괜찮습니다.

- Junk food is okay when I'm on the run.
- Fast food can be a better option when I'm too busy to have a formal meal.

8 | 패스트푸드는 손에 들고 가기 편해요.

- Fast food is easy to grab and go.
- You can just grab a burger, eat, and keep moving.

Issue 12　No Frankenfood!

프랑켄푸드는 안 돼요!

Korean consumers are increasingly concerned about food safety as millions of tons of genetically modified (GM) food, including beans, corn, and meats, are being imported from the United States. **This has been a hotly debated issue among Koreans.** Consumers and environmental activists are raising their voices against the imports, citing fears about the safety of genetically modified organisms(GMOs). Some critics also point to the possible negative effects on nature while others are opposed to the fact that large countries and corporations may be profiting from GMOs, pushing out small farmers or poor nations that cannot afford GMO technology. However, producers say that they have no choice but to turn to GMOs because prices of non-modified foods have surged. They also say that there has been no clear evidence of GM crops' harmful effects on humans. **Let's spend some time discussing this issue.**

· **This has been a hotly debated issue among Koreans.** 이것은 한국 사람들 사이에서 뜨거운 논쟁거리가 되었습니다.
· **Let's spend some time discussing this issue.** 이 문제를 토론하는 시간을 가져봅시다.

genetically modified [dʒinétikəli mádəfàid] 유전자 조작의, 유전자 변형의 | **be concerned about** ～을 걱정하다 | **millions of tons of** 수백만 톤의 | **environmental activist** [invàiərənméntl ǽktivist] 환경 운동가 | **cite** [sait] 인용하다, 열거하다, 언급하다 | **fear** [fiər] 공포, 불안, 걱정 | **negative effect** [négətiv ifékt] 악영향 | **have no choice but to** ～하지 않을 수 없다 | **turn to** ～에 의지하다 | **surge** [səːrdʒ] 갑자기 증가하다, 쇄도하다

다양한 시각에서 풀어놓은 다음 토론을 통해, 배경지식도 쌓고 자신의 의견도 정리해보세요.

 Opinion 1 논리적으로 설명할 수 없다면 반대해서는 안 됩니다.

As we know, there have been many demonstrations in Korea about importing GMOs from the United States. Some people fear the supposed dangers of GMOs, but **have presented no scientific evidence to support** their fears. I think, as science advances, it's quite possible to integrate GMOs into foods to make them healthier. On top of that, if GMOs can make foods more delicious, then **I don't see why not** to use them. People should not oppose them without any logical explanation.

demonstration
[dèmənstréiʃən]
논증, 증거

supposed [səpóuzd]
상상된, 가정의

integrate [íntəgrèit]
통합하다, 합치다

on top of that
그밖에, 게다가

logical [ládʒikəl] 논리적인

토론 핵심 표현
· **have presented no scientific evidence to support**
　~을 뒷받침할 만한 과학적 증거를 제시하지 않았어요
· **I don't see why not** 안 될 이유도 없지요.

우리 모두가 알다시피, 미국에서 유전자변형식품이 수입된 많은 증거들이 한국에 있습니다. 어떤 사람들은 가상의 GMO 위험성을 두려워하지만, 그 두려움을 뒷받침할 만한 과학적 증거는 제시하지 않았습니다. 과학이 진보함에 따라, 건강에 더 좋은 식품을 만들기 위해 음식에 GMO를 합치는 일은 상당히 가능하다고 생각합니다. 게다가 GMO가 음식을 더 맛있게 만들 수 있다면, 그걸 사용하지 말아야 할 이유가 없어요. 사람들은 논리적인 설명 없이 그걸 반대하지 말아야 합니다.

 Opinion 2 장기적으로 나쁜 영향을 끼칠 수도 있어요.

You may have too much faith in science. You've overlooked the fact that science often brings as many—or more—risks than it does benefits. It may be true that there are no proven harmful effects of GMOs, but that's partly because they are so new. Scientists don't seem to know that much about genetic foods yet, or their long-term effects on

have faith in
~을 믿고 있다

overlook [òuvərlúk]
못 보고 지나치다, 간과하다

do benefit 혜택(이익)을 주다

proven [prúːvən] 증명된

genetic [dʒinétik]
유전의, 유전학적인

long-term [láŋ-təːrm]
장기의, 장기적인

humans. GMO foods probably won't kill you right after you eat them, **but they could have long-term effects**, perhaps on your children or grandchildren by giving them birth defects, for example.

have an effect (on)
~에 영향을 미치다
defect [difékt]
결점, 흠, 결손

> 토론 핵심 표현
> · **You may have too much faith in ~** 당신은 ~을 너무 많이 믿는지도 몰라요
> · **but they could have long-term effects**
>   하지만 그것들은 장기적인 영향을 끼칠 수도 있습니다

과학을 너무 많이 믿고 있군요. 과학이 종종 혜택만큼이나 혹은 그 이상의 위험을 초래한다는 사실을 못 보고 있습니다. GMO의 나쁜 영향이 입증된 것이 없다는 점은 사실일지 몰라도, 부분적으로 그것은 GMO가 너무 최근의 것이기 때문입니다. 과학자들은 아직 유전자 식품이나 그것들이 인간에게 미치는 장기적 영향에 대해 잘 모릅니다. GMO를 먹는다고 그것들이 바로 당신을 죽이지는 않겠죠. 하지만 당신의 자녀나 손자들에게 예를 들어 선천적 결손증 같은 것을 발생시키는 장기적 영향을 끼칠지도 모릅니다.

 Opinion 3 정치적 압력에 의한 GMO 수입에 반대합니다.

I think many people overlook the diplomatic **aspect** of this topic. Well, **I'm against** importing GMOs because I don't like the fact that the GMOs being pushed mainly by the larger, advanced countries. Did you know that the biggest GMO-exporting country is the United States? Our nation is getting a lot of political pressure from the United States to open our market to American GM products. I think we should all participate in a movement to oppose importing GMOs because allowing them is humiliating on a diplomatic level.

diplomatic [dìpləmǽtik]
외교(상)의
advanced country 선진국
political [pálitikəl]
정치의, 정치적인
pressure [préʃər] 압력, 압박
movement [múːvmənt]
운동
humiliating [hjuːmílièitiŋ]
굴욕, 수치

> 토론 핵심 표현
> · **I think many people overlook ~ aspect**
>   많은 사람들이 ~한 측면을 간과하고 있다고 생각합니다
> · **I'm against ~** 나는 ~에 반대합니다

저는 많은 사람들이 이 주제의 외교적 측면을 간과하고 있다고 생각합니다. 저는 GMO가 주로 큰 선진 국들에 의해 강요되고 있다는 사실이 싫어 GMO 수입에 반대합니다. 가장 큰 GMO 수출국이 미국이라 는 것을 알고 있나요? 우리나라는 미국의 GM 제품에 시장을 개방하라는 미국의 정치적 압력을 많이 받고 있습니다. 이를 허용하는 것은 외교적 수치이기 때문에 GMO 수입을 반대하는 운동에 우리 모두가 참여해야 한다고 생각합니다.

 Opinion 4 좋은 건 알지만 가격이 문제예요.

I also hate the fact that GMOs are being pushed on Korea by the United States. But **what we really should consider is** the people who are suffering from the soaring prices of staple foods. No one will even consider buying GM foods if they are proven to be harmful, but if not, for many people: **what counts is** the price. I mean, when you go grocery shopping, don't you compare prices and choose the cheaper products, even though others might be a little healthier?

soaring [sɔ́:riŋ]
급상승하는, 마구 치솟는
staple food 주요 식품, 주식
count [kaunt]
중요하다, 가치가 있다
grocery [gróusəri]
식료품(가게)

> 토론 핵심 표현
> · **what we really should consider is ~** 우리가 정말 고려해야 하는 것은 ~입니다
> · **what counts is ~** 중요한 것은 ~입니다

저 역시 GMO가 미국에 의해 한국에 강요된다는 사실이 싫습니다. 하지만 우리가 정말 고려해야 하는 것은 주요 식품의 치솟는 가격에 괴로워하는 사람들입니다. GM 식품이 나쁘다고 증명되면, 아무도 그것을 사려고 들지 않을 겁니다. 하지만 그렇지 않다면, 많은 사람들에게 중요한 것은 가격입니다. 제 말은, 식료품을 사러 갈 때 다른 게 좀 더 건강에 좋을 것 같아도 가격을 비교하고 더 싼 물건들을 사지 않느냐는 겁니다.

무작정 따라하기 ❷

실전 토론하기　주어진 주제와 관련해 좀 더 깊이 있는 토론이 되도록 질문들을 제시했습니다.
이외에 자신이 생각하는 주제에 대해서도 함께 토론해 보세요.

1 ｜ "GMOs should be banned from Korea until they are proven absolutely safe over a number of years." Do you agree or disagree with this statement? Why?

2 ｜ Do you think imports of GMOs are being pushed on Korea by the United States?

3 ｜ What is your priority when making food purchases?
[Tip: safety, cost, convenience, etc.]

4 ｜ What are some of the risks involved in using GMOs?

5 ｜ What are some of the benefits of using GMOs?

내가 만든 토론 주제

앞의 질문들에 대답할 때 아래 문장들을 활용해 보세요.

1 | 우리는 프랑켄푸드(유전자변형식품)을 받아들일 수 없어요.

- We can't accept Frankenfoods! (Frankenstein + Food = Frankenfood)
- We can't accept foods that are tampered with nature.

2 | 우리는 세계적인 식품 로비를 신뢰할 수 없습니다.

- We can't trust the global food lobby.
- Big food companies hire lobbyists to promote their interests.

3 | 사람은 먹어야 합니다.

- People have to eat.
- Low-income people require food that is cheap.

4 | 유기농이 항상 안전한 것은 아니에요.

- Organic doesn't always mean safe.
- Food grown without chemicals can also be dangerous.

5 | 한국 음식은 한국 땅에서 나와야 해요.

- Korean foods should come from Korean soil.
- Korean bodies are suited to Korean-made foods.

6 | 지구를 훼손하지 마세요.

- Don't mess with Mother Nature.
- Tampering with nature can be disastrous.

7 | 음식은 음식이에요. GMO는 다른 음식과 같을 뿐이에요.

- Food is food. GMOs are just the same as other food.
- Don't be excessively nationalistic or paranoid about food.

8 | 과학은 우리의 친구입니다.

- Science is our friend.
- Science has been a tremendous help to humans.

Issue 13 Bottoms Up!

건배!

Good afternoon, everyone. **I'll be mediating this discussion today. No one can deny the fact that** private entertainment and business engagements in Korea revolve around drinking with friends, co-workers, or family. This is especially true in the months of December and January because of the holidays. If you walk down a non-residential district in Korea, you can see a number of bars and clubs. It shows you the extent of how engrossed alcohol is in Korean culture. Statistics show that alcohol can lead to violence. Therefore we can assume that these districts are high in crime. Prohibition of alcohol in America in the early 1900s proved that just prohibiting alcohol doesn't work. So, what can society do about increasing risks that alcohol causes? Alcohol also leads to addiction and irresponsibility, not to mention drunk driving.

- **I'll be mediating this discussion today.** 제가 오늘 토론을 이끌도록 하겠습니다.
- **No one can deny the fact that ~** 그 누구도 ~라는 사실을 부인할 수는 없습니다

mediate [mí:dièit] 조정하다, 중재하다 | **deny** [dinái] 부인하다, 부정하다 | **engagement** [engéidʒmənt] 일, 용무 | **revolve around** ~를 중심으로 삼다, ~에 초점을 맞추다 | **district** [dístrikt] 구역, 지역 | **extent** [ikstént] 범위, 정도 | **engross** [engróus] 집중시키다, 몰두시키다 | **statistic** [stéitistik] 통계 | **prohibition** [pròuhəbíʃən] 금지, 금지령(cf. Prohibition 1920년대 미국에서 실시했던 주류 양조 판매 금지령)

 Opinion 1 술은 음주자와 비음주자 모두에게 위험합니다.

Alcohol is a huge risk for non-drinkers and also for drinkers. It's a risk for non-drinkers because they could become victims of alcohol abusers. Alcoholics, who physically depend on alcohol to live their lives, don't know how to control themselves mentally and physically. Therefore they tend to harm people around them. Not only can they cause accidents, but they can also develop liver damage and some forms of cancer. **That's why there needs to be** more education for people of all ages about the dangers of alcohol. **Don't you think that's true?**

huge [hju:dʒ]
거대한, 막대한

victim [víktim]
희생자, 피해자

abuser [əbjú:zer]
남용자, 오용하는 사람

alcoholic [ǽlkəhɔ́(:)lik]
알코올 중독자

mentally [méntəli]
정신적으로

> 토론 핵심 표현
> · **That's why there needs to be ~** 그것이 바로 ~할 필요가 있는 이유입니다
> · **Don't you think that's true?** 그것이 맞다고 생각하지 않으세요?

술은 비음주자와 음주자 모두에게 큰 위험입니다. 술을 마시지 않는 사람들은 과도하게 술을 마시는 사람들의 희생양이 될 수도 있기 때문에 위험합니다. 술에 의지해서 살아가는 알코올 중독자들은 정신적, 신체적으로 스스로를 어떻게 통제해야 할지 모릅니다. 그러므로 그들은 주위 사람들에게 해를 끼치는 경향이 있죠. 그들은 사고를 일으킬 뿐만 아니라 간이 나빠지고 여러 종류의 암에 걸릴 수도 있습니다. 이것이 바로 노소를 불문하고 모든 사람들에게 술의 위험성에 대해 더 많은 교육을 해야 하는 이유입니다. 그것이 맞다고 생각하지 않으세요?

 Opinion 2 적당히 마시는 술은 문제가 되지 않습니다.

I can't say I completely agree with you. It's true that too much alcohol can lead to horrible consequences, but **research has actually shown that** alcohol in moderation can help you lead a healthier lifestyle. Drinking is so absorbed in every culture that if you don't drink people

consequence [kánsikwèns]
결과, 결론

in moderation
적당한, 정도에 맞게

absorbed [əbsɔ́:rbd]
흡수된, 병합된

think it's strange. Korea is a culture where you have to drink to socialize. In business, it's also a form of entertaining your clients. Yes, there are problems. But if we get more information out there about the risks of drinking heavily, then it won't be a problem.

socialize [sóuʃəlàiz]
사회적으로 활동하다,
~와 교제하다
heavily [hévili]
심하게, 대량으로, 많이

> 토론 핵심 표현
> · **I can't say I completely agree with you.** 당신에게 전적으로 찬성할 수는 없군요.
> · **research has actually shown that ~** 연구에 의해 ~라는 사실이 실제로 밝혀졌습니다

당신에게 전적으로 찬성할 수는 없군요. 지나친 음주가 심각한 결과를 초래할 수 있다는 것은 사실입니다. 그렇지만 적당히 마시는 술은 더 건강한 삶을 사는 데 도움이 될 수 있다는 사실이 실제로 연구를 통해 밝혀졌습니다. 음주는 모든 문화에 깊숙이 스며들어 있어서 당신이 술을 마시지 않는다면 사람들은 이상하다고 생각합니다. 한국은 사교를 위해서 술을 마셔야 하는 사회입니다. 사업상으로 고객을 접대하는 수단이 되기도 하죠. 그렇습니다, 문제도 있습니다. 그렇지만 과도한 음주로 인한 위험을 더 잘 알고 있다면, 문제될 것은 없습니다.

 Opinion 3 아이들에게 술의 위험성을 교육해야 합니다.

That's exactly it! The problem is that people know it's dangerous to drink heavily but they do it anyway. We need to start treating alcohol as a form of drug like cocaine and heroine. For addicts, **it's possible that** alcohol is the first stepping stone towards harder drugs. If we want to solve the drinking problem completely, we need to get to the root of it. Eradicating the problem with alcohol is an essential step in putting an end to the drug problem in our society. The best way is for the government to step in and start taking actions. The government needs to educate children about the dangers of alcohol before they start drinking.

treat [tri:t]
간주하다, 여기다, 다루다
addict [ədíkt]
중독자, (마약) 상용자; 중독되게 하다
stepping stone
디딤돌, 수단
root [ru:t]
근원, 핵심, 기초
eradicate [irǽdəkèit]
근절하다, 뿌리째 뽑다
put an end
해제하다, ~을 끝내다
take action
조치를 취하다

> 토론 핵심 표현
> · **That's exactly it!** 바로 그거예요!
> · **it's possible that ~** ~은 가능합니다

바로 그거예요! 문제는 사람들이 과도한 음주가 위험하다는 것을 알고 있지만 어쨌든 술을 많이 마신다는 것입니다. 술을 코카인이나 헤로인 같은 마약의 일종으로 다룰 필요가 있습니다. 중독자들에게 있어 술은 더 심한 마약을 하게 되는 첫 단계가 될 가능성이 있습니다. 술과 관련된 문제를 완전히 해결하기를 원한다면, 근본을 알아야 합니다. 술과 관련된 문제를 근절하는 것은 우리 사회의 마약 문제를 없애기 위해 꼭 필요한 조치입니다. 정부가 개입해서 조치를 취하는 것이 최선의 길입니다. 정부는 아이들이 술을 입에 대기 전에 술의 위험성을 교육시켜야 합니다.

 Opinion 4 소수의 부주의한 행동으로 다수를 처벌할 수는 없습니다.

I have the same opinion about educating people, but alcohol is not as big of a problem as illegal drugs. **You are looking at the problem too simply** when you say that alcohol is a root cause of other major social problems. Politicians have always tried to blame alcohol for corrupting and harming people. It's just a way for them to get more votes. If you think of it, alcohol and drugs may cause harm, but so does sports. People get injured while playing sports or even when they are just spectators. But it doesn't mean we should abolish sports. Besides, the vast majority of people do not drink irresponsibly. You can't penalize the majority for the negligent behavior of the minority.

illegal [ilí:gəl]
불법적인

root cause
근본 원인

spectator [spékteitər]
구경꾼, 관객

abolish [əbáliʃ]
폐지하다, 파기하다

penalize [pí:nəlàiz]
벌주다, 벌칙을 적용하다

negligent [néglidʒənt]
무관심한, 부주의한

minority [minɔ́:riti]
소수의, 소수파

토론 핵심 표현
· **I have the same opinion about ~** ~에 대해 같은 의견입니다
· **You are looking at the problem too simply**
  당신은 그 문제를 너무 단순하게 생각하고 있군요

저도 사람들을 교육시키는 것에 대해서는 같은 의견입니다만, 술은 불법적인 마약만큼 큰 문제는 아닙니다. 술이 다른 주요 사회 문제들의 근본 원인이라고 말하는 것은 그 문제를 너무 단순하게 생각하는 것입니다. 정치인들은 항상 술이 사람들을 타락시키고 해친다는 이유로 비난하려 듭니다. 그러나 이것은 단지 더 많은 표를 얻기 위한 수단일 뿐이죠. 생각해 보면, 술이나 마약이 해를 가져다줄 수도 있지만, 스포츠도 마찬가지입니다. 사람들은 경기를 하거나 심지어 그저 구경을 하다가도 부상을 입을 수 있습니다. 그렇다고 스포츠를 아예 없애야 하는 것은 아니지요. 게다가 대다수의 사람들은 무책임하게 술을 마시지 않습니다. 소수의 부주의한 행동 때문에 다수를 벌할 수는 없습니다.

주어진 주제와 관련해 좀 더 깊이 있는 토론이 되도록 질문들을 제시했습니다.
이외에 자신이 생각하는 주제에 대해서도 함께 토론해 보세요.

1 | Do you think alcohol is unhealthy? Why or why not?

2 | What are some risks when people drink alcohol?

3 | Do you think alcohol is any different to drugs? Explain this.

4 | Should there be a ban on alcohol? Would banning alcohol work in our society?

5 | Whether it's for business or pleasure, drinking is something most Koreans must do in Korea. What can we do about the problems arising in drinking culture?

내가 만든 토론 주제

1 | 술을 마시는 사람이라면, 모든 유혹을 뿌리치기 정말 어렵죠.

- When you are a drinker, it's so hard to ignore all the temptations.
- There are just too many temptations to ignore when you're a drinker.

2 | 음주는 순진한 사람들을 영원한 파멸의 길로 몰고 갈 수도 있죠.

- Drinking can lead to a permanent disaster for some innocents.
- Some innocent people can be permanently injured by drinking.

3 | 술에 중독될 수 있다는 것을 잊지 마세요.

- Don't forget that you could get addicted to drinking.
- Did you ever notice that drinking could be addictive?

4 | 문제는 술을 너무 많이 마셔서 자기 자신을 통제할 수 없을 때 발생하죠.

- The problem arises when you've had too much alcohol and can't control yourself.
- When you can't control yourself from having too much alcohol, the problem arises.

5 | 매일 와인을 조금 마시는 등의 약간의 술은 더 건강한 삶을 살게 해 준다는 것이 입증되었어요.

- Some alcohol like a little bit of wine every day is proven to have you lead healthier life.
- It's a proven fact that you'll lead healthier life when you drink a little bit of wine every day.

6 | 음주는 사람들을 함께 모이게 하고 좀 더 친근한 분위기로 만들어 주죠.

- Drinking gets people together and builds a friendlier atmosphere.
- Friendly atmosphere is created with alcohol being there when people get together.

7 | 사업을 하다 보면, 고객과 술을 마시는 것도 필요하죠.

- When you're doing business, drinking with your clients is needed.
- I'd say drinking with clients is necessary for people doing business.

8 | 무책임한 소수의 음주가들을 기준으로 대다수의 음주가들을 판단하지 마세요.

- Don't judge the majority of drinkers based on the minority of irresponsible drinkers.
- You should not judge the majority of drinkers by some faults that very minority of irresponsible drinkers make.

Issue 14 Cough, Cough

콜록 콜록

Smoking has been scientifically proven to cause cancer, heart disease, emphysema, and chronic bronchitis. Not only smokers risk their own lives by smoking but they also put non-smokers at great risks by second-hand smoking. More and more places worldwide are banning smoking in public areas. In other words, there are less and less places to go when you want to light up your cigarette. However, **some people argue that** it's the individual's freedom to choose smoking. **On the other hand**, nicotine in tobacco products is extremely addictive. Tobacco product companies are making millions of dollars every year from addicted smokers. No matter how much smokers desire to quit, the nicotine and tar in their system remain for tens of years, making it hard for them to give up.

• **Some people argue that ~** 어떤 사람들은 ~라고 주장합니다
• **On the other hand** 한편, 반면에

cancer [kǽnsər] 암, 악성 종양 | **emphysema** [èmfəsí:mə] 기종, 폐기종 | **chronic** [kránik] 만성의, 고질의 | **bronchitis** [braŋkáitis] 기관지염 | **second-hand smoking** 간접 흡연 | **ban** [bæn] 금지시키다 | **light up** (담배에) 불을 붙이다 | **no matter how** 아무리 ~한다 하더라도 | **give up** 그만두다, 포기하다, 단념하다

모범 토론 엿보기 다양한 시각에서 풀어놓은 다음 토론을 통해, 배경지식도 쌓고 자신의 의견도 정리해보세요.

 Opinion 1 어린 나이에 담배를 피우기 시작해 이제 금연이 어려워요.

Everyone starts smoking for different reasons. I started because I thought it was cool. Now, I'm so hooked on nicotine that I can't seem to quit. At one point, I tried quitting, but that only lasted a week. **I guess** I started too young. And **I heard that** when you're a teenage smoker, there's a higher chance of getting addicted. I tried a lot of different ways to quit, like acupuncture, the patch, and exercising. None of them worked. After twenty years of smoking, I don't know what to do anymore. It seems so hard because there are so many people around me who smoke and cigarettes are so readily available everywhere.

> 토론 핵심 표현
> · **I guess ~** 저는 ~라고 생각합니다
> · **I heard that ~** 저는 ~라고 들었습니다

사람들은 각기 다른 이유로 담배를 피우기 시작합니다. 저는 흡연이 멋지다고 생각했기 때문에 시작했습니다. 지금은 니코틴에 너무 중독되어 담배를 끊을 수 없을 것 같습니다. 한때 금연을 시도해 본 적이 있지만 겨우 일주일밖에 가지 못했죠. 저는 너무 어린 나이에 담배를 피우기 시작한 것 같아요. 그리고 제가 듣기로는 청소년 흡연의 경우 중독 가능성이 더 높다고 하더군요. 저는 침술, 붙이는 약, 운동 요법 등 담배를 끊기 위해 다양한 방법을 시도했었죠. 그 어떤 것도 효과가 없었어요. 20년 동안 흡연을 하니 더 이상 어떻게 해야 할지 모르겠어요. 제 주변에는 흡연자가 매우 많고 담배는 어디서든지 쉽게 구할 수 있기 때문에 금연이 정말 힘든 것 같아요.

 Opinion 2 비흡연자들도 간접 흡연으로 피해를 입어요.

Just a moment. Do you mean to say that you started smoking as a teenager? As a smoker, you're not only harming yourself, but also those around you. You're harming your family. On top of it, you also increase the risk

be hooked
중독되다

get addicted
중독되다

acupuncture
[ǽkjupʌ̀ŋktʃər]
침술, 침을 이용한 치료

patch [pætʃ]
고약, 반창고 등 붙이는 약

readily [rédəli]
쉽사리, 손쉽게

deal with
~을 다루다, 처리하다

stink [stíŋk]
악취, 고약한 냄새

blow [blou]
불다, 불어대다

of your children becoming smokers. Second-hand smoking is worse than you think, and many smokers don't care that non-smokers have to deal with the stinks of tobacco, especially when you're walking down the street. Smoke blown in my face is not the best feeling in the world. I don't want to smell cigarettes in public areas.

토론 핵심 표현
· **Just a moment.** 잠깐만요.
· **Do you mean to say that ~** ~라고 말하는 건가요?

잠깐만요. 지금 당신이 10대에 담배를 피우기 시작했다고 말하는 건가요? 흡연을 하면, 당신은 당신 자신뿐만 아니라 주위 사람들에게도 해를 끼치게 돼요. 가족에게도 마찬가지죠. 무엇보다도 당신 자녀들이 흡연자가 될 위험성도 높아지죠. 간접 흡연은 당신이 생각하는 것보다 더 나빠요. 그리고 많은 흡연자들은 비흡연자들이 담배 냄새를 참아야 한다는 점은 신경 쓰지 않죠. 특히 당신이 거리를 걸을 때 말이에요. 제 얼굴로 담배 연기가 불어오면 기분이 결코 좋지는 않지요. 저는 공공 장소에서 담배 냄새 좀 안 맡았으면 좋겠어요.

 Opinion 3 흡연자들도 담배를 피울 권리가 있어요.

You might have a point there, but there are alternative ways for you to avoid the smell of smoke. There are many restaurants and bars that offer non-smoking sections nowadays. You don't have to deal with it. **I'd like to point out here** that the smoking laws are getting so tough that there are even cities that ban smoking completely in all public areas. This has been making it harder for tobacco users to smoke. You have the option of not getting second-hand smoke, so you cannot complain. Smokers have a right to smoke just like you have a right not to.

alternative [ɔːltɔ́ːrnətiv]
대신의, 선택적인
option [ápʃən]
선택권, 선택의 자유

토론 핵심 표현
· **You might have a point there, but ~** 당신 말에도 일리가 있을 수 있지만 ~
· **I'd like to point out here ~** 여기서 ~을 지적하고 싶습니다

당신 말에도 일리가 있겠지만, 당신이 담배 연기를 피할 대안들이 있습니다. 요즘에는 금연석이 지정된 식당이나 술집이 많아요. 담배 연기에 신경 쓸 필요가 없지요. 그리고 금연법이 매우 강력하게 지정되어 모든 공공 장소에서 흡연이 완전히 금지된 도시들도 있다는 것을 지적하고 싶네요. 이로써 흡연가들은 담배 피우기가 더욱 어렵게 되었습니다. 간접 흡연을 피할 수 있는 방법이 있으므로, 불평하지 마세요. 당신이 담배를 피우지 않을 권리가 있는 것처럼 흡연자들도 담배를 피울 권리가 있어요.

 Opinion 4   더 이상의 금연 조치가 있어서는 안 됩니다.

Thank you for pointing that out. I'm finding it harder to find a place to smoke. There are often small-enclosed areas for smokers. For me, smoking is a way of relaxing after a tough meeting or a hard day's work. I have the right to spend my money on whatever I want to buy. The ban on smoking cannot go any further than preventing smoking at public meetings and public transportation. **It's absolutely ludicrous to** want to ban tobacco altogether. If we completely outlaw tobacco, it would create black markets and increase crime, like it did during the alcohol prohibition in the 1920s in America.

enclose [enklóuz]
에워싸다, 둘러싸다

whatever [hwɑtévərt]
~하는 것은 무엇이든지

ludicrous [lúːdəkrəs]
웃기는, 우스꽝스러운

outlaw [áutlɔ̀ː]
금지하다, 불법화하다

black market
암시장

토론 핵심 표현
· **Thank you for pointing that out.** 그 점을 지적해 주셔서 감사합니다.
· **It's absolutely ludicrous to ~** ~라는 것은 정말 우스워요

그 점을 지적해 주셔서 감사합니다. 저도 담배 피울 수 있는 장소를 찾는 것이 더 어려워지고 있다는 걸 알아요. 가끔 흡연자들을 위한 폐쇄된 작은 공간이 있죠. 저에게 담배는 어려운 회의를 마친 후나 힘든 하루의 업무를 마치고 난 후 긴장을 푸는 수단이 됩니다. 저는 제 돈으로 원하는 것은 무엇이든 살 권리가 있어요. 공적인 모임 장소와 대중 교통에서의 흡연 금지 외에 더 이상의 금연 조치가 있어서는 안 됩니다. 담배를 완전히 금지하고 싶어 하는 것은 정말 웃기는 일이죠. 담배를 완전히 불법화한다면, 암시장이 생겨나고 범죄도 증가하게 될 거예요. 1920년대 미국에서 주류 금지령이 내려졌던 때처럼 말이죠.

실전 토론하기

주어진 주제와 관련해 좀 더 깊이 있는 토론이 되도록 질문들을 제시했습니다.
이외에 자신이 생각하는 주제에 대해서도 함께 토론해 보세요.

1 | If you've ever tried smoking, how old were you when you first tried
it? Why did you smoke?

2 | What are some effects smokers have on non-smokers?

3 | How does teenage smoking affect our society? What can we do about
it?

4 | Name some areas that you think should prohibit smoking. Why do
you think so?

5 | Does banning smoking infringe upon an individual's freedom?

내가 만든 토론 주제

앞의 질문들에 대답할 때 아래 문장들을 활용해 보세요.

1 | 저는 대부분의 경우 사람들이 또래로부터의 압력에 의해 담배를 피우기 시작한다고 생각해요.

- I believe in most cases people start to smoke by peer pressure.
- Peer pressure is by far the number one reason why people start to smoke.

2 | 일단 담배를 피우기 시작하면, 끊기는 정말 어려워요.

- Once you start smoking, it is so hard to quit it.
- Once you get hooked on smoking, it is almost impossible to stop.

3 | 흡연가들은 단지 그것이 습관이라고 말하죠.

- Smokers say that it's a habitual thing.
- People say that they smoke as a habit.

4 | 스트레스는 담배 속의 니코틴에 의해 풀리는 것이 아니에요. 사실 담배를 피우는 행위 자체에 의해 편해지는 거죠.

- For me, nicotine in cigarettes doesn't release stress but the action of smoking makes me feel better.
- My stress isn't released by nicotine in cigarettes. I am actually soothed by the action of smoking.

5 | 공공 장소에서의 흡연은 금지되어야 해요.

- Smoking should be banned in public areas.
- Smoking should be strictly forbidden in public areas.

6 | 당신이 공공 장소에서 담배를 피울 때 간접 흡연을 하게 될 사람들을 생각해 보세요.

- Think of all those second-hand smokers when you smoke in public areas.
- Be considerate of all those second-hand smokers in public areas.

7 | 흡연을 완전히 금지한다는 것은 정말 말도 안 돼요.

- It's absolutely nonsense to ban smoking altogether.
- How could you ever think of outlawing smoking?

8 | 흡연가들의 권리는 어떻게 되는 거죠? 우리의 자유는 어디 있죠?

- Where have the rights for smokers gone? Where is our freedom?
- What happened to the rights for smokers? Are we not free to decide what we do?

Issue 15 No, Thanks. I'm on a Diet

아뇨, 전 됐어요. 다이어트 중이거든요.

Let's talk about dieting today. There are so many people in this world that are starving to death, but in advanced countries there are many overweight people who go on diets. **I have to admit** I'm also on a diet right now. With so many diet products on the market, it's hard to decide what's the most appropriate way to go on a diet. Crash dieting is very popular among young women, but they later realize that it doesn't work. Our society is so conscious of physical attractiveness. This causes some people to crash-diet or even get liposuction to look thinner. Looking thinner becomes a strong pressure for young women. The results are sometimes hazardous to their health because some become anorexic or bulimic. The worst-case scenario is death from over-dieting.

· **Let's talk about dieting today.** 오늘은 다이어트에 관해 이야기해 보죠
· **I have to admit ~** ~을 인정해야 합니다

starve to death 굶어 죽다 | **overweight** [óuvərwèit] 과체중의, 너무 살찐 | **go on a diet** 다이어트하다 | **crash dieting** [krǽʃ dáiətiŋ] 속성 다이어트 | **be conscious of** ~을 의식하다, 자각하다 | **attractiveness** [ətrǽktivnis] 매력 | **liposuction** [lipəsʌ́kʃən] 지방 흡입술 | **hazardous** [hǽzərdəs] 모험적인, 위험한, 운에 맡기는 | **anorexic** [æ̀nəréksik] 식욕 부진의 | **bulimic** [bju:límik] 폭식하는, 거식증의

 Opinion 1   잘못된 다이어트는 건강만 해칠 뿐입니다.

I used to date this girl who always overate. Even though she ate like a pig, she had a nice figure. I asked her how she stayed so thin. She told me that she was bulimic. **To explain in more detail**, she'd always use the bathroom after a meal. She threw up everything she ate by sticking her finger down her throat. That's how she kept her figure, but she ruined her metabolism. She can't eat like a normal, healthy person anymore. **What people don't realize is that** dieting this way does not work. It ruins your health.

overeat [òuvərí:t]
과식하다

eat like a pig
식욕이 왕성하다, 돼지처럼 과식하다

throw up
토하다, 배출하다

stick [stik]
찔러 넣다, 끼우다

ruin [rú:in]
파멸시키다, 못쓰게 만들다

metabolism
[mətǽbəlìzəm]
대사 작용, 신진 대사

토론 핵심 표현
· **To explain in more detail** 좀 더 자세히 설명하자면
· **What people don't realize is that ~** 사람들이 깨닫지 못하는 것은 ~입니다

저는 늘 과식하는 여자와 데이트를 한 적이 있습니다. 그녀는 정말 식욕이 왕성했지만 멋진 몸매를 가지고 있었죠. 저는 그녀에게 어떻게 그렇게 날씬한 몸매를 유지하는지 물어 봤습니다. 그녀는 자신이 거식증에 걸렸다고 했습니다. 좀 더 자세히 설명하자면, 그녀는 식사 후에 항상 화장실에 간다고 합니다. 손가락을 목구멍에 집어넣어 먹은 것을 모두 토해 냈던 거죠. 이것이 바로 그녀가 몸매를 유지하는 비결이었습니다. 그렇지만 그녀의 신진 대사 작용은 원활하지 못했습니다. 그녀는 더 이상 보통의 건강한 사람처럼 먹지 못합니다. 사람들이 깨닫지 못하는 것은 이런 식의 다이어트는 효과가 없다는 것입니다. 건강만 해칠 뿐이지요.

 Opinion 2   먹는 것을 조심하고 운동하면서 천천히 체중을 줄이세요.

I absolutely agree with the fact that throwing up after a meal is a wrong way to diet. I've always had a weight problem all my life, but I've never starved myself. I had to learn how to eat the food I like in moderation, so I've been able to lose weight. I always knew the secret to staying

starve [stɑ:rv]
굶다, 단식하다

moderation [mὰdəréiʃən]
절제, 완화

deprive A of B
A에게서 B를 빼앗다, 박탈하다

healthy, but I don't think I realized it until my late twenties.
What I'd like to recommend to those that want to lose
weight **is** to do it slowly. If you lose too much weight too
quickly, the chances are after a while you'll gain more
weight than you lost. Just watch what you eat, and exercise
more. But don't deprive yourself of food you like.

토론 핵심 표현
· **I absolutely agree with the fact that ~** ~라는 사실에 전적으로 동감합니다
· **What I'd like to recommend is ~** 제가 추천하고자 하는 것은 ~입니다

저도 식사 후에 토하는 것은 잘못된 다이어트 법이라는 데에 전적으로 동감합니다. 저는 지금까지 살아
오면서 항상 체중 문제를 겪어 왔지만 결코 굶지는 않았습니다. 제가 좋아하는 음식을 적당히 조절하여
먹는 법을 배워야 했고, 그렇게 체중을 줄일 수 있었습니다. 건강을 유지하는 비법을 늘 알고 있었지만
20대 후반에야 깨닫게 된 것 같습니다. 제가 체중 감소를 원하는 이들에게 추천하고 싶은 방법은 천천히
줄이는 것입니다. 너무 빨리 너무 많은 체중을 줄이면, 얼마 안 가서 줄인 것보다 더 많은 체중이 붙게
됩니다. 그냥 먹는 것을 조심하고 운동을 많이 하세요. 그렇지만 좋아하는 음식을 억지로 안 먹고 참지는
마세요.

 Opinion 3 다이어트를 위해서는 자제심이 필요해요.

That's easier said than done. Many overweight
people don't have the self-control to lose excess weight. **As
you can see,** I have a weight problem. I know what I have
to do to lose it, but I have no self-control. I eat late at night
and snack a lot throughout the day. I've tried all sorts of
dieting, like taking diet pills and starving myself. I'm
thinking about getting my stomach tied. I see so many
pretty clothes that I can't wear, especially in Korea. I walk
into a store, and the first thing they say to me is, "We don't
have anything in your size."

excess [iksés]
여분의, 초과한
self-control
[sélf-kəntróul]
자제심, 절제
snack [snæk]
간식을 먹다; 간식
pill [pil]
알약

토론 핵심 표현
· **That's easier said than done.** 말은 쉽지요.
· **As you can see** 아시다시피

말은 쉽지요. 과체중인 많은 사람들은 남는 체중을 줄이기 위한 자제심이 없습니다. 아시다시피, 저 역시 체중 문제를 가지고 있습니다. 저는 체중을 줄이기 위해 제가 무엇을 해야 하는지 알고 있습니다. 그렇지만 스스로 통제가 안 돼요. 저는 밤늦게 먹기도 하고 하루 종일 간식도 많이 먹습니다. 다이어트 약 복용, 굶기 등 여러 가지 다이어트 방법을 시도해 보았습니다. 지금은 위를 동여매는 수술을 받을까 생각 중입니다. 저는 특히 한국에서 제가 입을 수 없는 예쁜 옷들을 많이 봤습니다. 상점에 들어가면 그들이 저에게 건네는 첫마디는 바로 이것이죠. "당신에게 맞는 사이즈의 옷은 없어요."

 Opinion 4 체구가 작은 한국인들은 과체중을 받아들이지 못해요.

I'm sorry to hear that. It is hard for plus-sized women in Korea. When you turn on the TV or go to the movies, you only see beautiful women. There are no role models in Korea for large-framed women. On the other hand, in western countries, you can see many overweight celebrities. **I think that** the western cultures more readily accept plus-sized celebrities because westerners have larger frames than Koreans. You can see this when you go shopping for clothes. Medium-sized clothes in a western country are large sizes in Korea.

role model [róul mádl]
역할 모델, 귀감

frame [freim]
뼈대, 체격

celebrity [səlébrəti]
명사, 유명인, 연예인

토론 핵심 표현
· **I'm sorry to hear that.** 그런 이야기를 들어 유감이군요.
· **I think that ~** 저는 ~라고 생각합니다

그런 이야기를 들어 유감이군요. 한국은 비대한 여성에게는 살기 힘든 곳이죠. TV를 켜거나 영화를 보러 가면 당신은 오직 아름다운 여성들만 보게 됩니다. 한국에서는 체구가 큰 여성들에게 귀감이 될 만한 대상이 없어요. 반면 서구권 국가에서는 과체중인 유명인들을 많이 볼 수 있죠. 저는 서양 사람들이 한국인들보다 체구가 더 크기 때문에 서구권 국가에서는 체구가 거대한 연예인들에 대해서 거부감을 갖지 않고 받아들인다고 생각합니다. 옷을 사러 쇼핑을 갈 때도 이러한 점을 느낄 수 있죠. 서구권 국가에서 중간 크기의 옷은 한국에서는 큰 사이즈가 돼요.

주어진 주제와 관련해 좀 더 깊이 있는 토론이 되도록 질문들을 제시했습니다.
이외에 자신이 생각하는 주제에 대해서도 함께 토론해 보세요.

1 | What kinds of diets have you been on?

2 | Why do people go on a diet? What are some problems people encounter while on diets?

3 | You've probably heard of many ways of dieting. What would you recommend as the best way to diet healthily?

4 | Do you think our society is too conscious of physical attractiveness?

5 | Korean society seeks women with skinny figures. Why do you think so?

내가 만든 토론 주제

1 | 여성들이 왜 말라 보이고 싶어 하는지 이해할 수가 없어요.

- I can't understand women wanting to look thin.
- I don't get why women want to look thin.

2 | 외모는 중요하지 않아요. 정말 중요한 것은 겉모습 안에 있는 내면이죠.

- Looks don't matter. What really counts is what's inside the look.
- Looks are just looks. What's inside the look is what's important.

3 | 무리해서 다이어트를 하다가 죽을 수도 있다는 것을 모르나요?

- Don't you realize that you could die from overdieting?
- Don't you get it? If you overdiet, you can die from it.

4 | 제 생각에는, 다이어트를 하려면 정말 강한 의지가 필요한 것 같아요. 저는 결코 할 수 없죠.

- In my opinion, you need a very strong will to go on a diet. I could never do it.
- I could never go on diets. I think you have to be a strongly minded person to carry on a diet.

5 | 사회는 여성들로 하여금 단지 날씬한 여성만이 환영받는 것으로 생각하게 만들죠.

- The society makes women think that it only welcomes thin women.
- The society actually encourages women to think that only thin women are welcomed.

6 | 솔직히 저도 체중이 많이 나가는 여자보다는 마른 여자가 더 좋아요.

- Honestly, I am more fond of thin women than overweighing women.
- I have to admit I'd rather date a woman with a good figure than the one with a large figure.

7 | 날씬해지기 위해 온갖 고통을 감내하는 여성들을 생각하면 끔찍해요.

- Thinking of women going through all those hassles to stay thin sickens me.
- It is so sickening to think that women go through all that pain to stay thin.

8 | 어떻게 건강한 다이어트를 할 수 있을지 머리를 짜내 보죠.

- Let's come up with some ideas on how to have healthy diets.
- Let's think up some suggestions to have healthy diets.

Issue 16 Pro-life vs. Pro-choice

생명이냐 선택이냐

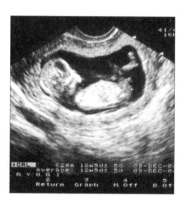

If you know anything about abortions, you know that it's very controversial. It has always been considered immoral by many people. Many religious organizations like the Roman Catholic Church consider it to be very sinful. **The biggest argument for** abortion **is that** it is the woman's choice since it is her own body. In the US, the Supreme Court decision in 1973 gave the groundwork for legalizing abortion in the first three months of a pregnancy. This case, Roe vs. Wade, is often brought up in debates about abortion. Oftentimes, the decision to have an abortion is not easily made. The mental distress women go through before, during, and after abortions is also something to consider. Every state in America, and every country in the world have different laws about abortions.

- **If you know anything about ~** 당신이 ~에 대해서 알고 있다면
- **The biggest argument for ~ is that ...** ~에 대해 가장 논란이 되는 것은 ...입니다

abortion [əbɔ́:rʃən] 낙태 | **controversial** [kàntrəvə́:rʃəl] 논쟁의, 논쟁의 여지가 있는 | **immoral** [imɔ́(:)rəl] 부도덕한, 음란한 | **sinful** [sínfəl] 벌 받을, 죄스러운 | **Supreme Court** 대법원, 주의 최고 재판소 | **groundwork** [gráundwə̀:rk] 토대, 기초, 초석 | **legalize** [lí:gəlàiz] 합법화하다, 공인하다 | **pregnancy** [prégnənsi] 임신 | **bring up** (문제를) 내놓다, 거론하다, (말이나 얘기를) 끄집어내다 | **oftentimes** [ɔ́(:)ftəntàimz] 가끔 | **distress** [distrés] 고통, 고민, 걱정 | **go through** 겪다, 경험하다

참고) '로우 대 웨이드' 사건: 강도에게 성폭행을 당한 로우 부인이 제기한 낙태 허용 청구 소송을 미국 대법원이 4년 만에 허용함으로써 이후 낙태를 합법적으로 할 수 있는 법적인 근거가 마련되었다.

무작정 따라하기 **①**

모범 토론 엿보기 | 다양한 시각에서 풀어놓은 다음 토론을 통해, 배경지식도 쌓고 자신의 의견도 정리해보세요.

Opinion 1 태어나지 않았지만 낙태는 살인 행위예요.

I'm absolutely against abortion unless it endangers the life of the pregnant woman. Those who say that it's women's rights to do what they wish with their bodies don't seem to consider the life of an unborn child. Studies show that you can start seeing features of a human being in the first trimester. If a fetus is born prematurely, then the fetus can survive in an incubator as early as twenty weeks, and even earlier as the incubator technology develops. Since a fetus eventually becomes a person, **we can make the conclusion that** abortion is a murder.

endanger [endéindʒər]
위험에 빠뜨리다, 위태롭게 하다

unborn [ʌnbɔ́ːrn]
아직 태어나지 않은

feature [fíːtʃər]
특징, 특색

trimester [traiméstər]
3개월

fetus [fíːtəs]
태아

prematurely
[prìːmətʃúərli]
너무 이르게, 너무 서둘러서

incubator [ínkjəbèitər]
부화기, 미숙아 보육기

토론 핵심 표현

· **I'm absolutely against ~** 저는 전적으로 ~에 반대합니다
· **We can make the conclusion that ~** 우리는 ~라는 결론을 내릴 수 있습니다

저는 낙태가 임신한 여성의 생명에 위험을 초래하지 않는 한 전적으로 낙태에 반대합니다. 자신의 몸을 원하는 대로 할 수 있는 게 여성의 권리라고 말하는 사람들은 아직 태어나지 않은 아이의 생명은 고려하지 않는 것 같습니다. 연구에 따르면, 임신 후 3개월 내에 인간의 특징들을 보이기 시작한다고 합니다. 태아가 미숙한 상태에서 태어난다면, 그 태아는 20주 정도로 일찍 태어나도 인큐베이터에서 살 수 있으며 인큐베이터 기술이 발달함에 따라 더 일찍 태어나는 경우도 가능합니다. 태아는 결국 한 인간이 되는 것이므로 우리는 낙태가 살인 행위라는 결론을 내릴 수 있습니다.

Opinion 2 자신의 신체에 관한 한 스스로 선택할 권리가 있습니다.

That's crazy. Human beings feel emotions and they can express their feelings. A fetus can neither feel any pain nor express feelings. The religious belief that a fetus has a soul should not be forced upon those who don't believe in those religions. The world is becoming too secular and

soul [soul]
정신, 영혼

secular [sékjələr]
현세의, 세속적인

be imposed on
~에게 강요되다

scientific for these kinds of values to be imposed on others. We all have the rights to make our own choices when it comes to our bodies. **In addition,** there are so many unwanted and abandoned children in this world. Who's going to take care of them all?

> 토론 핵심 표현
> · **That's crazy.** 말도 안 돼요.
> · **In addition** 게다가

when it comes to
~에 대해 말하자면, ~에 관해서
라면

abandoned [əbǽndənd]
버림 받은, 버려진

말도 안 돼요. 인간은 감정을 가지고 있으며 자신의 감정을 표현할 수 있어요. 태아는 어떤 고통도 느끼지 못하고 감정을 표현하지도 못하죠. 태아도 영혼을 가지고 있다는 종교적 믿음이 그러한 종교를 믿지 않는 사람들에게 강요되어서는 안 됩니다. 이런 종류의 가치들을 다른 사람들에게 강요하기에는 세상이 너무 현실적이며 과학적으로 변하고 있지요. 우리 모두 자신의 신체에 관한 한 스스로 선택할 수 있는 권리를 가지고 있어요. 게다가 세상에는 원하지 않은 출산으로 버려진 아이들이 많습니다. 누가 이 아이들을 모두 돌보아 주겠습니까?

Opinion 3 태아도 생존권이 있습니다.

Let's get one thing straight. Those of us that are against abortion believe in the rights of the fetus to live. Whether it is a religious or a personal belief, we know that it is a murder to have an abortion since it's killing something that'll eventually become a person. It's morally wrong to kill a person, so it's morally wrong to kill something that'll ultimately become a person. **Maybe what we need to do is** to teach people, especially the younger generation, methods of contraception. This will prevent unwanted pregnancies.

straight [streit]
솔직한, 숨김 없는

eventually [ivéntʃuəli]
결국, 드디어, 마침내

morally [mɔ́(:)rəli]
도덕적으로

ultimately [ʌ́ltəmitli]
최후로, 궁극적으로

contraception
[kὰntrəsépʃən]
피임법, 산아 제한

> 토론 핵심 표현
> · **Let's get one thing straight.** 한 가지만 분명히 하죠.
> · **Maybe what we need to do is ~** 아마도 우리가 해야 할 일은 ~일 것입니다

한 가지만 분명히 하죠. 낙태에 반대하는 우리들은 태아의 생존권을 인정하고 있습니다. 그것이 종교적이든 개인적인 믿음이든 우리는 낙태가 살인이라는 것을 알고 있습니다. 그것은 결국 한 사람이 될 뭔가를 죽이는 것이기 때문이죠. 사람을 죽이는 것은 도덕적으로 옳지 못하므로, 결국 사람이 될 뭔가를 죽이는 것 또한 도덕적으로 잘못된 것입니다. 아마 우리가 해야 할 일은 사람들, 특히 젊은 세대들에게 피임법을 알려주는 것이라고 생각합니다. 그러면 원하지 않는 임신을 막을 수 있을 겁니다.

 Opinion 4 낙태를 하는 여성 역시 고통을 겪어야 합니다.

In one sense, that might be true, but people get abortions because they don't want to go through with the pregnancy. **I'm opposed to that idea because** women who get abortions go through so much mental and emotional suffering. Those who become pregnant as a result of rape will still undergo emotional distress because of the abortion. Knowing that they killed another living being will cause them to suffer for years after the abortion. For some women, it'll be easier to carry the baby to term and give it up for adoption.

go through
겪다, 경험하다
suffering [sʌ́fəriŋ]
고통, 괴로움
rape [réip]
강간하다; 성폭행
undergo [ʌ̀ndərgóu]
경험하다, 겪다
distress [distrés]
고통, 괴로움
adoption [ədápʃən]
입양

토론 핵심 표현
· **In one sense, that might be true, but ~** 어떤 면에서 그 말도 맞을 수 있지만 ~
· **I'm opposed to that idea because ~** 저는 ~ 때문에 그 생각에 반대합니다

어떤 면에서 그 말도 맞을 수 있지만, 사람들은 임신을 원하지 않기 때문에 낙태를 하게 됩니다. 저는 낙태를 하는 여성들이 너무도 심한 정신적, 정서적 고통들을 겪어야 하기 때문에 그 생각에 반대합니다. 강간의 결과로 임신하게 된 여성들이라도 낙태로 인해 또 마음의 상처를 입게 될 것입니다. 그들이 다른 생명체를 죽였다는 것을 알기에 낙태 후에도 오랫동안 고통을 겪을 것입니다. 어떤 여성들에게는 임신한 아이를 낳아서 입양시키는 것이 더 수월할 것입니다.

실전 토론하기

주어진 주제와 관련해 좀 더 깊이 있는 토론이 되도록 질문들을 제시했습니다.
이외에 자신이 생각하는 주제에 대해서도 함께 토론해 보세요.

1 | Should abortion be legal? What are some instances where abortions should not be legal?

2 | If abortions were illegal, do you think there would be more 'back-alley' abortions performed?

3 | When do you consider a fetus to be a human being? In other words, at what stage should we give a fetus rights?

4 | If a woman is raped and becomes pregnant, do you think this woman should be allowed to have an abortion?

5 | Besides emotional anguish, what other consequences do women who get abortions face?

내가 만든 토론 주제

앞의 질문들에 대답할 때 아래 문장들을 활용해 보세요.

1 | 여성은 그들 자신의 몸을 어떻게 할지 결정할 권리가 있어요.

- Women should have the right to decide what to do with their own body.
- It's women's decision on what to do with their own body.

2 | 낙태는 살인 행위예요. 엄마라 해도 그렇게 할 권리는 없어요.

- An abortion is a murder. Even the mother does not have the right to do so.
- The mother would be performing a murder if she has an abortion.

3 | 낙태를 하기로 결정하는 것은 정말 비도덕적이며 이기적인 짓이에요.

- It's such an immoral and selfish thing to decide to have an abortion.
- Having an abortion is such a sinful and egoistic action you can ever perform.

4 | 어떻게 태아를 인간이라고 말할 수 있는 거죠?

- How could you say a fetus is a human being?
- I wouldn't say a fetus is a human being.

5 | 낙태가 살인 행위라고 말한다면, 너무 과장하고 있는 거예요.

- If you say abortion is a murder, you're taking this to the extreme degree.
- You're carrying it too far if you consider abortion as a murder.

6 | 당신의 동생이 강간을 당해서 임신했다고 생각해 보세요. 그래도 낙태를 반대하시겠어요?

- Think that your sister was raped and got pregnant. Would you still be against abortion?
- Let's say that your sister got pregnant from a rapist. Would you still say no to having an abortion?

7 | 종교적인 요인들은 여기에서 제외하도록 하죠.

- Let us leave the religious factors out of this.
- Let's not consider the religious factors in this matter.

8 | 다양한 시각에서 낙태를 바라볼 수 있어요. 그것이 바로 낙태에 대한 다양한 법이 존재하는 이유죠.

- There are different ways of looking at it. That's why there are different laws on abortion.
- Different laws are enforced on having an abortion because of different ways of approaching it.

Issue 17 Help the Needy!

필요한 사람에게 도움을!

Let's discuss how much knowledge we have about organ transplants. Organ transplants involve moving a body part from one person into another. This could be from a dead patient or from someone who's dying. Other forms of transplants involve a healthy person donating a lung or a kidney to an unhealthy person. **What may be shocking to some people is** the talk of giving someone a whole new body. Doctors say that only the mind is not replaceable, and everything from the neck-down is replaceable. I'm sure you've all seen some form of science fiction or action movies where this has happened. Science is becoming so advanced that total body transplants aren't too far ahead.

· **Let's discuss how much knowledge we have about ~** 우리가 ~에 관해 얼마나 알고 있는지 이야기해 보죠
· **What may be shocking to some people is ~** 어떤 사람들에게 충격이 될 수도 있는 것은 ~입니다

organ [ɔ́ːrgən] 기관, 장기, 조직 | **transplant** [trænsplǽnt] (기관, 조직 등을) 이식하다 | **involve** [inválv] 포함하다, 뜻하다 | **donate** [dóuneit] 기증하다 | **lung** [lʌŋ] 폐, 허파 | **kidney** [kídni] 신장 | **replaceable** 바꿀 수 있는, 교체 가능한

모범 토론 엿보기 : 다양한 시각에서 풀어놓은 다음 토론을 통해, 배경지식도 쌓고 자신의 의견도 정리해보세요.

 Opinion 1 장기 이식은 생명을 구하는 훌륭한 방법입니다.

I'd like to point out here that organ transplants can save lives and that thousands of people die waiting for transplants every year. **I consider it to be** a great way to save lives. If the person is going to die from an accident, then there is nothing wrong with helping that person save the life of another human being. There are tens of thousands of people waiting for organ transplants in America. America has a system where people with driver's licenses become organ donors if they are killed in a car accident. This helps save lives every day.

tens of thousands
수만 명의
driver's license
운전 면허
donor [dóunər]
기증자, 장기 제공자

토론 핵심 표현
· **I'd like to point out here ~** 여기서 ~을 지적하고 싶습니다
· **I consider it to be ~** 저는 그것이 ~라고 생각합니다

저는 장기 이식으로 생명을 구할 수 있으며 수천 명의 사람들이 매년 이식을 기다리며 죽어 가고 있다는 점을 지적하고 싶습니다. 장기 이식이야말로 생명을 구하는 훌륭한 방법이라고 생각해요. 사고로 죽어 가는 사람이라면, 그 사람이 다른 사람의 목숨을 구할 수 있도록 돕는 것은 전혀 문제될 게 없습니다. 미국에서도 수만 명의 사람들이 장기 이식을 기다리고 있어요. 미국에는 운전 면허를 가진 사람이 교통 사고로 죽게 되었을 때 장기를 이식하도록 하는 제도가 있죠. 이 제도는 매일 여러 생명을 구하는 데 도움이 되고 있습니다.

 Opinion 2 장기 복제를 통해서도 장기 이식이 가능해요.

If I may interrupt for a moment, I'd like to add to what you just said. With the advancement of medical technology, we'll soon be able to have organ transplants without taking organs from another body. This might open a whole new can of worms, but I think it's important to our

advancement
[ədvǽnsmənt]
진보, 발달, 향상
medical [médikəl]
의학의
can of worms
복잡하고 귀찮은 문제, 상황

discussion. **I just wanted to mention** that organ cloning is being studied right now. There have already been successful transplants of cloned organs. So, there are other options out there if you're against taking organs from a dead body.

> 토론 핵심 표현
> · **If I may interrupt for a moment, I'd like to add to what you just said.**
> 제가 잠깐 끼어들어도 된다면, 당신이 방금 하신 말씀에 덧붙이고 싶습니다.
> · **I just wanted to mention ~** 단지 ~라는 것을 말씀드리고 싶습니다

제가 잠깐 끼어들어도 된다면, 당신이 방금 하신 말씀에 덧붙이고 싶어요. 의학 기술의 발달과 함께 우리는 곧 다른 사람의 몸에서 장기를 떼내지 않고도 장기 이식을 할 수 있게 될 겁니다. 골치 아픈 문제를 새로 꺼내는 것이 될 수도 있겠지만 저는 지금 토론에서 그 점이 중요하다고 생각해요. 저는 단지 지금 장기 복제에 대한 연구가 진행 중이라는 점을 말씀드리고 싶어요. 이미 복제된 장기를 성공적으로 이식하기도 했죠. 그래서 당신이 죽은 사람의 몸에서 장기를 가져오는 것에 반대한다면 다른 방법들도 있어요.

 Opinion 3 몸 전체를 이식하는 것은 미친 짓입니다.

That's interesting. As our technology advances, there's bound to be more debates about medicine and science capabilities. **What I want to say is that** one or two organ transplants are okay to save the life of a person, but total body transplants seem insane. How can you take someone else's body and attach a head to it? That's like making another person. Don't you think it would be really strange to look at yourself in the mirror and see someone else's body?

> 토론 핵심 표현
> · **That's interesting.** 흥미롭군요.
> · **What I want to say is that ~** 제가 말하고자 하는 바는 ~입니다

흥미롭군요. 기술이 발달함에 따라 의학과 과학의 가능성에 대한 논쟁도 많아지기 마련이죠. 제가 말하고자 하는 바는 한두 개 정도의 장기 이식은 한 사람의 생명을 구하기 위해서 괜찮지만 몸 전체를 이식하는 것은 미친 짓이라는 거예요. 다른 사람의 몸을 가져다가 어떻게 거기에 머리만 붙일 수 있겠어요? 이것은 다른 사람을 만들어 내는 것과 같아요. 거울에 당신 모습을 비춰 보았을 때 다른 사람의 몸이 보인다면 정말 이상하지 않겠어요?

 Opinion 4 삶을 연장할 수 있다면 신체 이식도 문제되지 않아요.

Maybe we need to talk more about the body or head transplant. **Let me explain a couple of things.** The body works to support the brain, so in actuality, the brain is the central part of the body. If this technology improves, then body transplants are essential for lifetime paraplegics. They often die from organ failure. With body transplants, they'll be able to live a lot longer. If you think organ transplants are moral, then you shouldn't be against body transplants. If you can prolong your life with an organ or body transplant, then there's nothing wrong with it.

essential [isénʃəl]
본질적인, 필수적인, 가장 중요한
lifetime [láiftàim]
일생, 생애, 수명
paraplegic [pæ̀rəplíːdʒik]
하체 마비 불구자
prolong [proulɔ́ːŋ]
연장하다, 늘이다

토론 핵심 표현
· **Maybe we need to talk more about ~** 우리는 ~에 관해 더 이야기해야 할 것 같군요
· **Let me explain a couple of things.** 몇 가지 설명해 드리죠.

신체 혹은 머리 이식에 관해 좀 더 이야기해 보아야 할 것 같군요. 몇 가지 설명해 드리죠. 신체는 두뇌를 받쳐 주는 역할을 해요. 따라서 실질적으로 뇌가 신체의 핵심 부분이죠. 기술이 진보한다면 신체 이식은 하체 영구 마비 상태에 있는 환자에게는 필수적입니다. 그들은 종종 장기 기능 마비로 사망합니다. 신체를 이식하면 그들은 더 오랫동안 살 수도 있어요. 장기 이식이 도덕적이라고 생각한다면, 신체 이식을 반대해서는 안 돼요. 장기 이식이든 신체 이식이든 삶을 연장할 수 있다면, 문제될 것은 없습니다.

주어진 주제와 관련해 좀 더 깊이 있는 토론이 되도록 질문들을 제시했습니다.
이외에 자신이 생각하는 주제에 대해서도 함께 토론해 보세요.

1 | What do you think about organ transplants?

2 | Do you think you would be willing to donate your organs to someone who needs them if you were suddenly killed in a car accident?

3 | If you think organ transplants are okay, then what do you think about total body transplants?

4 | What would be the weirdest thing about having a total body transplant?

5 | Scientists have been successful with total body transplants of animals like dogs and monkeys. Do you think we'll ever live to see the day that this will become possible for humans?

내가 만든 토론 주제

앞의 질문들에 대답할 때 아래 문장들을 활용해 보세요.

1 | 의학 분야의 기술은 확실히 발달했어요.

- Technologies in medical fields have certainly advanced.
- There's definitely an improvement in technologies in medical fields.

2 | 저는 장기 기증에 찬성해요.

- I'm all for organ donating.
- I support organ donating.

3 | 다른 사람의 신체 일부가 당신의 몸 안에 들어 있다고 생각해 보세요.

- Just imagine somebody else's body part placed in your body.
- Just think that somebody else's body part is functioning in your body.

4 | 당신은 사후 세계의 존재를 믿지 않나요?

- Don't you believe in having an afterlife?
- What about the afterlife? Do you not believe in it?

5 | 저는 기꺼이 저의 장기를 줄 수 있어요. 그렇지만 사랑하는 사람의 경우는 한 번 더 생각해 봐야 할 것 같군요.

- I am willing to give away my organs, but I'll have to think twice about my loved ones.
- I wouldn't mind sparing my body parts, but when it comes to my loved ones, I'm not so sure.

6 | 생각해 보세요. 쓸모 없게 될 것이 다른 사람의 생명을 구할 수 있어요.

- Think about it. What will go to waste can save other people's lives.
- Put some thoughts into it. It is possible to save other people's lives with something that will just decay.

7 | 갑자기 궁금해지는데요, 뇌를 이식하는 것도 가능할까요?

- I'm just wondering, is it possible to transplant brains too?
- This just came to my mind. Is brain transplant performable?

8 | 다른 사람의 신체 일부를 내 안에 넣고 삶을 지속하고 싶지는 않아요. 그것은 마치 다른 사람의 삶을 사는 것과 같을 거예요.

- I would not want to continue my life with someone else's body part inside me. It'll be like living someone else's life.
- If I were to have someone else's body part inside me, I'll feel as if I'm living someone else's life, and I wouldn't want that to happen.

122

Issue 18 Attack of the Clones

복제 인간의 공격

All right, let's begin our discussion **about** human cloning. I'm sure you all know by now that cloning humans is possible. Ever since the first successful cloning experiment of an adult mammal, cloning has become a very controversial issue. Although people don't dispute cloning animals, many people are against cloning human beings. This is probably because increasing the animal population can increase the world food supply, but cloning human leads to more complicated problems. There's been news of a human baby already cloned, but the public does not know the identity or even the ethnicity of this cloned baby. When this was first announced, there was an overwhelming public controversy over this issue. **I want to go around the table to hear what everyone thinks about this issue.**

- **All right, let's begin our discussion about ~** 좋습니다, ~에 관한 토론을 시작하죠
- **I want go around the table to hear what everyone thinks about this issue.**
  테이블을 돌아가면서 모든 사람들이 이 문제에 대해 어떻게 생각하는지 들어 보고 싶어요

experiment [ikspérəmənt] 실험 | **mammal** [mǽməl] 포유 동물 | **controversial** [kὰntrəvə́:rʃəl] 논쟁의, 논쟁을 일으키는 | **dispute** [dispjúːt] 토의하다, 논박하다 | **food supply** [fuːd səplái] 식량 공급 | **lead to** ~로 이끌다, ~의 원인이 되다 | **complicated** [kámpləkèitid] 복잡한, 풀기 어려운 | **ethnicity** [éθnisəti] 민족성 | **overwhelming** [ὸuvərhwélmiŋ] 압도적인, 저항할 수 없는

모범 토론 엿보기 ▶ 다양한 시각에서 풀어놓은 다음 토론을 통해, 배경지식도 쌓고 자신의 의견도 정리해보세요.

 Opinion 1 인간 복제가 허용되면 잠재적 위험이 있을 겁니다.

I absolutely think it's wrong to have humans cloned. Not only are there issues of God's intentions, but also it's unnatural. **There are so many potential dangers** if governments start allowing humans to be cloned. I'm sure there are ruthless people out there who want to make profits out of scientific breakthroughs. If we allow human cloning, the worst-case scenario will be a division of healthy and unhealthy people. People will clone only healthy people. We'll start creating 'perfect' individuals instead of conceiving natural people.

intention [inténʃən]
의도, 의향, 목적

unnatural [ʌ̀nnǽtʃərəl]
부자연스러운, 자연 법칙에 어긋나는

potential [poʊténʃəl]
잠재적인

ruthless [rúːθlis]
무자비한, 무정한

profit [práfit]
이익, 이득, 이윤

breakthrough [bréikθrùː]
약진, 새 발견

division [divíʒən]
부분, 구분

conceive [kənsíːv]
아이를 배다, 임신하다

> 토론 핵심 표현
> · **I absolutely think it's wrong to ~** 저는 ~은 분명히 잘못이라고 생각합니다
> · **There are so many potential dangers ~** 많은 잠재적인 위험들이 있어요

저는 인간을 복제하는 것은 완전히 잘못된 것이라고 생각합니다. 신의 목적이라는 문제가 있을 뿐만 아니라 자연스럽지도 못해요. 정부가 인간 복제를 허용하기 시작하면 많은 잠재적인 위험이 생길 거예요. 위대한 과학의 성과를 이용해 이익을 얻으려 하는 무자비한 사람들도 있을 거라고 확신합니다. 인간 복제를 허용하게 되면, 최악의 경우 건강한 사람과 건강하지 못한 사람을 구분하게 될 겁니다. 사람들은 건강한 사람만 복제하려 하겠죠. 우리는 자연스럽게 인간을 낳는 대신에 '완벽한' 개체를 만들어 내기 시작할 겁니다.

 Opinion 2 질병 치료와 예방이 효과적으로 이루어질 겁니다.

Are you trying to say that clones will be flawless humans? **I'm not sure if that's true.** Cloning deals with making an identical copy of the physical appearance of a person. Cloning doesn't mean making a carbon copy of a person's personality or behavior. That would be impossible

flawless [flɔ́ːlis]
흠 없는, 완전한, 완벽한

identical [aidéntikəl]
동일한, 똑같은

carbon copy
[káːrbən kápi]
꼭 닮은 사람, 판박이

to do since experiences throughout people's lives make up their personalities and thoughts. If we can clone someone with serious medical conditions, then it can help us to study diseases better and find cures. Genetically related disease treatments and prevention could become cheaper and more efficient to cure.

make up
구성하다, 만들다

genetically [dʒinétikəli]
유전학적으로, 유전상으로

treatment [trí:tmənt]
치료, 치료제

prevention [privénʃ⟩n]
예방, 방지

토론 핵심 표현
· **Are you trying to say that ~** ~라고 말하고 있는 건가요?
· **I'm not sure if that's true.** 그것이 사실인지 확신할 수가 없군요.

당신은 지금 복제 인간은 결점이 전혀 없는 인간일 거라고 말하는 건가요? 그것이 사실일지 저는 확신할 수가 없군요. 복제라는 것은 어떤 사람과 신체적으로 똑같은 모습을 갖는 또 한 사람을 만드는 것을 말합니다. 한 사람의 성격이나 행동까지 똑같이 만드는 것이 아닙니다. 삶의 경험을 통해 그 사람의 인격과 사고가 형성되므로 그렇게 하는 것은 불가능하겠죠. 건강상 심각한 상태에 있는 사람을 복제한다면, 그 질병에 대해 잘 연구하고 치료법을 찾는 데 도움이 될 거예요. 유전학적으로 관련 질병 치료와 예방도 훨씬 싸고 더욱 효과적으로 할 수 있게 되겠죠.

 Opinion 3 복제 인간도 감정과 생각을 가지고 있을 거예요.

Correct me if I'm wrong, but are you saying that we should treat human clones as mere science experiments and study them for their genetic defects? **That's a pretty harsh statement.** I think human clones will have emotions and thoughts, just like other humans. We've been able to find effective treatments for deadly diseases without cloning humans. When we mess with God's work, there's bound to be mistakes. Whether you believe in God or not doesn't matter in this case. It was not nature's intention for us to scientifically make someone in a Petri dish.

genetic [dʒinétik]
유전학적인, 유전상의

defect [difékt]
결점, 결함, 단점

harsh [hɑːrʃ]
잔인한, 무자비한

deadly [dédli]
치명적인, 치사의

mess with
쓸데 없이 참견하다, 간섭하다

Petri dish
페트리 접시(세균 배양 접시)

토론 핵심 표현
· **Correct me if I'm wrong, but ~** 제가 틀렸다면 정정해 주세요, 그런데 ~
· **That's a pretty harsh statement.** 정말 잔인한 말씀이시군요.

제가 틀렸다면 정정해 주세요. 그런데 지금 당신은 복제된 인간을 단지 과학 실험물로 취급하고 그들의 유전적 결함을 연구해야 한다고 말하는 건가요? 정말 잔인한 말씀이시군요. 저는 복제 인간도 다른 인간들처럼 감정과 생각을 가질 거라고 생각해요. 우리는 복제 인간이 없어도 치명적인 질병의 효과적인 치료법을 찾을 수 있어요. 신의 일에 끼어든다면 실수가 생길 수밖에 없겠죠. 이런 경우에는 신을 믿건 믿지 않건 중요하지 않아요. 페트리 접시 안에서 과학적으로 누군가를 만들어 내는 것은 자연을 거스르는 일이에요.

 Opinion 4 인간 복제는 인류에게 참혹한 결과를 가져올 수도 있어요.

As I was listening to everyone, it made me think of recent movies I've seen about cloning and genetically mutated humans. I don't think these kinds of movies are completely science fiction. People who write screenplays research scientific evidence of possibilities for these sorts of things. We've already heard about a cloned human baby. I think if we allow cloning to happen without strict international guidelines, it could have catastrophic results for humankind. When we begin to mess with nature, it has its own way of letting us know that we're doing something wrong. **Perhaps we should stop here for today.**

mutate [mju:téit]
돌연변이하다, 변화하다
screenplay [skrí:nplèi]
영화 대본, 시나리오
evidence [évidəns]
증거, 물증
strict [strikt]
엄격한, 정밀한
catastrophic
[kæ̀təstráfik]
파멸의, 비극적인
humankind
[hjú:mənkáind]
인류, 인간

토론 핵심 표현
· **As I was listening to everyone, it made me think of ~**
  모든 사람의 의견을 듣다 보니 ~가 생각이 나는군요
· **Perhaps we should stop here for today.** 오늘은 여기서 끝내야 할 것 같습니다.

모든 사람의 의견을 듣다 보니, 최근에 본 복제와 유전적 돌연변이 인간에 관한 영화가 생각나는군요. 저는 이런 종류의 영화가 완전히 과학 공상물이라고는 생각하지 않아요. 영화 대본을 쓰는 사람들은 이러한 일의 발생 가능성에 대한 과학적 증거를 조사하지요. 우리는 이미 복제된 인간 아기에 대해서도 들었습니다. 엄격한 국제적인 지침을 마련하지 않고 복제를 허용한다면, 인류에게 참혹한 결과를 가져올 거라고 생각해요. 자연에 끼어들기 시작하면, 우리가 뭔가 잘못하고 있다는 것을 필연적으로 알게 될 수밖에 없습니다. 오늘은 여기서 끝내야 할 것 같습니다.

주어진 주제와 관련해 좀 더 깊이 있는 토론이 되도록 질문들을 제시했습니다.
이외에 자신이 생각하는 주제에 대해서도 함께 토론해 보세요.

1 | What do you think about human cloning? Should it be allowed in certain situations?

2 | If you had the opportunity to have yourself cloned, would you do it?

3 | Do you think it's against God's work if human beings are cloned?

4 | What do you see in the future of cloning? Do you think it will eventually be legal to freely clone humans?

5 | Suppose that it might be possible to clone a soul of human, do you think the cloned human would have the mind of its parents, or have a mind of its own?

내가 만든 토론 주제

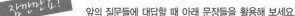

1 | 인간을 복제하기 시작하면 세상은 매우 혼란스러워질 거예요.

- If they start to clone human, the world will become very chaotic.
- With the start of human cloning, the world will suffer from mass confusion.

2 | 인간을 복제하는 것은 동물을 복제하는 것과는 다른 문제입니다.

- Cloning human is a different matter from cloning animals.
- The circumstances are different between cloning animals and human.

3 | 여러 명의 당신이 생기는 것은 큰 혼란을 가져다줄 수도 있지만 한편 좀 더 편한 삶을 누리도록 해 줄 수도 있어요.

- Having many of you might bring a big confusion but help you lead an easier life.
- If there were many of you, it could get bemusing. But you might be able to have an easier life.

4 | 잊지 마세요. 당신의 복제 인간은 또 다른 독립된 개체예요. 복제 인간이 당신이 될 수는 없어요.

- Don't forget. Your clone is another independent human being. Your clone cannot be you.
- Remember that your clone is another independent individual. He is not you.

5 | 인간 복제가 허용된다면 당신은 병으로 죽을 걱정은 절대 하지 않아도 됩니다.

- If human cloning were allowed, you would never have to worry about dying of a disease.
- No one would have to die of a disease if there were human clones.

6 | 인간을 복제하는 공장이나 만드는 게 어때요? 그러면 모든 것이 훨씬 쉬워지겠죠?

- Why don't we just have factories for cloning human? Would it make everything a lot easier?
- Maybe we should have human cloning factories to make things a lot easier.

7 | 지금은 단지 인간 복제의 문제이지만, 미래에는 더 심각한 문제가 생길 수 있어요.

- It's just a matter of human cloning now, but worse could come in the future.
- Today it's human cloning, but what will it be tomorrow?

8 | 복제 인간을 쌍둥이 형제가 하나 생기는 것으로 생각하면 돼요.

- You could think of cloning as having a twin brother.
- Couldn't having a clone be considered the same as having a twin brother?

Issue 19 Please, Let Me Die!

제발 저 좀 죽게 해주세요!

Have you ever heard of euthanasia? It's a Greek word meaning 'good death.' When we discuss euthanasia in English, we're talking about assisting someone who is terminally ill to die. These patients are usually in great pain, and they want to end their lives because they have no chance of recovering from their illnesses. Doctors help these patients by giving them lethal drugs or gas. **If you know anything about** euthanasia, **then you must know** Dr. Jack Kavorkian. He is a doctor in America who is notorious for assisting suicides. Those that oppose euthanasia see him as the devil. The opposition says that it's hard to determine who is terminally ill since miracles happen every day, and so terminally ill patients can recover.

- **Have you ever heard of ~**   ~에 대해 들어 보신 적 있나요?
- **If you know anything about ~, then you must know ...**   ~에 관해 알고 있다면 분명히 …도 알고 있겠죠

euthanasia [jùːθənéiʒiə] 안락사 | **assist** [əsíst] 돕다, 거들다 | **terminally** [tə́ːrmənəli] 말기의, 가망이 없는 |
recover [rikʌ́və] 회복하다, 건강을 되찾다 | **lethal** [líːθəl] 치명적인, 죽음에 이르는 | **notorious** [noutɔ́ːriəs] 유명한,
악명 높은 | **suicide** [súːəsàid] 자살 | **oppose** [əpóuz] 반대하다, 이의를 제기하다 | **devil** [dévl] 악마, 악한 사람

모범 토론 엿보기　다양한 시각에서 풀어놓은 다음 토론을 통해, 배경지식도 쌓고 자신의 의견도 정리해보세요.

 Opinion 1　안락사는 '자비로운 살인'이 될 수 있어요.

Let me explain euthanasia a bit further. There are two types: active and passive euthanasia. Active euthanasia is when patients request to have their lives ended. Passive is when families of the patients request to have the plug pulled. The second type is legal in many parts of the world. People are against active euthanasia. **If you look at this as** 'mercy killings,' then you can probably accept it more. These patients are in so much pain that they fear the pain more than the death itself.

토론 핵심 표현
· **Let me explain ~**　~을 설명해 보죠
· **If you look at this as ~**　이것을 ~라고 본다면

안락사에 대해 좀 더 설명해 볼게요. 안락사는 능동적인 것과 수동적인 것, 두 종류가 있어요. 능동적인 안락사는 환자가 자신의 생명을 끊어 달라고 요청하는 것이죠. 수동적인 것은 환자의 가족이 생명 유지 장치를 벗겨 달라고 요청하는 것이에요. 두 번째 경우는 세계의 여러 지역에서 합법적입니다. 사람들은 능동적 안락사에는 반대하고 있어요. 안락사를 '자비로운 살인'이라고 생각한다면 아마 더 받아들이기 쉬울 겁니다. 이 환자들은 엄청난 고통에 시달리고 있어서 죽음 자체보다 고통을 더 두려워하지요.

active [ǽktiv]
활발한, 적극적인
passive [pǽsiv]
수동적인, 소극적인
pull the plug
생명 유지 장치를 벗기다
mercy [mə́:rsi]
자비, 인정, 용서
fear [fiər]
두려워하다, 겁내다

 Opinion 2　환자가 회복되거나 마음이 바뀔 수도 있습니다.

I'm sorry to interrupt, but it sounds like you're for euthanasia. How can you determine who is terminally ill? There are so many instances where people are expected to die, but get well. The person requesting to die could be going through a stage of depression because of their illness. They might change their minds later if their pain subsides. It's common sense that terminally ill patients go through

instance [ínstəns]
경우, 실례, 사례
get well 좋아지다, 낫다
go through 겪다, 경험하다
depression [dipréʃən]
의기 소침, 우울
subside [səbsáid]
가라앉다, 잠잠해지다

stages of depression. We have to find hope for them instead of giving them the option of suicide. **Wouldn't you have the same opinion if** it were your loved ones?

끼어들어서 미안하지만 당신은 안락사를 찬성하는 것 같군요. 당신은 누가 불치병에 걸렸다는 것을 어떻게 결정할 수 있나요? 죽을 줄 알았지만 회복된 사람들의 사례도 아주 많아요. 죽게 해 달라고 요청하는 사람은 병 때문에 의기 소침해 있을 수 있죠. 그리고 고통이 가라앉은 다음엔 마음이 바뀔 수도 있습니다. 말기의 환자가 우울증 단계를 거친다는 것은 상식입니다. 그들에게 자살의 기회를 주는 대신에 희망을 찾아주어야 해요. 당신이 사랑하는 사람들의 경우라도 똑같은 의견을 내세울까요?

 Opinion 3 안락사는 여러 절차를 거친 후에야 실행됩니다.

Actually, if it were someone I love, then I wouldn't want that person to be in so much pain. **Let me finish what I was saying before.** Let's look at the Netherlands as an example of a successful euthanasia program. Doctors do not make the decision to end patients' lives by themselves. There is a bevy of safety checks before doctors can follow through with the assisted suicides. **For instance,** one doctor cannot make the decision. He or she must seek a second opinion before performing the procedure. If patients are suffering from unbearable and constant pain, then it's being merciful to help them end their lives.

a bevy of
일련의, ~ 무리의

unbearable [ʌ̀nbέərəbəl]
견딜 수 없는, 참기 어려운

constant [kánstənt]
끊임 없이 계속되는, 지속되는

merciful [mə́:rsifəl]
자비로운, 인정 많은

사실 제가 사랑하는 사람의 경우라면, 저는 그 사람이 그렇게 심한 고통에 시달리기를 원하지 않을 거예요. 하던 말을 마저 끝낼게요. 안락사 프로그램의 성공 사례로 꼽는 네덜란드를 봅시다. 의사들은 그들 혼자 환자의 생명을 끝낼지 결정하지 않습니다. 의사가 안락사를 실시하기 전에 몇 차례 안전 점검을 하죠. 예를 들면 한 명의 의사가 결정할 수 없습니다. 의사는 실행에 옮기기 전에 다른 사람의 조언을 구합니다. 환자가 참기 어려운 지속적인 고통에 시달리고 있다면 그들이 죽을 수 있도록 돕는 것이 자비로운 일일 겁니다.

 Opinion 4 병을 치료하는 데 더 주력해야 해요.

I don't see eye to eye with you. Instead of trying to help terminally ill patients end their lives, shouldn't we concentrate on helping them relieve their pain? If we allow euthanasia, even the ones who are curable can die. So assisted suicides should never be allowed. Legalizing euthanasia could allow anyone who is unsatisfied with his or her life to obtain help in dying. God gives us life. A doctor should not have the authority to take that away. A doctor is supposed to cure illnesses. **I don't think we need to talk about this anymore.**

토론 핵심 표현
· **I don't see eye to eye with you.** 저는 당신의 의견에 동의할 수 없어요.
· **I don't think we need to talk about this anymore.**
더 이상 이것에 관해 이야기할 필요가 없을 것 같군요.

저는 당신의 의견에 동의할 수 없어요. 불치병에 걸린 환자들이 죽을 수 있도록 돕는 대신에 그들의 고통을 덜어 주기 위한 방안을 찾는 데 주력해야 하지 않을까요? 안락사를 허용한다면 치료 가능한 사람이 죽게 될 수도 있습니다. 따라서 안락사는 절대 허용되어서는 안 됩니다. 안락사의 합법화는 자신의 삶에 만족하지 못하는 사람들이 죽는 데 도움을 얻게 할 수도 있어요. 신은 우리에게 생명을 주었습니다. 의사가 그것을 앗아갈 권한을 가져서는 안 됩니다. 의사는 병을 치료하기 위해 있는 거죠. 더 이상 이것에 대해서 이야기할 필요가 없을 것 같군요.

see eye to eye
동의하다

concentrate on
~에 집중하다, 전념하다

curable [kjúərəbəl]
치료할 수 있는, 고칠 수 있는

be supposed to
~하기로 되어 있다, ~할 예정이다

실전 토론하기

주어진 주제와 관련해 좀 더 깊이 있는 토론이 되도록 질문들을 제시했습니다.
이외에 자신이 생각하는 주제에 대해서도 함께 토론해 보세요.

1 | What's your stand on euthanasia? Do you think people have the right to end their own lives?

2 | What do you think about suicide? Is euthanasia the same as ordinary suicide?

3 | Why do you think euthanasia is illegal everywhere except the Netherlands?

4 | Does fear of death have anything to do with the opposition of euthanasia? Why or why not?

5 | Do you think euthanasia could ever become legal? What would need to change in order for it to become legal?

내가 만든 토론 주제

1 | 불치병에 걸렸을 때 그 고통을 참아내는 것이 얼마나 힘들지 나는 상상할 수도 없어요.

- I cannot imagine how hard it is to bear the pain when you are terminally ill.
- No one will ever understand the pain you'd have to bear when you're terminally ill.

2 | 환자가 자신의 삶을 지속할지의 여부는 가족들에 의해 결정될 수 있는 것이 아니에요.

- The decision on whether the patient continues with his life should not be made by family members.
- Families should not have the rights to judge whether the patient gets to live or not.

3 | 가족의 결정으로 환자에게 안락사를 실시한다면, 남겨진 사람들은 죄의식으로 고통 받을 수 있어요.

- When the patient goes through euthanasia on his families' decision, the left ones might suffer from guiltiness.
- The left ones might torture themselves for giving up the patient.

4 | 기적은 진짜로 일어나요. 제 눈으로도 기적이 일어나는 것을 본 적이 있어요.

- Miracles do happen, and I've seen them happen with my own eyes.
- I, myself, have an experience with a miracle right before my own eyes.

5 | 생각이 어떻게 바뀔지는 몰라요. 지금은 그 고통을 알 수 없기 때문에 삶을 포기하지 않을 거라고 말하겠네요.

- You never know how your thoughts can change. I can now say I will not give up my life because I don't know the pain.
- I would try to hold on to my life as long as I could. But this is me speaking when I am not sick.

6 | 피할 수도 있는데 왜 그 고통을 감당해야 하는 거죠?

- Why suffer the pain when you can avoid it?
- Avoiding pain rather than suffering from it could make things easier.

7 | 죽음보다도 고통을 더 두려워한다면 분명히 이유가 있을 것이며, 그것을 그냥 무시해서는 안 돼요.

- When you fear the pain more than death, then there must be a reason and it shouldn't be ignored.
- You should not ignore the reason why one is wanting to die rather than agonizing the pain.

8 | 안락사가 법적으로 허용되면, 어떤 사람들은 그것을 악용하려 할 수도 있어요.

- If euthanasia were allowed legally, some people could take advantage of it.
- If euthanasia were legalized, I think there could be some crimes done.

Issue 20 A Beautiful Me

아름다운 나

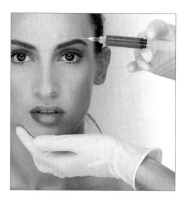

Did you know that one in every ten women in Korea has had plastic surgery, and the number of men getting it is on the rise? It's no surprise as Korean society is very conscious of physical appearances. Of course, there are many kinds of procedures being done, like breast enlargements, liposuction, and double eyelid surgeries. We all hear about the risks involved with any kind of surgery, but people are willing to take that risk to look beautiful. The media subconsciously tells us the standards of beauty. As we watch models and celebrities with gorgeous bodies and perfect faces, we want to be like them. We forget that they themselves might have gotten plastic surgery to look that way. **In any case**, that may be one reason why people get plastic surgery.

· **Did you know that ~** ~을 알고 있었나요?
· **In any case** 어쨌든

plastic surgery [plǽstik sə́:rdʒəri] 성형 수술 | **on the rise** 상승세인, 오르고 있는 | **be conscious of** ~을 의식하다, ~을 알다 | **procedure** [prəsíːdʒər] 진행, 결과, 절차 | **enlargement** [enláːrdʒmənt] 확대, 증대, 확장 | **liposuction** [lipəsʌ́kʃən] 지방 흡입술 | **be willing to** 기꺼이 ~하다 | **take the risk** 위험을 무릅쓰다, 각오하다 | **subconsciously** [sʌbkánʃəsli] 무의식적으로 | **celebrity** [səlébrəti] 명사, 유명인, 연예인 | **gorgeous** [gɔ́:rdʒəs] 멋진, 굉장한, 훌륭한

Opinion 1　성형 수술을 통해 자신감을 얻을 수도 있어요.

Ever since I was in middle school, I've always hated my flat nose. It made my whole face look flat, so I did a nose job a couple of years ago. It helped me to boost my confidence level. Because I see myself differently, people perceive me differently too. **What I mean to say is that** plastic surgery should not be viewed as something bad. If you have the money to correct a physical flaw, then you should do it. However, **I do recommend that** you're sure of the plastic surgery beforehand because some people do regret getting it.

flat [flæt] (얼굴, 코가) 납작한, 평평한
nose job [nouz dʒɑb] 코 성형 수술
boost [buːst] 후원하다, 밀어주다, 사기를 돋우다
confidence [kάnfidəns] 자신감, 확신
perceive [pərsíːv] 지각하다, 인식하다
flaw [flɔː] 결점, 약점
beforehand [bifɔ́ːrhὰend] 이전에, 미리

토론 핵심 표현
· **What I mean to say is that ~**　제가 말하고자 하는 바는 ~입니다
· **I do recommend that ~**　저는 ~을 꼭 권합니다

중학교 때 이후로 줄곧, 저는 항상 저의 납작한 코가 싫었어요. 그것 때문에 전체적으로 얼굴이 납작하게 보였죠. 그래서 저는 몇 년 전에 코 수술을 받았어요. 덕분에 자신감을 얻게 되었죠. 제 스스로가 저를 다르게 보기 때문에 사람들도 저를 다르게 인식해요. 그러니까 제가 말하고자 하는 바는 성형 수술을 나쁜 것으로 봐서는 안 된다는 거예요. 신체적 결함을 고칠 수 있는 돈이 있다면 그렇게 해야 해요. 그렇지만 성형 수술을 받고 후회하는 사람들도 있으므로 성형 수술에 대해 미리 확실히 결정하기를 꼭 권합니다.

 Opinion 2　흉터나 건강상의 문제가 생길 수도 있어요.

Well, if there's even a slight chance of regret, why do it? **This may sound old-fashioned, but** we should be thankful for the things our parents gave us. No matter how much medical technology improves, the benefits do not outweigh the risks. Permanent scarring or other medical

slight [slait] 약간의, 대단치 않은
old-fashioned [όuld-fǽʃənd] 구식의, 유행에 뒤떨어진
outweigh [àutwéi] ~을 능가하다

problems could occur as a result of surgical procedures. Plastic surgery is just a way to look like your favorite movie star or model. Everybody has different fingerprints. Everybody has different bone structures. That's why no one can be completely identical in appearance. **Don't you agree?**

조금이라도 후회할 가능성이 있다면, 왜 하는 거죠? 다소 구식으로 들릴 수도 있겠지만, 우리는 부모로부터 물려받은 것에 감사해야 해요. 아무리 의학 기술이 발달했다 하더라도, 얻을 수 있는 이익은 그 위험들보다 크지 않아요. 성형 수술의 결과로 평생 흉터가 남거나 다른 건강상의 문제들이 생길 수도 있어요. 성형 수술은 자신이 좋아하는 영화 배우나 모델처럼 보이게 하는 하나의 수단일 뿐이에요. 사람마다 다른 지문을 가지고 있죠. 골격도 다 달라요. 따라서 누구도 외모상 완벽하게 똑같아질 수는 없어요. 동의하지 않으세요?

 Opinion 3 외모로 놀림을 당하는 사람에게는 성형 수술이 필요해요.

I'd like to point out here that plastic surgery is a personal choice. If you don't want to do it, you don't have to. There are people out there who are made fun of all their lives because of a double chin or small eyes. Being teased about your physical appearance can leave large emotional scars, especially if you've been teased since you were a child. So, **there are other ways of looking at the issue of** plastic surgery besides the issue of wanting to look like your favorite star. That's the main reason why people I know get plastic surgeries.

permanent [pə́:rmənənt]
영속하는, 영구적인

scar [skɑ:r]
흉터, 상처

surgical [sə́:rdʒikəl]
외과의, 수술의

fingerprint [fíŋgərprìnt]
지문

bone structure
[bóun strʌ́ktʃər]
뼈의 구조

identical [aidéntikəl]
동일한, 똑같은

make fun of
~을 놀리다, 놀림감으로 하다

double chin [dʌ́bəl tʃin]
이중 턱

tease [ti:z]
괴롭히다, 놀리다

surgery [sə́:rdʒəri]
외과 수술

저는 여기서 성형 수술은 개인의 선택 사항이라는 점을 지적하고 싶어요. 당신이 원하지 않는다면 하지 않아도 됩니다. 이중 턱이나 작은 눈 때문에 평생 놀림을 당하는 사람들도 있어요. 외모 때문에 놀림을 받으면 마음에 큰 상처가 남겠죠. 특히 어렸을 때부터 놀림을 받았다면 더 그렇습니다. 따라서 꼭 좋아하는 스타처럼 보이고 싶어서뿐만이 아니라 다른 시각에서 성형 수술의 문제를 생각해 볼 수도 있어요. 그것이 제가 아는 사람들이 성형 수술을 받는 주된 이유이지요.

 Opinion 4 성형 수술 중 실수가 있을 수도 있고 보험도 적용되지 않아요.

Don't you think there are too many risks involved with plastic surgeries? There are so many illegal operations out there. Some people are left with large scars or medical problems **as a result of** plastic surgery. Because it's a choice, not a medical requirement, insurance companies do not cover plastic surgeries. That is why plastic surgeons make a lot of money. People should be aware that plastic surgeons do make mistakes and the insurance doesn't cover those mistakes.

operation [àpəréiʃən]
수술
requirement
[rikwáiərmənt]
요구, 필요
insurance [inʃúərəns]
보험
cover [kʌ́vər]
~의 책임을 지다, 포함하다, 적용시키다
surgeon [sə́:rdʒən]
외과의

성형 수술의 위험 부담이 너무 크다는 생각은 안 하세요? 너무도 많은 불법 시술이 행해지고 있습니다. 성형 수술로 인해 어떤 사람에게는 큰 흉터가 남거나 건강상의 문제가 생기기도 해요. 의료상 필수 사항이 아니라 선택 사항이므로 보험 회사에서는 성형 수술에 보험을 적용하지 않습니다. 그래서 성형 외과 의사들이 돈을 많이 버는 거예요. 사람들은 성형 외과 의사들도 실수를 할 수 있으며 보험 회사는 그런 실수들에 책임지지 않는다는 점을 알아야 해요.

실전 토론하기

주어진 주제와 관련해 좀 더 깊이 있는 토론이 되도록 질문들을 제시했습니다.
이외에 자신이 생각하는 주제에 대해서도 함께 토론해 보세요.

1 | What do you think influences people to have plastic surgery?

2 | What are some side effects of getting plastic surgery?

3 | If money wasn't an issue, would you get plastic surgery? What would you have done?

4 | Should there be a limit to how much plastic surgery a person should have done?

5 | Should insurance companies cover plastic surgery in their medical plans?

내가 만든 토론 주제

앞의 질문들에 대답할 때 아래 문장들을 활용해 보세요.

1 | 대부분의 여성들은 자신감을 위해 성형 수술을 한다고 주장합니다.

- Most women argue that they have plastic surgery for their self-esteem.
- Most women say that their self-esteem is boosted by having plastic surgery.

2 | 저는 여성들이 예뻐 보이기 위해 성형 수술을 하는 것에 대해 별로 신경 쓰지 않습니다.

- I don't mind women having plastic surgery to look good.
- I don't care whether they had plastic surgery or not.

3 | 왜 사회 탓을 하는 거죠? 이 사회가 그들에게 성형 수술을 하라고 했나요?

- Why blame it on society? What did society do to make them get plastic surgery?
- Why is it always society's fault? Society never pushed women to get plastic surgery.

4 | 그냥 당신이 태어난 대로 있으세요. 그것이 가장 안전한 방법이에요.

- Just stick with what you were born with. That's the most harmless way.
- The most harmless way is to live with the way you are now.

5 | 성형에 중독된 여성들의 끔찍한 사례에 대해 들어 본 적 있으세요?

- Have you heard of the horrible cases where women got addicted to plastic surgery?
- I've heard of some disastrous cases where women cannot stop getting plastic surgery.

6 | 기꺼이 목숨을 걸고서라도 모델처럼 되고 싶어 하는 사람들은 참 안됐어요.

- I feel sorry for those who are willing to risk their lives just to look like a model.
- I sympathize with women wanting to look like a model, who would do anything for it, even risk their lives.

7 | 성형 수술을 함으로써 당신이 외모에 자신감을 가질 수 있는데, 왜 하면 안 되는 거죠?

- If you will become confident about your looks by getting plastic surgery, then why not have it?
- What counts is that you have confidence in the way you look. If it can only be accomplished by plastic surgery, then so be it.

8 | 내가 원하는 외모를 가질 수 있다면 얼마가 되든지 기꺼이 지불하겠어요. 틀림없이요.

- I am willing to pay whatever the price to look the way I want. No doubt about it.
- It doesn't matter how much I have to spend to look the way I want. No question about it.

Part 3
Education

Issue 21 Are Alternative Schools Alternative?

대안학교가 대안인가요?

Despite educational reforms, tens of thousands of students dropped out of conventional schools during the 1990s. In an effort to address this problem, many experts and advocacy groups enthusiastically promoted the idea of alternative education that includes a number of approaches to teaching and learning different from a traditional educational setting. **But why is it a hot issue now?** Since alternative schools are intended to embrace those who fail to adapt to public schools, a social prejudice grew up around these schools as 'places for misfits.' And many people are concerned about the fact that many alternative schools are not recognized by the education authorities. However, an increasing number of people, including gifted students, who had tired of conventional public education, began turning to them in the hope that they could pursue an education that valued their individuality. **Why don't we share our thoughts on this issue?**

• **But why is it a hot issue now?** 그런데 왜 이것이 지금 뜨거운 논쟁이 되고 있을까요?
• **Why don't we share our thoughts on this issue?** 이 문제에 대해 함께 생각해 보는 건 어떨까요?

reform [riːfɔ́ːrm] 개혁, 개선 | **drop out of** 그만두다, 중퇴하다 | **conventional** [kənvénʃənəl] 전통(인습)적인, 틀에 박힌 | **expert** [ékspəːrt] 전문가 | **advocacy** [ǽdvəkəsi] 옹호, 지지 | **alternative** [ɔːltə́ːrnətiv] 대안의, 양자택일의 | **prejudice** [prédʒədis] 편견 | **misfit** [mísfit] (환경에) 적응하지 못하는 사람 | **education authorities** 교육 당국, 교육청 | **gifted** [ɡíftid] 타고난 재능이 있는 | **individuality** [ìndəvìdʒuǽləti] 개성, 인격

모범 토론 엿보기 : 다양한 시각에서 풀어놓은 다음 토론을 통해, 배경지식도 쌓고 자신의 의견도 정리해보세요.

Opinion 1 대안교육에 대한 편견이 문제입니다.

I don't think there is anything wrong with alternative education itself. I think it is merely a prejudice that society holds against it. I mean, if my child were considered a mismatch with conventional schools then, I would definitely reconsider alternative schools. Children are sensitive to what other people think about them. And **no matter how excellent** the alternative schools' programs are, I don't think my child would be happy when society, and in particular his peers, holds a prejudice against the school he attends.

> 토론 핵심 표현
> · **I don't think there is anything wrong with ~**
>   ~에는 전혀 문제(이상)가 없다고 생각합니다
> · **no matter how excellent** 아무리 훌륭해도

mismatch [mismǽtʃ]
부적당한 짝

sensitive to
~에 민감한, 예민한

peer [piər]
또래친구, 동료, 동년배

대안교육 자체에는 전혀 문제가 없다고 생각합니다. 단지 우리 사회가 대안교육에 가지고 있는 편견이 문제입니다. 제 말은 만약 제 아이가 대안학교에 다닌다는 것 때문에 정규학교와 안 맞는 아이라고 여겨 진다면, 분명 대안학교에 보내는 것을 재고할 겁니다. 아이들은 다른 사람들이 어떻게 생각하는지에 대 해 민감합니다. 그리고 대안 학교의 프로그램이 아무리 훌륭하더라도 사회와 특히 또래들이 내 아이가 다니는 학교에 편견을 가진다면, 내 아이가 행복하지 않을 거라 생각합니다.

Opinion 2 대안학교에 대한 오해가 없어지고 있어요.

Well, one of my nephews goes to an alternative school. I heard the competition for that school is fierce, with as many as four applicants for every opening. The children of academics, teachers, doctors, lawyers, and entrepreneurs now make up a substantial proportion of the pupils at that

competition [kὰmpətíʃən]
경쟁

fierce [fiərs] 치열한, 격렬한

applicant [ǽplikənt]
지원자, 신청자

opening [óupəniŋ]
빈자리, 결원, 공석

academic [æ̀kədémik]
대학교수

school. **Doesn't this mean** that the stigma surrounding such schools is ending? **As a bonus**, academic innovations being pursued there could even influence mainstream schools.

entrepreneur
[à:ntrəprənə́:r] 기업가
substantial [səbstǽnʃəl]
상당한, 많은
proportion [prəpɔ́:rʃən]
비율
pupil [pjú:pəl] 학생
stigma [stígmə] 오명, 치욕
innovation [ìnouvéiʃən]
혁신, 쇄신
mainstream [méinstrì:m]
주류의, 정통의

토론 핵심 표현
· **Doesn't this mean ~** 이것은 ~라는 뜻이 아닐까요?
· **As a bonus** 보너스로, 추가로

제 조카 하나가 대안학교에 다닙니다. 빈자리가 하나 생기면 네 명이나 지원할 정도로, 그 학교의 경쟁이 치열하다고 들었어요. 대학교수, 교사, 의사, 변호사 그리고 기업가의 자녀들이 지금 그 학교 학생의 상당 비율을 차지합니다. 이는 이러한 학교들을 둘러싼 오명이 없어졌다는 뜻이 아닐까요? 추가로, 그곳에서 실행된 교육 혁신이 주류 학교들에 영향을 미칠 수도 있겠지요.

 Opinion 3 대안교육 프로그램을 확대하고 다양화해야 합니다.

　　I totally agree with you. Well, I am one of those who has had enough of the existing testing-based school system. I've come to think that I would like my children to develop their own personalities in order to be truly happy. Personally, I don't think the education offered at mainstream schools is bad. However, its stress on testing and grades **makes me wonder whether** it really enriches the lives of kids beyond giving them 'book knowledge.' I don't think formal, standardized education stimulates children, either intellectually or emotionally. Therefore, we should expand and diversify alternative education programs.

have had enough of
~은 질색이다, ~은 더 이상 못 참
는다
existing [igzístiŋ]
현재의, 현행의
stimulate [stímjəlèit]
자극하다, 격려하다
intellectually
[ìntəléktʃuəli]
지적으로
diversify [divə́:rsəfài]
다양화(다각화)하다

토론 핵심 표현
· **I totally agree with you.** 전적으로 당신의 말에 동의합니다.
· **makes me wonder whether ~** ~일까 하는 생각을 하게 합니다

전적으로 당신의 말에 동의합니다. 저는 시험 위주의 현재 학교 체제에 식상한 사람 중 하나입니다. 제 아이들이 진짜 행복하게 해 줄 자신만의 개성을 계발하길 바란다고 생각하게 되었습니다. 개인적으로 주류 학교에서 제공하는 교육이 나쁘다고 생각하지는 않습니다. 하지만 시험과 성적에 대한 스트레스가 과연 '책 속의 지식'을 뛰어넘어 정말 아이들의 삶을 풍요롭게 해 줄 수 있는가 하는 생각을 하게 합니다. 획일적인 정규 교육은 아이들을 지적으로나 정서적으로 자극하지 못합니다. 따라서 대안교육 프로그램을 확대하고 다양화해야 합니다.

 Opinion 4 대안학교는 공식 인가와 재정적 지원을 못 받고 있어요.

I admit that some alternative schools are popular and, **as mentioned earlier,** competition for those schools is sometimes intense. That's because they have been proven reliable and efficient. Yet, not all alternative schools are well-regarded. What about those students who are not accepted by the leading alternative schools? Should they go to one that is substandard? **As you may already know,** there are more than 100 alternative schools in the country and many or perhaps most of them lack official recognition. That excludes them from government financial support. With their smaller budgets, the quality of teachers and facilities there tends to lag behind that of mainstream schools.

intense [inténs]
격렬한, 심한

reliable [riláiəbəl]
믿을 수 있는

efficient [ifíʃənt]
효과가 있는, 실력 있는

well-regard [wel-rigá:rd]
잘 여기다, 좋게 생각하다

substandard
[sÀbstǽndərd]
표준(수준) 이하의

recognition [rèkəgníʃən]
인정, 허가

exclude [iksklú:d]
제외하다

financial support
[finǽnʃəl səpɔ́:rt]
재정적 원조, 금융 지원

facility [fəsíləti] 시설, 설비

lag [læg] 처지다, 뒤떨어지다

> **토론 핵심 표현**
> · **as mentioned earlier** 좀 전에 언급된 바와 같이
> · **As you may already know** 이미 아시다시피

몇몇 대안학교들이 인기가 많으며, 좀 전에 언급된 바와 같이, 때론 그 학교들의 경쟁이 심하다는 것도 인정합니다. 그것은 믿을 만하고 실력 있는 학교로 입증되었기 때문이지요. 하지만 모든 대안학교들이 그렇게 좋게 생각되는 것은 아닙니다. 그럼 그런 선두 대안학교에 못 들어간 학생들은 어떨까요? 수준 이하의 학교에 다녀야 하나요? 이미 아시겠지만, 우리나라에 100개 이상의 대안학교가 있는데 그 중 상당수, 아니 아마도 거의 대부분이 공식 인가를 받지 못했습니다. 그래서 정부의 재정적 지원에서 제외되는 것입니다. 더 적은 예산을 가지며 그 학교의 교사와 시설의 질 또한 주류 학교에 뒤집니다.

주어진 주제와 관련해 좀 더 깊이 있는 토론이 되도록 질문들을 제시했습니다.
이외에 자신이 생각하는 주제에 대해서도 함께 토론해 보세요.

1 | Why does society have a prejudice against alternative schools?

2 | Do you think some students would prefer alternative education to conventional schooling? Why or why not?

3 | Why do some alternative schools find it difficult to operate?

4 | "Many alternative schools are just another type of elite schooling." Do you agree or disagree with this statement?

5 | Do you think alternative education will expand in Korea? Explain in detail.

내가 만든 토론 주제

앞의 질문들에 대답할 때 아래 문장들을 활용해 보세요.

1 | 대안학교는 문제아를 내다 버리는 곳이에요.
- Alternative schools are just a place to dump troublesome kids.
- It's a place to dump them.

2 | 대안학교는 맞춤식 교육을 제공해요.
- Alternative schools provide a custom-made education.
- Alternative schools are a form of customized education.

3 | 남들의 생각은 중요합니다.
- What others think counts.
- We can't ignore what other people think.

4 | 전인교육을 하지 않아요.
- They don't teach to the whole person.
- They don't develop students' character.

5 | 몇몇 대안학교들은 질이 떨어질지도 모릅니다.
- Some alternative schools could be inferior.
- Not all alternative schools are worthwhile.

6 | 많은 대안학교는 정부의 재정적 뒷받침이 필요해요.
- Many alternative schools need government financial support.
- They need more financial backing.

7 | 대안학교가 해결책은 아니에요.
- Alternative schools are not the solution.
- Alternative schools are not the best nor the most comprehensive answer.

8 | 대안학교는 공식 인가가 필요합니다.
- Alternative schools need official recognition.
- Recognition would change everything.

Issue 22 How Should Students Be Assessed?

학생들은 어떻게 평가되어야 할까요?

The Korean government has resumed a nationwide scholastic achievement assessment called Ilje Gosa(comprehensive test) that covers five subjects: Korean, English, mathematics, science, and social studies. All students take it on the same day, so that their scores can be compared across the country. **The test has become one of the hottest issues** in Korea. Some people support the test, saying it will pinpoint where they or their children are in their studies. They claim the test will enhance achievement through competition. **Critics insist, however**, that the test will do more harm than good. They say the test will force intense competition and excessive scholastic work upon students and deprive them of their basic human right to happiness and quality of life. Moreover, some teachers and pupils fear that the test scores will be used to rate schools. Give your opinion on the issue.

- **The test has become one of the hottest issues ~** ~에서 이 문제가 가장 뜨거운 이슈 중의 하나가 되었습니다.
- **Critics insist, however, ~** 그러나 비평가들은 ~라고 주장합니다

scholastic [skəlǽstik] 학교의, 학문의 | **achievement** [ətʃíːvmənt] 성취, 달성 | **assessment** [əsésmənt] 평가, 사정 | **comprehensive** [kàmprihénsiv] 포괄적인, 종합적인 | **enhance** [enhǽns] 높이다, 강화하다 | **critic** [krítik] 비평가, 평론가 | **do more harm than good** 백해무익하다 | **intense** [inténs] 격렬한, 심한 | **excessive** [iksésiv] 과도한, 지나친 | **deprive A of B** A에게서 B를 빼앗다 | **rate** [reit] ~을 평가하다

Issue 22_2.mp3

모범 토론 엿보기 다양한 시각에서 풀어놓은 다음 토론을 통해, 배경지식도 쌓고 자신의 의견도 정리해보세요.

 Opinion 1 성적과 등수에 사로잡혀 그 시험만을 위해 공부할 겁니다.

I'm opposed to the test because it will lead to a society obsessed about grades. On top of that, in the long-term, schools, students, and parents will become obsessed with scores and rankings. Some might say it is an efficient way to assess scholastic achievement, but once the scores are presented, people will judge students and schools based mainly on these scores. If this continues, then schools and students can't help but focus their studies on the test. **I don't think this is right.**

be obsessed with
~에 사로잡히다, ~로 괴로워하다
ranking [rǽŋkiŋ] 등수, 서열
judge [dʒʌdʒ]
판단하다, 평가하다
can't help but (+ 동사원형)
~하지 않을 수 없다

토론 핵심 표현
· **I'm opposed to ~** 나는 ~에 반대합니다
· **I don't think this is right.** 나는 이것이 옳다고 생각하지 않습니다.

나는 그 시험이 성적에 사로잡힌 사회를 만들 것이기 때문에 반대합니다. 무엇보다 장기적으로 보아 학교, 학생, 그리고 부모들이 성적과 등수에 사로잡히게 될 것입니다. 혹자는 학업 성적 평가에 유효하다고 말할지 몰라도 일단 점수가 제시되면, 사람들은 주로 그 점수를 토대로 학생과 학교를 판단할 것입니다. 이것이 지속되면, 학교와 학생들은 오로지 그 시험만을 위해 공부하지 않을 수 없습니다. 저는 이것이 옳다고 생각하지 않습니다.

 Opinion 2 학생들의 성취도를 평가하는 효과적인 평가 수단이에요.

We can't just ignore the global trend toward standardized testing. I've heard that it is used in many advanced countries like Britain, the United States, and Japan as an effective means of documenting student achievement. If we don't develop a precise method of testing our students, it will be impossible to devise measures to increase their scholastic abilities and narrow

document [dάkjəmənt]
문서로 증명하다, 증거(서류)로 입증하다
precise [prisάis]
정확한, 명확한
devise [diváiz]
궁리(고안)하다
measure [méʒər]
수단, 대책, 조치
educational gap 교육 격차

150

the growing educational gap between the wealthy and the poor. **I strongly believe that** we need a good assessment tool like Ilje Gosa.

토론 핵심 표현
· **We can't just ignore ~** 우리는 ~을 무시할 수는 없습니다
· **I strongly believe that ~** 나는 ~라고 굳게 믿습니다

우리는 표준화 시험의 세계적 추세를 무시할 수는 없습니다. 영국, 미국, 그리고 일본과 같은 많은 선진국에서, 학생의 학업 성취도를 입증하는 효과적인 수단으로 이 시험이 사용되고 있다고 들었습니다. 우리가 학생들을 테스트할 정확한 방법을 개발하지 않으면, 그들의 학력을 증진시키고 심화되고 있는 교육의 빈부 격차를 좁힐 수 있는 대책을 고안해 내기란 불가능합니다. 나는 일제고사와 같은 좋은 평가 수단이 필요하다고 굳게 믿고 있습니다.

 Opinion 3 학생들은 자신의 실제 학습 능력을 알아야 해요.

I can't agree with it more. Students in different schools take different exams, and in the past there was no way to compare their scholastic abilities. As a case in point, my cousin used to go to a school in Gyeonggi Province. She got high marks there, even without going to any hagwons. Yet when she moved to Seoul, she was shocked to see her grades fall. She told me that if she had known where she was in her studies sooner, she would have studied harder. Thus, I think **it is very important for students to** find out their real scholastic abilities.

as a case in point
예를 들어

province [právins]
지방, 도(道), 주(州)

if (주어 + 과거완료), ~ (주어 + would have + p.p.)
(과거사실과 반대되는 가정을 나타내며) 만일 ~였다면, ~였을 텐데

토론 핵심 표현
· **I can't agree with it more.** 나는 대찬성입니다.
· **it is very important for students to ~** 학생들에게는 ~하는 것이 매우 중요합니다

저는 대찬성입니다. 과거에는 다른 학교에 다니는 학생들은 서로 다른 시험을 치르며, 학업 능력을 비교할 방법이 없었습니다. 예를 들어, 제 사촌은 예전에 경기도에 있는 학교에 다녔습니다. 그녀는 학원에 다니지도 않고 거기서 높은 점수를 받았죠. 그런데 서울로 이사를 오고 나서, 그녀는 자신의 성적이 떨어진 것을 보고 충격을 받았습니다. 그녀는 더 빨리 자신의 성적 위치가 어디에 와 있는지를 알았더라면, 더 열심히 공부했을 거라고 말했습니다. 그래서 저는 학생들이 그들의 실제 학습 능력을 아는 것이 매우 중요하다고 생각합니다.

 Opinion 4   가정에 부담만 가중시킬 거예요.

I'm sure the test **will only increase the burden on** families. Many kids go to private institutes to study for their school exams and parents pay the tuition. My 15-year-old cousin goes to two private institutes. I heard she comes home at midnight during exam weeks. I think if she had to prepare for another test, she would burn out. Also, her father is already spending one-third of his income on her education. If he has to spend more to help her prepare for this test, it will wreck the family's budget. I fear this test **will do only harm**.

burden [bə́:rdn]
짐, 부담, 걱정

private institute
[práivit ínstətʃùːt]
사설 학원

tuition [tjuːíʃən] 수업료

burn out
다 타버리다, (기력이) 소진되다

wreck [rek]
난파시키다, 엉망으로 파괴하다,
(재산 등을) 날리다

토론 핵심 표현
· **will only increase the burden on** ~에 부담만 가중시킬 것입니다
· **will do only harm** ~은 해만 끼칠 것입니다

이 시험이 가정에 부담만 가중시킬 거라고 확신합니다. 많은 아이들이 학교 시험 공부를 위해 사설 학원에 다니고 있어요. 그리고 부모들은 학원비를 지불합니다. 저에게는 학원 두 곳을 다니는 15살짜리 사촌이 있습니다. 그녀는 시험 주간에는 한밤중에 집에 돌아온다고 합니다. 그 아이가 또 다른 시험 준비를 해야 한다면, 너무 지칠 거예요. 또한 이미 그녀의 아버지는 수입의 1/3을 그녀의 교육비에 쓰고 있습니다. 만일 이 시험을 준비시키기 위해 더 많은 돈을 내야 한다면, 그 집의 생활비는 엉망이 될 거예요. 이 시험이 해만 끼칠까 걱정스럽습니다.

주어진 주제와 관련해 좀 더 깊이 있는 토론이 되도록 질문들을 제시했습니다.
이외에 자신이 생각하는 주제에 대해서도 함께 토론해 보세요.

1 | "Standardized testing is an unavoidable global trend." Do you agree or disagree with this statement? Provide reasons for your opinion.

2 | Do you think Ilje Gosa is the best way to assess students' scholastic abilities?

3 | Do you think it's a good idea to give every student in the country a national ranking based on their test score?

4 | Do you think the educational gap between the wealthy and the poor can be narrowed? Why or why not?

5 | What are one or two ways that families' education costs can be reduced in Korea?

내가 만든 토론 주제

앞의 질문들에 대답할 때 아래 문장들을 활용해 보세요.

1 | 교육 시스템은 아이들에게 시험 잘 보는 방법을 가르치는 것에 지나치게 집중되어 있어요.
- Education system is heavily centered on teaching kids about how to excel on a test.
- Kids are learning how to get good scores instead of really mastering subjects.

2 | 2등을 위한 상은 없어요.
- There are no prizes for second place.
- Everyone wants to be number one.

3 | 인생에서 성공을 거두려면, 시험 요령이나 성적 이상의 것이 필요합니다.
- You need more than test skills, grades and etc. to get through life.
- Good 'test-takers' don't necessarily have good careers.

4 | 공부하는 절이 싫으면, 중이 떠나야 합니다.
- If you can't stand the academic heat, get out of the kitchen.
- Avoid institutes or other outside studies if you can't endure them.

5 | 아이들에게 휴식을 주어야 해요.
- Give the kids a break.
- Let the kids relax a little.

6 | 잠은 죽은 다음에 자는 거예요.
- Sleep when you're dead.
- Don't complain that you are too busy. You can rest for infinity after you die.

7 | 시험 지옥이에요.
- This is exam hell.
- Korean kids are tortured through excessive examinations.

8 | 그들은 현실에 직면해야 해요.
- They need to face the reality.
- They cannot get away from the reality.

Issue 23 Who's Accountable for My Children's Education?

우리 아이의 교육을 누가 책임져야 할까요?

Everybody will agree that there are **problems** with the Korean education system. With outdated curriculums, archaic teaching methods, spoiled children, and irresponsible parents, the education system is at an all-time crisis. Yet, there are still others who think that Korea has one of the best education systems worldwide. If you've been keeping up-to-date on current trends in education around the world, you would know that Korea has problems. If there weren't any problems, parents and students wouldn't try so hard to go abroad for education. **By the end of this discussion,** I hope you will become more aware of the problems. **Let's also discuss** possible solutions to this problem because our future depends on how our children are educated.

- **Everybody will agree that there are problems ~** 모든 사람들이 ~라는 문제들이 있다는 데 동의할 겁니다
- **By the end of this discussion** 이 토론이 끝날 때쯤에는
- **Let's also discuss ~** ~에 관해서도 토론해 보죠

outdated [áutdéitid] 구식의, 시대에 뒤진 | curriculum [kəríkjələm] 교과 과정, 교육 과정 | archaic [ɑ́ːrkéiik] 오래된, 낡은 | spoiled [spɔ́ild] 버릇 없는, 제멋대로인 | irresponsible [ìrispánsəbəl] 책임감이 없는, 무책임한 | all-time [ɔ́ːl-taim] 전대 미문의, 최고의 | up-to-date [ʌ́p-tədéit] 최신식의, 시대에 뒤지지 않는 | current [kə́ːrənt] 지금의, 현재 통용되는

Issue 23_2.mp3

다양한 시각에서 풀어놓은 다음 토론을 통해, 배경지식도 쌓고 자신의 의견도 정리해보세요.

 Opinion 1 교과 과정이 시대에 뒤떨어져 있고 지루합니다.

I hope it's okay for me to start. It hasn't been too long since I graduated from high school, so I sympathize with current high school students. There seems to be so many unnecessary classes that we have to take. **I'm sure you'll all agree with me** when I say that the curriculum is outdated and boring. Many of my friends thought that attending classes was a waste of their time. And they would sleep through classes. This might not just be a problem in Korea, but Korean schools have not been able to keep up with the rapidly changing world environment. I think that's why students are disinterested in schoolwork.

sympathize [símpəθàiz]
동감하다, 동정하다

keep up with
~에 뒤처지지 않다, ~과 보조를 맞추다

be disinterested in
~에 무관심하다

schoolwork [skú:lwə̀:rk]
학교 공부, 학업

토론 핵심 표현
· **I hope it's okay for me to start.** 괜찮다면 제가 먼저 시작하고 싶네요.
· **I'm sure you'll all agree with me ~**
　여러분 모두 ~라는 저의 의견에 동의하실 거라고 확신합니다.

괜찮다면 제가 먼저 시작하고 싶네요. 저는 고등학교를 졸업한 지 그리 오래 되지 않았기 때문에 지금의 고등학교 학생들의 심정을 공감합니다. 수강해야 할 과목들 중에 불필요한 과목이 너무 많은 것 같습니다. 교과 과정이 시대에 뒤떨어져 있으며 지루하다는 점에 대해 여러분들 모두 저의 의견에 동의하실 거라고 확신합니다. 상당수의 제 친구들은 수업을 듣는 것이 시간 낭비라고 생각했습니다. 그래서 그들은 수업 내내 잠을 자곤 했지요. 이것은 비단 한국의 문제만은 아닐 수 있지만, 한국의 학교들은 빠르게 변화하는 세계의 상황에 맞춰 따라가지 못하고 있습니다. 저는 그것이 바로 학생들이 학교 공부에 관심이 없어진 이유라고 생각합니다.

 Opinion 2 교사들과 학생들간에 세대 차이가 있어요.

I think so, too. Another problem is that as the world rapidly changes, so does the generation gap between teachers and students. Teachers that were trained in the 70s

generation gap
[dʒénəréiʃən gæp]
세대 차이

lag behind
뒤처지다, 뒤떨어지다

156

and 80s weren't taught how to use computers or the Internet, so they lag behind their students in terms of technology. **It's possible that** students feel more superior to their teachers because they have more knowledge about new technology than their teachers. Teachers need to be trained on how to use computers in their classrooms.

in terms of
~에 의하여, ~의 관점에서
superior to
~보다 월등한, 뛰어난

> 토론 핵심 표현
> · **I think so, too.** 저도 그렇게 생각해요.
> · **It's possible that ~** ~도 가능합니다

저 또한 그렇게 생각합니다. 또 다른 문제는 세상이 빠르게 변해 감에 따라 교사들과 학생들 사이의 세대 차이도 커져 간다는 점입니다. 70년대와 80년대에 교육 받은 교사들은 컴퓨터나 인터넷 사용법을 배우지 못했으므로, 기술이란 측면에서 학생들보다 뒤처집니다. 학생들 스스로가 교사들보다 더 뛰어나다고 느낄 수도 있습니다. 그것은 그들이 선생님보다 새로운 기술에 대해 더 많이 알고 있기 때문이죠. 교사들은 수업에 컴퓨터 활용하는 법을 훈련받아야 합니다.

 Opinion 3 문제는 학생과 학부모의 책임에 있어요.

That may be true, but there are traditional teaching methods that are still useful in the classroom. For example, experienced teachers know how to control the classroom by keeping their students busy. **By this, I mean that** teachers know what students need to do inside and outside the classroom to learn effectively. Traditional teaching methods like giving information and taking notes help students prepare for college. I think the problem lies in the accountability of students and parents. With so many broken homes and working parents, students need to be in a stable home and loving parents.

experienced
[ikspíəriənst]
경험을 가진, 노련한
effectively [iféktivli]
효과적으로, 유효하게
take note
기록하다, 메모하다
lie in
~에 있다, ~에 놓여 있다
accountability
[əkàuntəbíləti]
책임
stable [stéibl]
안정된, 견실한, 흔들리지 않는

> 토론 핵심 표현
> · **That may be true, but ~** 그 말도 맞을 수 있지만 ~
> · **By this, I mean that ~** 이 말은 ~라는 의미입니다

그 말도 맞을 수 있지만, 여전히 수업 시간에 효과적으로 사용할 수 있는 전통적인 교수법들도 있습니다. 예를 들면, 경험이 많은 교사들은 학생들에게 계속 과제를 줌으로써 교실을 통제하는 법을 알고 있습니다. 이 말은, 학생들이 교실의 안팎에서 효과적으로 배우기 위해 무얼 해야 하는지 교사들이 알고 있다는 뜻입니다. 정보를 주고 필기를 하는 등의 전통적인 교수법들은 학생들이 대학을 준비하는 데 도움이 됩니다. 저는 학생과 학부모의 책임에 문제가 있다고 생각합니다. 붕괴된 가정과 부모가 모두 밖에서 일을 하는 경우가 너무 많은 상황에서, 학생들에겐 안정된 가정과 사랑을 주는 부모님이 필요합니다.

 Opinion 4 학부모들은 자녀에 대해 좀 더 책임감을 가져야 합니다.

Yes, that's exactly it! We need to stop blaming teachers for our failing education system. Parents aren't allowing corporal punishment in schools anymore. This is making students be more rowdy and disrespectful of elders. People always want to believe that there's nothing wrong with their children or the way they're raising their children. They want someone else to blame, so they're blaming teachers or the education curriculum. **I'd like to suggest that** parents start being more responsible by paying more attention to how their children behave in the classroom. Learning requires discipline, which is something today's students really lack.

토론 핵심 표현
· **Yes, that's exactly it!** 네, 바로 그 점입니다!
· **I'd like to suggest that ~** 저는 ~라고 제안하고 싶습니다

네, 바로 그 점입니다! 이제 교육 제도의 실패를 교사 탓으로 돌리는 일은 그만두어야 합니다. 학부모들은 학교에서의 체벌을 더 이상 용납하지 않습니다. 이로 인해 학생들은 더욱 버릇이 없어지고 웃어른을 존경하지 않게 됩니다. 사람들은 항상 자신의 아이들에게는 그리고 자신이 아이들을 키우는 방식에는 아무런 문제가 없다고 믿고 싶어 합니다. 그들은 다른 누군가를 탓하고 싶어 하고 그래서 교사나 교육 과정을 탓하게 되는 거죠. 저는 학부모들이 좀 더 책임감을 가지고 아이들이 교실에서 어떻게 행동하는지에 보다 더 관심을 기울여야 한다고 제안하고 싶습니다. 배움의 과정에는 오늘날 학생들에게 정말로 부족한 규율이 필요합니다.

실전 토론하기   주어진 주제와 관련해 좀 더 깊이 있는 토론이 되도록 질문들을 제시했습니다.
이외에 자신이 생각하는 주제에 대해서도 함께 토론해 보세요.

1 | Why do people think there is a problem with the Korean education system?

2 | Do you think teachers should be trained in recent technology such as using the Internet or using PowerPoint presentation methods?

3 | How can we discipline rowdy children since parents nowadays don't like corporal punishment?

4 | Who is responsible for our children's education?

5 | Do you think there are problems with college education? What can the government and parents do about this problem?

내가 만든 토론 주제

1 | 기술의 급격한 발달로 인해 일부 선생님들은 변화에 적응하지 못할 수도 있어요.

- With sudden developments in technology, some teachers cannot keep up with changes.
- Some teachers have a hard time keeping up with newly developed technologies.

2 | 학교는 최신의 교육 설비들을 갖추고 있어야 해요.

- Schools should be equipped with up-to-date devices.
- It is necessary for schools to have up-to-date devices.

3 | 유학을 가는 데는 장점도 있지만 단점도 있어요.

- There are advantages and also disadvantages in studying abroad.
- Studying abroad has its ups and downs.

4 | 저는 단지 아이들이 실제로 사용할 수 있는 기술들을 습득하기 바래요.

- I just hope my children are acquiring skills that they can actually use.
- Hopefully my children are obtaining skills that will come in handy in the future.

5 | 요즘 아이들이 그들의 부모들보다 더 낫다고 말하는 것은 견해의 차이예요.

- Whether we can say today's kids have it better than their parents did is a matter of opinion.
- Saying that today's kids have it better than their parents did depends on the way you look at it.

6 | 아이들이 건방지고 버릇 없고 제멋대로인 것은 부모들 책임이에요.

- Parents should be blamed for rude, obnoxious, and misbehaving children.
- We should blame parents for allowing their children to be rude, obnoxious, and misbehaving.

7 | 요즘 학생들은 체벌을 받는 경우가 드물죠. 그래서 자기 자신을 더욱 자유롭게 표현할 수 있어요.

- Students these days rarely receive corporal punishment. This allows them to express themselves more freely.
- With rare corporal punishment practiced, students these days tend to fully express themselves.

8 | 이제 학부모는 참견을 자제하고 교사에게 아이들의 교육을 맡길 때도 됐어요.

- It's about time parents sit back and let teachers educate children.
- Parents should relax and start to trust teachers to do the educating.

Issue 24 I Have a Private English Tutor. Do You?

난 영어 과외 선생님이 있어. 너도 있니?

Let's examine Korea's obsession with learning English today. Globalization has been the key word for today's society. **Many people believe that** in order for Korea to be a part of the globalizing world, we need to teach our children how to speak English as fluently as possible. That is why English institutes have prospered in Korea. Also, there has been a shift in the emphasis from written to spoken English. Even college entrance and employment exams require better listening skills rather than grammar skills now. Everyone in Korea seems to envy people who can speak English fluently. If you can't speak English, you can't find a stable job since large corporations require interviews in English. **What's your opinion on this?**

- **Let's examine ~** ~을 살펴보죠
- **Many people believe that ~** 많은 사람들은 ~라고 믿습니다
- **What's your opinion on this?** 이 점에 대한 여러분의 의견은 무엇입니까?

private [práivit] 개인의, 과외의 | **tutor** [tjúːtər] 교사 | **obsession** [əbséʃən] 집착, 강박관념 | **globalization** [gloubəlizéiʃən] 세계화 | **fluently** [flúːəntli] 유창하게, 거침 없이 | **institute** [ínstətʃùːt] 학원, 기관 | **prosper** [práspər] 번영하다, 성공하다, 번창하다 | **shift** [ʃift] 이동, 순환, 교대 | **emphasis** [émfəsis] 강조 | **stable** [stéibl] 안정된, 견실한 | **corporation** [kɔ̀ːrpəréiʃən] 기업

161

모범 토론 엿보기   다양한 시각에서 풀어놓은 다음 토론을 통해, 배경지식도 쌓고 자신의 의견도 정리해보세요.

 Opinion 1   유창하게 말하기 위해서는 어려서 영어를 배워야 해요.

I've always had a hard time learning English. It's not an easy language. It's obvious that you have to know English to survive on the job market nowadays. I wish I had started learning English earlier, because **I firmly believe that** learning a language when you're younger can make you more fluent. **There have been many studies done on** second language learning. They say that in order to speak a language fluently, you must learn it before the age of twelve. I didn't start until I was an adult, so I have this heavy accent.

토론 핵심 표현
· **I firmly believe that ~**   저는 ~라고 굳게 믿습니다
· **There have been many studies done on ~**   ~에 관해 많은 연구가 행해졌습니다

저는 항상 영어를 배우는 데 어려움을 겪었습니다. 결코 쉬운 언어가 아니죠. 오늘날 취업 시장에서 살아 남으려면 영어를 알아야 한다는 것은 분명합니다. 저는 영어를 조금 일찍 배우기 시작했다면 좋았을 거라고 생각합니다. 더 어려서 영어를 배우면 더 유창해진다고 굳게 믿기 때문이죠. 외국어 학습에 대한 많은 연구가 행해졌습니다. 그 연구들에 의하면 한 언어를 유창하게 말하기 위해서는 12세 전에 배워야 한다고 합니다. 저는 성인이 되어서야 시작했기 때문에 발음이 매우 어색합니다.

 Opinion 2   학교에서는 모든 레벨의 아이들이 함께 영어를 배워요.

I also believe that speaking English is important. So, many parents send their children to English institutions or hire expensive private tutors in order to give their children a head start on the competitive job market. **The problem is,** public schools can't seem to provide the type of English language education that parents want. Children who are

survive [sərváiv]
살아 남다, 생존하다

firmly [fɔ́ːrmli]
단단하게, 확고하게

accent [ǽksent]
강세, 말투

head start [héd stáːrt]
유리한 출발, 순조로운 시작

competitive [kəmpétətiv]
경쟁적인, 경쟁할 수 있는

advanced [ədvǽnst]
진보한, 고급의

incompetent
[inkámpətənt]
무능한, 쓸모 없는

162

advanced English speakers have to have the same lessons as beginning level students in schools. This type of education can't work, because advanced students become bored while lower level students feel incompetent.

토론 핵심 표현

· **I also believe that ~** 저는 또한 ~라고 믿습니다
· **The problem is ~** 문제는 ~입니다

저 또한 영어를 말하는 능력이 중요하다고 생각합니다. 그래서 많은 부모들이 자녀를 영어 학원에 보내거나 비싼 돈을 들여 과외 교사를 고용하죠. 아이들이 경쟁이 심한 취업 시장에서 순조로운 출발을 할 수 있도록 하기 위해서입니다. 문제는 공교육 기관에서 학부모들이 원하는 영어 교육을 제공하지 못한다는 점입니다. 영어를 잘하는 아이들도 학교에서는 초급 수준의 학생들과 똑같은 수업을 받아야 합니다. 이런 식의 교육은 효과가 없습니다. 실력이 뛰어난 학생들은 지루함을 느끼는 반면 수준이 낮은 학생들은 열등감을 느끼게 되기 때문이죠.

 Opinion 3 많은 정보가 영어로 되어 있습니다.

That's a good point. You have to know English to be successful in Korea. I think that in twenty years, Korea may have more bilingual speakers than we do now. **It's important to** encourage English education because the business world requires it. Plus, your life would be very restricted if you didn't know English. If you don't know English, then you can't use the Internet, which has become a primary source of information. I think it'll eventually replace libraries. Since the majority of the Internet contents are in English, people have to know English.

bilingual [bailíŋgwəl]
두 나라 말을 하는

encourage [enká:ridʒ]
격려하다, 장려하다

restricted [ristríktid]
제한된, 한정된

primary [práimèri]
으뜸 가는, 주요한

content [kəntént]
내용, 기사

토론 핵심 표현

· **That's a good point.** 좋은 지적이십니다.
· **It's important to ~** ~하는 것은 중요합니다.

좋은 지적입니다. 한국에서 성공하려면 영어를 알아야 합니다. 저는 20년 후쯤이면 한국에 지금보다 2개 국어를 구사할 수 있는 사람이 더 많아질 거라고 생각합니다. 기업 세계에서는 영어 실력을 요구하므로 영어 교육을 장려하는 것이 중요합니다. 게다가 영어를 모르면 당신의 삶은 매우 제한될 것입니다. 영어를 모르면 인터넷도 사용할 수 없죠. 인터넷이 가장 중요한 정보의 원천이 되었습니다. 결국 인터넷이 도서관을 대신하게 될 거라고 생각합니다. 인터넷 내용의 대부분이 영어로 되어 있으므로, 사람들은 영어를 할 줄 알아야 합니다.

 Opinion 4 학교는 효과적으로 영어를 가르치기 위해 노력해야 합니다.

I'd like to go back to talk about English education for children. **I think we need to ask ourselves** how effective is the English education in Korea. The education provided at schools isn't enough to satisfy parents. In fact, it's considered to be a must to send children to English institutions to learn English. It's pretty hard to find children playing outside because they're so busy attending English or other institutions. Although these children will be far more advanced in English than past generations, schools need to do more to teach English effectively. Parents shouldn't have to spend so much money providing extra lessons in English outside of the regular classroom.

effective [iféktiv]
유효한, 효과적인

must [mʌst]
절대로 필요한 것, 필수품

extra [ékstrə]
별도의, 특별한

regular [régjələr]
정규의, 정기적인

토론 핵심 표현
· **I'd like to go back to talk about ~** 다시 ~에 관해 이야기하고 싶습니다
· **I think we need to ask ourselves ~**
  우리 스스로에게 ~을 물어볼 필요가 있다고 생각합니다

저는 다시 아이들의 영어 교육에 대해서 말하고 싶습니다. 우리는 한국에서의 영어 교육이 얼마나 효과적인지 자문할 필요가 있다고 생각합니다. 학교에서 제공되는 교육은 학부모들을 만족시키기에는 부족합니다. 사실 영어를 배우기 위해 아이들을 영어 학원에 보내는 것이 필수로 여겨지고 있습니다. 아이들은 영어 학원뿐만 아니라 다른 학원까지 다니느라 바쁘기 때문에 밖에서 노는 아이들을 찾아보기란 정말 어렵죠. 이러한 아이들이 과거 세대들보다 영어 실력이 훨씬 뛰어나게 된다 할지라도 학교에서는 효과적으로 영어를 가르치기 위해 더 많이 노력해야 합니다. 학부모가 정규 수업 외에 영어 과외 수업에 그렇게 많은 돈을 써서는 안 됩니다.

실전 토론하기 ▶ 주어진 주제와 관련해 좀 더 깊이 있는 토론이 되도록 질문들을 제시했습니다.
이외에 자신이 생각하는 주제에 대해서도 함께 토론해 보세요.

1 | How do you feel about English? Are you interested in learning English, or do you feel you are forced to learn?

2 | Do you think it's important to speak English on the job in Korea?

3 | Do you think English education is effective in public schools?

4 | In your opinion, why do people study English?

5 | What is a good age to learn English?

내가 만든 토론 주제

1 | 저는 한국에서 태어난 것이 정말 불행이라고 생각해요.

- I find myself being very unfortunate for being born in Korea.
- I consider myself very unfortunate because I was born in Korea.

2 | 영어를 배우러 5살짜리 아이를 어디에 보내는 것에 전적으로 반대해요. 외국어보다 먼저 모국어를 할 줄 알아야 해요.

- I am totally against sending 5-year-old kids to learn English. They need to speak their native language first before starting a second language.
- I cannot agree with when parents send their 5-year-old kids to learn a second language before mastering their native language first.

3 | 세상의 흐름에 맞춰가기 위해 영어는 필수적인 요소예요.

- If we are to keep up with the rest of the world, English is an essential factor.
- If we don't want to fall behind in the race against the world, we should be able to speak English.

4 | 영어 쓰기는 혼자서 익힐 수도 있지만, 말하기의 경우는 도움이 필요해요.

- Writing English can be learned by oneself, but for spoken English, you need to have help.
- One can learn to write English by oneself. On the other hand, to learn to speak it, you need help.

5 | 사람들은 영어를 유창하게 말하기 위해서라면 무엇이든 하려고 해요.

- People are willing to do anything to speak English fluently.
- People are too attached to learning English.

6 | 아예 제1언어를 영어로 바꾸어 버리는 건 어때요?

- Can't we just switch our first language to English?
- Why don't we just make English our first language?

7 | 영어를 배우기 위해 많은 돈을 쓰는데 정말 그럴 만한 가치가 있을까요?

- Is spending a fortune to learn English really worth it?
- Will spending a fortune to learn English pay you back in the end?

8 | 영어를 말할 수 있는 능력은 분명히 하나의 자산이 되겠지만 그것이 전부는 아니에요.

- Being able to speak English certainly is an asset, but that's not all that counts.
- It's undeniable that English speaking ability is an asset, but it isn't all that matters.

Issue 25 I Miss You, Mommy and Daddy

엄마 아빠, 보고 싶어요.

How's everyone doing today? **Let's examine** studying abroad at an early age. Studying abroad is not a new concept, but the age in which children go abroad to study has been getting younger in Korea. Many affluent parents have been sending their children to foreign countries to study the culture and language. Research shows that younger children learn languages quicker if exposed earlier. However, disputes have risen because others say that children need stable family support for their development. Most people that study abroad in western countries are college students. They have already developed a sense of identity and they are able to be independent. **I'd like to hear what you have to say about** studying abroad.

- **Let's examine ~** ~을 살펴보죠
- **I'd like to hear what you have to say about ~** ~에 관해 여러분이 무슨 말을 하는지 듣고 싶습니다

concept [kánsept] 개념, 구상, 발상 | **affluent** [ǽflu(:)ənt] 부유한, 돈이 많은 | **expose** [ikspóuz] 드러내다, ~을 접하게 하다 | **dispute** [dispjúːt] 논쟁, 논의, 언쟁 | **support** [səpɔ́ːrt] 지지, 원조, 후원 | **identity** [aidéntəti] 정체성, 주체성 | **independent** [ìndipéndənt] 남에게 의존하지 않는, 독립적인

모범 토론 엿보기 : 다양한 시각에서 풀어놓은 다음 토론을 통해, 배경지식도 쌓고 자신의 의견도 정리해보세요.

 Opinion 1 아이들의 성장에 가족의 사랑이 필수적이에요.

I think studying abroad is necessary in order for them to learn about other cultures and to develop language skills. **Then again**, it'll become a problem in Korea because so many young children are being sent abroad to learn English. These children suffer from being homesick and don't take full advantage of the situation because they are too young to know how. If children are sent too young, they are deprived of the loving care of their parents. A loving family is fundamental for the development of confident children. **For that reason, I'm against** sending young children abroad at an early age.

suffer from
~으로 고통 받다, 고생하다
homesick [hóumsìk]
향수병
take full advantage of
~을 최대한 활용하다
be deprived of
~을 빼앗기다, 박탈당하다
fundamental
[fʌ̀ndəméntl]
기본적인, 근본적인
confident [kánfidənt]
자신감 있는, 자부심이 강한

토론 핵심 표현
· **Then again** 한편, 반면에
· **For that reason, I'm against ~** 그런 이유로, 저는 ~에 반대합니다

저는 다른 나라의 문화를 배우고 언어 능력을 발달시키기 위해서 유학이 필요하다고 생각합니다. 한편, 너무나 많은 아이들이 영어를 배우기 위해 외국으로 보내지고 있기 때문에 한국에서 문제가 될 것입니다. 이러한 아이들은 향수병에 시달리며, 너무 어려서 어떻게 해야 할지 모르기 때문에 자신의 상황을 최대한 활용하지 못합니다. 아이들이 너무 어린 나이에 보내지면, 부모의 애정 어린 보살핌도 받지 못하죠. 사랑을 주는 가족은 아이들이 자신감 있게 성장하는 데 필수적입니다. 그런 이유로 저는 아이들을 어린 나이에 유학 보내는 것에 반대합니다.

 Opinion 2 아이들은 다른 문화에 더 잘 적응하고 동화돼요.

I absolutely disagree with you. Experts say that children need to be exposed to a second language at an early age to speak like a native. Children are better at adapting and immersing into another culture than adults, so there is less chance of being homesick. Perhaps elementary

adapt [ədǽpt]
적응하다, 순응하다
immerse [imə́:rs]
빠져들게 하다, 동화되다
elementary [èləméntəri]
초등학생의
discipline [dísəplin]
단련, 훈련, 질서

age is too young since children don't have the discipline to be independent, but students over that age should be sent abroad if given the chance. It'll open their eyes to different ways of lifestyles.

lifestyle [láifstáil]
생활 양식

> 토론 핵심 표현
> · **I absolutely disagree with you.** 저는 당신의 의견에 전적으로 반대합니다.
> · **Experts say that ~** 전문가들은 ~라고 말합니다

저는 당신의 의견에 전적으로 반대합니다. 전문가들은 실제 원어민처럼 말하려면 어린 나이에 제2언어에 노출될 필요가 있다고 말합니다. 아이들은 어른들보다 다른 문화에 더 잘 적응하고 동화됩니다. 그래서 향수병에 걸릴 가능성도 적죠. 아마 초등학교 정도 나이의 아이들은 아직 독립적으로 생활할 훈련을 받지 않아서 너무 어리다고 할 수 있지만, 그 나이 이상의 학생들은 기회가 주어진다면 외국으로 가야 합니다. 다양한 삶의 방식에 눈을 뜨게 해 줄 것입니다.

 Opinion 3 유창한 영어 실력은 좋은 직장을 구할 때 장점이에요.

You might have a point there. You'll have a better chance of finding a good job in Korea if you have fluency in English. If you can develop that fluency at an early age, you're already a step ahead of the crowd. **That's the main goal for** parents sending their children abroad to study. This dash to study abroad will not subside anytime soon because we're in an age of globalization. Besides, the more fluent you are in English, the higher the chances you have of entering foreign universities. Having a degree from a non-Korean university is a strong asset when job-hunting.

dash [dæʃ]
돌진, 열풍, 기세
subside [səbsáid]
가라앉다, 주저앉다
degree [digríː]
학위
asset [ǽset]
자산, 강점, 장점

> 토론 핵심 표현
> · **You might have a point there.** 당신 말에도 일리가 있을 수 있습니다.
> · **That's the main goal for ~** 그것이 ~의 주된 목적입니다

당신 말에도 일리가 있을 수 있습니다. 영어를 유창하게 말할 수 있다면 한국에서 좋은 직장을 구하게 될 가능성이 커지죠. 어린 나이에 영어를 잘하는 능력을 기를 수 있다면 이미 당신은 다른 사람들보다 한발 앞서 있는 것이니까요. 이것이 바로 부모들이 아이들을 유학 보내는 주된 목적입니다. 우리는 세계화 시대를 살고 있기 때문에 이런 조기 유학 열풍은 한동안 수그러들지 않을 겁니다. 게다가 영어가 유창하면 할수록, 외국 대학에 입학할 수 있는 가능성도 그만큼 커집니다. 한국 대학이 아닌 곳에서 학위를 취득하는 것은 일자리를 구할 때 강력한 장점이 될 수 있죠.

 Opinion 4 외국으로 보내는 것이 유일한 방법은 아닙니다.

Your views are hard to accept because parents can begin teaching their children English at home. Children learn best when their parents take an active role in their education. **I would urge** parents to study the culture and the language with their young children at home rather than sending them abroad. Merely sending them off to foreign countries won't encourage language learning. Studying abroad should be limited to more mature students like late high school or college students. This is the age when they can be more independent from their parents and be responsible for themselves. They will also be more willing to accept the culture.

urge [əːrdʒ]
적극 권하다, 설득하다
be limited to
~로 제한하다, 한계를 두다
be responsible for
~에 책임이 있다

토론 핵심 표현
· **Your views are hard to accept because ~**
  당신의 의견은 ~이기 때문에 받아들이기 어렵군요
· **I would urge ~** 저는 ~을 권하고 싶습니다

당신의 의견은 부모들이 가정에서도 아이들에게 영어를 가르칠 수 있다는 점에서 받아들이기 어렵군요. 아이들은 부모가 그들의 교육에 적극적인 역할을 해 줄 때 가장 잘 배울 수 있습니다. 저는 부모가 아이들을 외국으로 보내기보다는 가정에서 아이들과 함께 그 문화와 언어를 학습하도록 권하고 싶습니다. 단지 외국으로 아이들을 보내는 것만이 언어 학습을 잘하도록 만드는 것은 아닙니다. 외국 유학은 고등학교 상급생이나 대학생 등 좀 더 성숙한 학생들을 대상으로 제한되어야 합니다. 이때가 바로 부모로부터 독립하여 그들 스스로를 책임질 수 있는 나이입니다. 그들은 또한 좀 더 적극적으로 문화를 받아들일 수 있을 겁니다.

주어진 주제와 관련해 좀 더 깊이 있는 토론이 되도록 질문들을 제시했습니다.
이외에 자신이 생각하는 주제에 대해서도 함께 토론해 보세요.

1 | Would you send your children abroad to study? Why or why not?

2 | Do you think there are ways of alleviating being homesick for young children studying abroad?

3 | Are there any ways of getting children accustomed to a new culture and language without sending them abroad to study?

4 | What do you think might be the biggest problem for young children sent abroad to study?

5 | Do you think the mad rush to study abroad is just a fad, or do you think it will continue?

내가 만든 토론 주제

앞의 질문들에 대답할 때 아래 문장들을 활용해 보세요.

1 | 저는 유학을 간 학생들이 자신들이 거기에 있는 이유조차 몰라서 실패하게 되는 경우를 보았어요.

- I've seen some cases where students studying abroad turn out very bad because they don't know why they are there.
- Some students studying abroad do not know the reason for them being there. Therefore it is possible for them to turn out bad.

2 | 성장기에는 엄마와 아빠가 꼭 필요해요.

- You really need your mommy and daddy when you're growing up.
- Your parents have to be there for you when you're a teenager.

3 | 어렸을 때 다른 문화를 체험하면 문화적 차이를 개방적으로 받아들일 수 있게 되죠.

- Experiencing other cultures when you're young opens up your mind to accept the differences.
- If you experience other cultures at an early age, you won't have any problems accepting the differences.

4 | 때로 어린이들이 문화적 차이를 가진 새로운 문화에 적응하는 것이 너무 힘들 수 있어요.

- It's sometimes hard for young children to adapt to a new and different culture.
- Young children have a hard time to adjust to a new and different culture.

5 | 부모로부터 떨어져 살면 책임감과 독립심이 더욱 강해질 수 있어요.

- When you live away from your parents, you could become more responsible and independent.
- Living away from parents can help children be more responsible and independent.

6 | 외국어를 원어민처럼 말하고 싶으면, 그 언어가 사용되는 나라에 가야 해요.

- If you want to speak a second language like a native speaker, you have to be in a country where the language is spoken.
- It's better to learn a language where it is spoken to speak like a native person.

7 | 저는 서양의 교육 제도가 훨씬 더 성공적이라고 말하고 싶어요.

- The western education system, I would say, is far more successful.
- I have to admit the education system over there makes much more sense than here.

8 | 우리 아이들에게 서구 문화와 똑같은 환경을 만들어 주는 것이 절대로 불가능한 것일까요?

- Is it really impossible to provide our children the same environment as the one in western culture?
- Can we not try to give our children the same environment as the one in western culture?

Issue 26 Psst! What's the Answer?

있잖아! 답이 뭐야?

I'm sure everyone has cheated or tried to cheat at least once in their lives, whether it was on a test or on a research paper. As a teacher, I've seen so many different ways students cheat. Now, it's becoming high tech and easier with the Internet. Students can just cut and paste information from the Internet onto their research papers and plagiarize. This problem makes teachers come up with prevention methods like requiring students to turn in their outlines and rough drafts to see all the steps of the writing process. I know several different websites that sell report papers to students for a nominal fee. Students can even post their schoolwork online and have Internet users do their homework for them. This is a dishonest work. It's definitely a hindrance to learning. **So, what can we do?**

- **I'm sure ~** 저는 ~라고 확신합니다
- **So, what can we do?** 자, 우리는 어떻게 해야 할까요?

psst [pst] 저, 잠깐 | **cheat** [tʃiːt] 속이다, 부정 행위를 하다 | **at least** 적어도 | **high tech** [hai ték] 첨단 기술 | **cut and paste** 잘라 붙이다 | **plagiarize** [pléidʒiəràiz] 도용하다, 표절하다 | **come up with** 제안하다, 생각해 내다 | **turn in** 제출하다 | **rough draft** [rʌf drǽft] 초안 | **nominal** [nάmənl] 아주 적은, 이름만의 | **hindrance** [híndrəns] 방해, 장애

173

Issue 26_2.mp3

다양한 시각에서 풀어놓은 다음 토론을 통해, 배경지식도 쌓고 자신의 의견도 정리해보세요.

Opinion 1 구입한 리포트를 읽거나 검색을 통해서도 배울 수 있어요.

Let me begin by saying that I think it's easy to plagiarize with information from the Internet. Teachers can't know everything online. Besides, students are more computer-savvy than teachers, so they can find lots of sites they can plagiarize from. It's not a big problem because all the students do it. The students have to read the paper they buy before they submit it, so in a way, that's part of their research. They're still learning when they search the Internet. **Wouldn't you say that's true?**

savvy [sǽvi]
~에 밝은, 정통한
submit [səbmít]
제출하다, 제시하다
research [risə́:rtʃ]
연구, 조사

토론 핵심 표현
· **Let me begin by saying that ~** ~라고 말하면서 시작하고 싶군요
· **Wouldn't you say that's true?** 제 말이 맞다고 생각하지 않으세요?

인터넷에서 정보를 표절하는 것이 쉽다는 점을 언급하면서 시작하고 싶군요. 교사들도 온라인상에 있는 것을 다 알 수는 없습니다. 게다가 학생들은 교사들보다 컴퓨터를 더 능숙하게 다루죠. 그래서 표절할 만한 사이트를 많이 찾을 수 있습니다. 모든 학생들이 이렇게 하므로 크게 문제될 것은 없습니다. 학생들은 어쨌든 제출하기 전에 자신들이 구입한 리포트를 읽어야 하므로 어떤 면에서는 그것도 연구의 일부라할 수 있죠. 인터넷을 검색하면서도 배울 수 있고요. 제 말이 맞다고 생각하지 않으세요?

Opinion 2 시험을 잘 보기 위해 숙제나 리포트에 쓸 시간이 없어요.

That may be somewhat true. Many students cheat through the Internet. They can learn things they can't learn in the classroom. **What's more,** students are under so much pressure nowadays. They have to find alternative ways to be at the head of their class. It's especially stressful for students in Korea. They have to have really good test scores. They don't have a lot of time to spend on doing

be under pressure
압력을 받다, 스트레스를 받다
alternative [ɔ:ltə́:rnətiv]
대안의, 차선의
at the head of
~의 선두에 서서
stressful [strésfəl]
긴장이 많은, 스트레스가 많은
excel [iksél]
남을 능가하다, 남보다 낫다

174

their homework or papers. They have to memorize as much information as they can to excel on their tests. If they don't do well on their tests, then they are viewed as failures by their parents.

토론 핵심 표현
· **That may be somewhat true.** 그 말도 어느 정도는 맞을 수 있겠네요.
· **What's more** 더군다나

그 말도 어느 정도는 맞을 수 있겠네요. 많은 학생들이 인터넷을 이용해 부정 행위를 하죠. 그들은 수업 시간에 배우지 못하는 것들을 배울 수도 있습니다. 더군다나 요즘 학생들은 엄청난 압박을 받고 있죠. 그들은 학급의 상위권에 오르기 위해 대안들을 찾아야 합니다. 특히 한국의 학생들은 정말 스트레스를 많이 받죠. 그들은 진짜 좋은 성적을 받아야 합니다. 숙제나 리포트를 쓰는 데 투자할 시간이 별로 없습니다. 남보다 시험을 잘 보기 위해 가능한 한 많은 정보를 암기해야 하죠. 시험을 잘 보지 못하면, 부모들은 그들을 낙오자로 생각할 거예요.

 Opinion 3 부정 행위에 엄중한 책임을 물어야 해요.

I can't agree with your opinions. There needs to be severe consequences for students who cheat. If they get away with cheating, then they'll grow up to be adults who try to cheat through life. What kind of society would we live in if everyone cheated? Students should be punished gravely. We need to train our children to live by doing honest work instead of taking the easy way out. Anything that's easily gained is also easily lost.

토론 핵심 표현
· **I can't agree with your opinions.** 저는 당신의 의견에 동의할 수 없어요.
· **There needs to be ~** ~이 있어야 합니다

저는 당신의 의견에 동의할 수 없어요. 부정 행위를 하는 학생들에게는 그에 대한 엄중한 결과(처벌)가 있어야 합니다. 그들이 부정 행위를 하고도 무사히 넘어간다면, 일생 동안 부정 행위를 하려는 성인으로 성장할 것입니다. 모든 사람들이 부정 행위를 한다면 우리는 어떤 세상에서 살아가게 될까요? 학생들은 엄중히 처벌 받아야 합니다. 아이들에게 쉬운 방법을 택하기보다는 정직하게 일하면서 살도록 하는 훈련을 시켜야 합니다. 쉽게 얻은 것은 그만큼 쉽게 잃게 됩니다.

 Opinion 4 부모의 압박이 더 큰 문제입니다.

You might have a point there. Children should be taught not to cheat, but I think the biggest problem is parents in Korea. They put so much pressure on their children to get into top universities. Children feel compelled to cheat on their tests to be at the head of their class. Children in Korea study a lot more than their counterparts in western countries. This pressure makes them want to cheat. Teachers and parents should encourage children to learn how to use their own ideas instead of forcing them to memorize useless information. **Let's talk about this further next time.**

compel [kəmpél]
억지로 시키다, 강요하다

counterpart
[káuntərpà:rt]
상대, 대조물

force A to do
A로 하여금 억지로 ~하게 하다

토론 핵심 표현
· **You might have a point there.** 그 점에도 일리가 있을 수 있습니다.
· **Let's talk about this further next time.** 다음 번에 좀 더 이야기하도록 하죠.

그 점에도 일리가 있을 수 있습니다. 아이들은 부정 행위를 해서는 안 된다는 것을 배워야 합니다. 그렇지만 저는 한국에서 가장 큰 문제는 부모들이라고 생각합니다. 부모들은 아이들에게 일류 대학에 들어가야 한다고 엄청나게 압박을 가하죠. 아이들은 학급에서 선두가 되기 위해서는 시험 볼 때 부정 행위라도 할 수밖에 없다고 느끼게 됩니다. 한국의 아이들은 서구권 국가의 아이들에 비해서 훨씬 더 공부를 많이 합니다. 이러한 압박감이 부정 행위를 하고 싶게 만드는 것이죠. 교사와 부모는 아이들이 쓸모 없는 정보들을 달달 암기하도록 강요하기보다는 자신의 생각을 활용하는 방법을 배울 수 있도록 도와주어야 합니다. 다음 번에 좀 더 이야기하도록 하죠.

주어진 주제와 관련해 좀 더 깊이 있는 토론이 되도록 질문들을 제시했습니다.
이외에 자신이 생각하는 주제에 대해서도 함께 토론해 보세요.

1 | Do you think many students plagiarize on their research and report papers?

2 | Why do students cheat? Is it because they feel pressured to receive high scores, or is it human nature?

3 | What sort of punishment should be given to students who cheat on tests or papers?

4 | What kinds of prevention methods are there for cheating?

5 | The Internet has made it easier for students to plagiarize. Do you think this problem can ever be stopped, or will it get worse?

내가 만든 토론 주제

1 | 이것 봐요. 여러분 모두 살면서 적어도 한 번쯤은 부정 행위를 해 보았을 텐데요.

- Come on! I'm sure all of you have cheated at least once in your life.
- Admit it! Haven't you ever cheated in your entire life? Not even once?

2 | 솔직히 저도 부정 행위를 하고도 처벌 받지 않을 것을 확신했다면 그렇게 했을 거예요.

- Honestly, I would do it if I knew for sure that I could get away with it.
- If it were guaranteed that I would not get caught, I would do it.

3 | 다른 사람이 쓴 에세이를 온라인에서 사는 것은 자기 자신과 다른 사람들을 속이는 짓이에요.

- You're deceiving yourself and others when you buy already written essays online.
- Buying already written essays online is a sly thing to do.

4 | 결과가 당신이 원하는 대로 되지 않을 수 있지만 최선을 다해야 해요.

- You have to try your best although the results might not turn out the way you want.
- Trying hard is what counts even if the results are unsatisfactory.

5 | 표절 행위는 엄하게 처벌 받아야 해요.

- Plagiarism should harshly be punished.
- When plagiarism takes place, there should be disastrous consequences.

6 | 학생들을 비난하기보다는 해결책을 찾기 위해 노력해야 할 거예요.

- Rather than criticizing students, maybe we should try to find a solution.
- Instead of criticizing students, we need to try to come up with a solution.

7 | 어떤 교사들은 사실 학생들이 부정 행위를 하는 것을 알고 있지만 그 수가 너무 많기 때문에 그냥 내버려두지요.

- Some teachers are actually aware of their students cheating but let them get away with it because there're just too many.
- There are just too many students to punish for plagiarism. Some teachers just ignore them.

8 | 더 좋은 성적을 받아야 한다는 압박감 때문에 시험에서 부정 행위를 하게 되지요.

- The pressure to get better grades makes them cheat on exams.
- They cheat because they are pressured to get better grades.

Issue 27 Curious about Sex

성에 대해 궁금한

Right, let's begin the discussion of sex education in school. As the number of sexually active teenagers is on the rise, it has become more and more important to educate them about sex. One suggestion is that schools should provide education about sex just like they provide other kinds of education. Many people consider sex to be taboo, and thus would rather avoid the issue altogether. However, others argue that it's necessary because ignorance about sex leads to many problems such as rape and unwanted pregnancy. The real issues at stake are whether or not schools are capable of teaching children and teenagers about this subject. **What do you think about it?**

- **Right, let's begin the discussion of ~** 자, ~에 관한 토론을 시작하죠
- **What do you think about it?** 여러분은 그것에 대해 어떻게 생각하시나요?

active [ǽktiv] 활발한, 활동적인, 의욕적인 | **educate** [édʒukèit] 교육하다, 훈련하다 | **taboo** [təbúː] 금기, 꺼리는 말 | **ignorance** [ígnərəns] 무지, 무식 | **rape** [reip] 강간 | **pregnancy** [prégnənsi] 임신 | **at stake** 위태로운 | **be capable of** ~할 능력이 있다

모범 토론 엿보기   다양한 시각에서 풀어놓은 다음 토론을 통해, 배경지식도 쌓고 자신의 의견도 정리해보세요.

 Opinion 1   성교육은 학교에서 실시되어야 합니다.

Absolutely, sex education needs to be taught in school. **That seems clear enough. There are way too many problems related to** sex nowadays. Teen pregnancy is always an issue, and it seems to me that STDs are never going to go away. We can't expect our students to understand all the problems that come with sex if we don't do a good job teaching them. Since students expect to learn things at school, then it just makes sense that it's where sex education should be taught as well.

STD(Sexually Transmitted Disease)
성병

go away
사라지다, 없어지다

make sense
이치에 닿다, 논리에 맞다

토론 핵심 표현

· **That seems clear enough.** 그게 확실해 보이네요.
· **There are way too many problems related to ~**
   ~과 관련된 문제들이 너무도 많습니다

분명히 성교육은 학교에서 실시되어야 합니다. 그게 확실해 보이네요. 요즈음에는 성과 관련된 문제들이 너무도 많습니다. 10대 임신은 항상 문제가 되고 있으며 제가 보기에 성병은 결코 사라지지 않을 것 같아요. 우리가 잘 가르치지 않는다면 학생들이 성과 관련된 문제들을 모두 이해할 거라고 기대할 수는 없어요. 학생들은 학교에서 뭔가를 배울 거라고 기대하기 때문에 성교육 역시 학교에서 행해지는 것이 이치에 맞는 거죠.

 Opinion 2   성교육을 하는 것은 학교의 책임이 아닙니다.

I couldn't agree less. Students need to spend their time at school preparing for college. They're already overloaded with science, math, literature, and history. If you think about all the other things they do including extracurricular activities, where do you think we'll be able to include sexual education courses? It's a complete waste of time. In

overload [òuvərlóud]
부담을 너무 많이 주다, 짐을 많이 지우다

extracurricular
[èkstrəkəríkjələr]
과외의, 정규 과목 이외의

responsibility
[rispànsəbíləti]
책임, 책무, 의무

addition, it's not the school's responsibility to teach sex education. **Who's to say** it even works? I don't think teaching kids about sex is going to prevent them from having it.

토론 핵심 표현
- **I couldn't agree less.** 저는 조금도 동의할 수 없어요.
- **Who's to say ~ ?** 누가 ~라 말할 수 있나요?

저도 조금도 동의할 수 없어요. 학생들은 학교에서 대학을 준비하는 데에 시간을 써야 해요. 그들은 이미 과학, 수학, 문학 그리고 역사 과목만으로도 부담스러워하고 있어요. 과외 활동 등을 포함해 그들이 해야 할 다른 모든 것들을 고려해 본다면 우리가 성교육 과정을 어디에 포함시킬 수 있다고 생각하세요? 그것은 완전히 시간 낭비입니다. 게다가 성교육을 하는 것은 학교의 책임이 아니에요. 이것이 효과가 있다고 누가 말할 수 있을까요? 저는 아이들에게 성에 관해서 가르친다고 해서 성행위를 막을 수 있다고 생각하지 않아요.

 Opinion 3 학생들이 성교육을 진지하게 받아들이도록 노력해야 해요.

That's crazy. Knowing about the risks involved with having sex definitely makes kids think more before having sex. If you know about STDs and pregnancy risks, then **I think you definitely would** think before you act. I think that the bigger problem is trying to get students to take the sex education course seriously. There are a lot of conservative teachers out there who are probably uncomfortable talking about this subject. Imagine trying to get them to teach students about sex. The students would probably just laugh and not take anything seriously.

seriously [síəriəsli]
진지하게, 엄숙하게

conservative
[kənsə́:rvətiv]
보수적인, 조심스러운

uncomfortable
[ʌ̀nkʌ́mfərtəbəl]
기분이 언짢은, 마음이 불편한

토론 핵심 표현
- **That's crazy.** 말도 안 돼요.
- **I think you definitely would ~** 당신은 분명히 ~하게 될 거라고 생각해요

그건 말도 안 돼요. 성행위가 초래할 위험을 알고 있다면 분명히 아이들은 성행위를 하기 전에 더 생각해 보게 될 겁니다. 당신이 성병이나 임신의 위험을 알고 있다면, 저는 분명히 당신이 행동으로 옮기기전에 생각하게 될 거라고 생각해요. 더욱 큰 문제는 학생들이 성교육 과정을 진지하게 받아들이도록 노력해야 한다는 점입니다. 아마도 이런 주제들에 대해 이야기하는 것을 불편해 하는 보수적인 교사들이 많을 거예요. 그들로 하여금 학생들에게 성교육을 하게 만든다고 상상해 보세요. 학생들은 아마 웃기만하고 전혀 진지하게 받아들이지 않을 겁니다.

 Opinion 4 가까운 사람들에게서 성교육을 받는 것이 더 나아요.

I entirely agree with you. Even though I think sex education is absolutely important, I'm not sure school is the right place for it. What about friends or parents? **Don't you think** it would be better to learn about sex education from people closer to you? Also, it seems to me there are many sources online, as well as in the general media such as television and film. I think young people nowadays get plenty of sex education with or without school. I can't say for certain if it's all accurate, but with a little guidance from friends, I think they should be OK.

for certain
확실히
accurate [ǽkjərit]
확실한, 정확한
guidance [gáidns]
안내, 지도, 길잡이

토론 핵심 표현
· **I entirely agree with you.** 전적으로 당신의 의견에 동의해요.
· **Don't you think ~** ~라고 생각하지 않나요?

전적으로 당신의 의견에 동의합니다. 저는 성교육이 정말 중요하다고 생각하지만, 학교가 성교육을 하기에 적당한 곳인지는 확신이 서지 않는군요. 친구나 부모님은 어떤가요? 가까운 사람들에게서 성교육에 관해 배우는 것이 더 낫다고 생각하지 않으세요? 또한 저는 TV나 영화와 같은 일반적인 매체뿐만 아니라 인터넷상에도 많은 자료들이 있다고 생각해요. 저는 요즘 청소년들은 학교에서 혹은 학교가 아니더라도 충분히 많은 성교육을 받고 있다고 생각해요. 그런 교육이 모두 정확하다고 확실히 말할 수는 없지만 친구들로부터 조금만 조언을 받는다면, 괜찮을 거라고 생각해요.

실전 토론하기

주어진 주제와 관련해 좀 더 깊이 있는 토론이 되도록 질문들을 제시했습니다.
이외에 자신이 생각하는 주제에 대해서도 함께 토론해 보세요.

1 | Should sex education be taught in school? Why or why not?

2 | Do you think teachers will have difficulty getting the students to take them seriously?

3 | What ways of teaching sex education might be effective?

4 | If not at school, then where might students learn about sex education?

5 | Does sex education work? Why or why not?

내가 만든 토론 주제

1 | 요즘 성에 대해 적극적인 청소년들이 많다니 정말 믿기가 어렵군요.
- It is very hard to believe that there are many sexually active teenagers these days.
- You have to admit that there are teenagers who are sexually active these days.

2 | 생물을 공부하는 것과 성교육은 분명히 달라요. 혼동하지 마세요.
- There is a clear difference between learning biology and sex education. Don't get them mixed up.
- Biology is a different subject from sex education. Don't be confused.

3 | 어른들이 먼저 청소년들에게 터놓고 이야기할 수 있어야 해요. 성에 관해 이야기해도 괜찮다는 것을 그들에게 알려줘야 해요.
- Adults need to open up with teenagers first. Let them know that it's okay to talk about sex.
- Adults should take the initiative in talking about sex with teenagers to let them know.

4 | 대부분의 청소년들은 성이란 금기시되어야 하는 것으로 잘못 알고 있어요.
- Most teenagers are misled by the idea that sex is forbidden.
- Most teenagers get the wrong idea from adults that sex is banned.

5 | 성교육을 시작하기 위해서는 어떻게 실시해야 할지 생각해야 해요.
- To start sex education, we have to consider how it can be done.
- We have to put a lot of thoughts into how sex education can be done.

6 | 내 말 좀 들어요. 성교육은 다른 교양 과목만큼이나 중요하다니까요.
- Listen up. Sex education is not less important than other academic courses.
- I'm telling you. Sex education is as important as other academic courses.

7 | 성교육을 통해 학생들은 성관계에 뒤따르는 모든 결과들을 알 수 있게 되죠.
- With sex education students can be aware of all the consequences that come along with it.
- By taking the course, students will learn all the after effects of sex.

8 | 저는 학창 시절에 한 번도 성교육을 받은 적이 없지만 지금 아무 이상 없어요.
- I've never had sex education when I was a student, but I turned out all right.
- In the old days, there was no sex education, but I am perfectly fine now.

Issue 28 To Beat or Not to Beat, That Is the Question

때리느냐 마느냐, 그것이 문제로다.

We're here today to discuss corporal punishment. As you all know, there are many ways to punish young students. Some of them have been shown to be more effective than others. One method, which has been used for a very long time, is corporal punishment, or in other words, physically hitting students using rods or bare hands. Many people believe this to be a perfectly reasonable way to punish a student who behaves badly. Other people claim that it is barbaric and unnecessary. They say that it's outdated and has no place in a modern society. We want to look at how corporal punishment has been administered in schools, what kind of effect it has, and whether or not it should continue. **Now, let's go around the table and hear everyone's opinion.**

- **We're here today to discuss ~** 우리는 오늘 이 자리에서 ~에 관해 토론하고자 합니다
- **Now, let's go around the table and hear everyone's opinion.**
  자, 테이블을 돌아가면서 모든 사람들의 의견을 들어 보죠.

corporal [kɔ́ːrpərəl] 신체의, 육체의 | **effective** [iféktiv] 유효한, 효과적인 | **physical** [fízikəl] 육체의, 신체적인 | **rod** [rɑd] 회초리, 막대 | **bare hand** [bɛ́ər hǽnd] 맨손 | **behave** [bihéiv] 행동하다, 예절 바르게 행동하다 | **barbaric** [bɑːrbǽrik] 야만적인, 세련되지 않은 | **outdated** [áutdéitid] 구식의, 시대에 뒤진 | **administer** [ædmínəstər] 실행하다, 실시하다, 운영하다

모범 토론 엿보기 : 다양한 시각에서 풀어놓은 다음 토론을 통해, 배경지식도 쌓고 자신의 의견도 정리해보세요.

 Opinion 1 교사들이 체벌을 남용할 수도 있어요.

I would say that it is difficult to support corporal punishment. There are just too many instances where teachers get out of control and beat their students and end up sending them to the hospital. We can't give teachers that much power because it can be easily abused. If teachers are tired and cranky, or if they're upset about something else, they just end up taking it out on students. **I think it's clear that** teachers are only human and they give in to these human impulses. People make mistakes and I don't think it's fair for those mistakes to end up in violence against students.

get out of control
제어할 수 없게 되다

end up -ing
결국 ~하게 되다

abuse [əbjúːz]
남용하다, 오용하다, 학대하다

cranky [krǽŋki]
괴팍한, 심기가 뒤틀린

upset [ʌpsét]
화가 난

take it out on
~에게 화풀이하다

give in to
항복하다, 굴복하다

impulse [ímpʌls]
충동, 욕구, 자극

토론 핵심 표현
· **I would say that it is difficult to support ~**
  나는 ~을 지지하기는 어렵다고 말하겠어요
· **I think it's clear that ~** ~은 확실하다고 생각해요

저는 체벌을 지지하기는 어렵다고 말하겠어요. 교사들이 자제력을 잃고 학생들을 때려 결국 학생들이 병원에 입원하게 되는 경우가 너무 많아요. 우리는 교사들에게 그럴 정도의 권한을 주어서는 안 됩니다. 쉽게 남용될 수 있기 때문이죠. 만일 교사가 피곤하고 심기가 불편하거나, 어떤 다른 일로 화가 나 있으면, 그들은 그냥 학생들에게 화풀이를 해 버립니다. 저는 분명히 교사들도 사람이며 그들이 이러한 인간적인 충동에 굴복할 수밖에 없다고 생각합니다. 사람이므로 실수를 할 수 있지만 그러한 실수들이 학생들에 대한 폭력으로 이어지는 것은 정당하지 않다고 생각합니다.

 Opinion 2 학생들의 버릇 없는 행동을 바로잡기 위해 필요해요.

I totally disagree with you. Do you have any idea what students are like these days? They have no manners, no respect, and they don't care about anything. It's worse because they know that no matter what they do, teachers

manner [mǽnər]
예의범절, 예절

care about
~에 마음 쓰다, 관심을 가지다

setting [sétiŋ]
환경, 배경, 상황

aren't allowed to hit them. Corporal punishment has been shown to work in lots of settings. Sure, some teachers get out of line. But **it seems to me that** a lot more students are the ones who cause trouble. Every once in a while, a simple smack to the head is what a student needs to understand. Is it humiliating? Maybe. But maybe it's the kind of humiliation which will keep kids behaved.

out of line
도가 지나친

smack [smæk]
찰싹 때리기

humiliation [hjuːmìliéiʃən]
모욕, 창피

토론 핵심 표현
· **I totally disagree with you**. 나는 전적으로 당신의 의견에 반대합니다.
· **it seems to me that ~** 저에게는 ~인 것 같습니다

저는 전적으로 당신의 의견에 반대합니다. 요즈음 아이들이 어떤지 알고 계세요? 예의도 없고 존경심도 없고 어떤 것도 꺼려하지 않죠. 무슨 일을 저지르든지 교사들이 자신들을 때릴 수 없다는 것을 알고 있기 때문에 더욱 심각합니다. 체벌이 다양한 상황에서 효과가 있는 것으로 밝혀졌습니다. 물론 도가 지나친 교사들도 있지요. 하지만 학생들이 문제를 일으키는 경우가 더 많다고 생각합니다. 어쩌다 한 번 머리를 한 대 쥐어박는 정도는 학생들이 이해해야 합니다. 그것이 수치스러운 건가요? 아마 그럴 수도 있겠죠. 그렇지만 그런 모욕감도 학생의 행동을 바로잡는 데 도움이 되지요.

 Opinion 3 체벌은 결코 해결책이 아닙니다.

You've got that wrong. It's the kind of humiliation which makes kids think about revenge. The simple answer is that violence is never the solution. It creates bad feelings and teaches the wrong lesson. Kids learn that violence is a good way to solve things. **That's just wrong.** They'll be embarrassed and think about ways to get back at the teacher. It's bad for the teacher as well. It gets easier and easier to just hit a kid rather than explain what is unacceptable and find a suitable punishment. It only starts a bad cycle.

revenge [rivénʤ]
복수, 앙갚음, 보복

lesson [lésn]
교훈, 가르침, 훈계

get back at
되갚다

unacceptable
[ʌnəkséptəbəl]
받아들이기 어려운, 용인할 수 없는

suitable [súːtəbəl]
적당한, 어울리는

당신은 틀렸어요. 그것은 학생들로 하여금 복수를 생각하게 하는 종류의 모욕입니다. 간단히 대답하자면 폭력은 결코 해결책이 아니라는 거예요. 그것은 나쁜 감정을 유발하며 잘못된 가르침을 주죠. 아이들은 폭력이 문제를 해결하는 좋은 방법이라고 배우게 됩니다. 그건 잘못된 거죠. 그들은 수치심을 느끼고 교사에게 되갚아줄 방법을 생각하게 돼요. 이것은 교사에게도 좋지 않아요. 아이들에게 용납할 수 없는 것이 무엇인지 설명해 주고 적절한 처벌을 찾기보다는 먼저 때리는 것이 쉬워지기 때문이죠. 악순환이 시작되는 것이지요.

 Opinion 4 체벌은 학부모의 결정 사항으로 남겨 두는 것이 좋겠어요.

Yes, **that's a good point, but** I think what's needed here is a middle ground. I think corporal punishment does have a place in our society. **I'm not sure** where that is though. I think parents need to be more involved. Perhaps it's best to leave corporal punishment up to the parents' decision. Perhaps we could get them to sign forms, which allow their children to be hit by teachers and under what circumstances. Then a teacher couldn't abuse the system and students wouldn't feel free to act out as much. Don't you think that might work?

middle ground
[mídl graund]
중용, 중도

up to
~이 해야 할, ~의 의무인

circumstance
[sə́ːrkəmstæ̀ns]
사정, 상황, 형편

feel free to
마음 놓고 ~하다

act out
멋대로 행동하다, 말썽 피우다

네, 좋은 지적이시지만, 저는 여기서 필요한 것은 적절한 타협이라고 생각해요. 저는 체벌이 우리 사회에서 필요한 상황이 있다고 생각해요. 그게 어떤 상황인지 확신할 순 없지만 말이죠. 학부모가 좀 더 개입할 필요가 있다고 생각합니다. 아마 체벌의 문제는 학부모의 결정 사항으로 남겨 두는 것이 최선책일 것입니다. 어쩌면 상황에 따라 선생님이 학생을 때려도 좋다는 동의서에 학부모의 서명을 받을 수도 있을 것입니다. 그러면 교사는 이 제도를 남용하지 않을 것이며 학생들도 그렇게 멋대로 행동해도 된다고 생각하지 않을 거예요. 이것이 효과적일 수 있다고 생각하지 않으세요?

무작정 따라하기 ❷

실전 토론하기

주어진 주제와 관련해 좀 더 깊이 있는 토론이 되도록 질문들을 제시했습니다.
이외에 자신이 생각하는 주제에 대해서도 함께 토론해 보세요.

1 | Is corporal punishment necessary? Why or why not?

2 | How does corporal punishment affect students?

3 | What does corporal punishment say about violence in our society?

4 | What kind of problems are associated with corporal punishment?
How can we change them?

5 | What other methods of punishment are there? Does corporal
punishment work as well as they do?

내가 만든 토론 주제

1 | 가게에서 사탕을 훔친 적이 있었는데, 엄마에게 엄청 맞았죠. 그 후로 도둑질은 꿈도 꾸지 못했어요.

- I once stole a candy from a store, and I was beaten so badly by my mom. I never dreamed of doing it again.
- After getting beaten up so badly by my mom for stealing a candy from a store, I would never do it again.

2 | 아이를 때리는 것만이 유일한 해결책은 아니에요.

- Beating up a child is not the only solution.
- There are many other ways to solve the problem without beating up a child.

3 | 맞으면서 자란 아이들은 범죄자가 되기 쉬워요.

- When a child grew up beaten up, they are likely to become a criminal.
- The research shows that children who were beaten by their parents have a higher chance of becoming a criminal.

4 | 체벌 말고도 아이들을 벌 줄 수 있는 다른 엄격한 방법들이 있어요.

- There are other strict methods to punish children aside from corporal punishment.
- You should practice other methods to punish children than corporal punishment.

5 | 자녀와 이야기하면, 그들의 마음을 더 쉽게 얻을 수 있을 거예요.

- If you talk to your children, you will get to their heart easier.
- Talking to your children has a better chance of winning their heart.

6 | 용서 받지 못할 행동을 하면, 엄한 처벌이 뒤따른다는 것을 아이가 알아야 해요.

- If a child carries out an unforgivable action, he has to learn that there are harsh punishments following it.
- At an early age, a person has to realize that there are severe consequences to sinful actions.

7 | 조그마한 아이가 맞아야 할 정도로 할 짓이 뭐가 있겠어요?

- What can a small child possibly do to deserve getting beaten up?
- There's no way a small child would commit such a crime to get beaten up.

8 | 아이들에게는 무서워하는 사람이 적어도 한 사람은 있어야 해요.

- A child has to have at least one person that he's afraid of.
- There should be one person that a child would listen to.

Issue 29 The Clothes Make the Student

옷이 그 학생을 만든다.

What we want to do today is **discuss** school uniforms. Although in the West it's mostly only private schools that still have uniforms, in Korea it's very common for schools to require uniforms for all the students. The boys are usually required to wear a jacket and a tie along with dress slacks. The girls wear a pleated skirt and a blouse with a jacket similar to the boys' jackets. There are some schools that have chosen to get rid of uniforms in favor of a dress code. This allows students more freedom in their choice of clothing. Most of the arguments circle around whether these uniforms help students study better or if they make no difference at all. **Let's see what everyone has to say about this topic.**

· **What we want to do today is discuss ~** 우리가 오늘 하고자 하는 것은 ~에 관해 토론하는 것입니다
· **Let's see what everyone has to say about this topic.** 이 주제에 관해 모든 사람들의 의견을 들어 보죠.

private [práivit] 사립의, 사유의, 민간의 | **require** [rikwáiər] 요구하다, ~을 필요로 하다 | **slack** [slæk] 느슨한 바지 |
pleated [pli:t] 주름 잡힌 | **get rid of** ~을 없애다 | **in favor of** ~을 선호하여 | **dress code** 복장 규정

모범 토론 엿보기　다양한 시각에서 풀어놓은 다음 토론을 통해, 배경지식도 쌓고 자신의 의견도 정리해보세요.

 Opinion 1　교복을 입으면 학생들이 더 집중을 잘해요.

Well, **I'd like to start off by saying** that I think school uniforms are a great idea. There is a long tradition involved with school uniforms. Koreans have been wearing them for decades and there's no reason to get rid of them. You can't think of a school in Korea without the familiar sight of boys and girls lined up in their uniforms. It looks neat and organized. Students in uniforms study better because the atmosphere of the class becomes more formal. The formality makes it easier to concentrate. **Doesn't that make sense?**

decade [dékeid]
10년

familiar [fəmíljər]
낯익은, 친숙한

line up
한 줄로 늘어서다

neat [ni:t]
말쑥한, 깔끔한

atmosphere [ǽtməsfiər]
분위기, 주변 상황

formality [fɔːrmǽləti]
격식을 차림, 틀에 박힌 것

concentrate
[kάnsəntrèit]
집중하다

토론 핵심 표현
· **I'd like to start off by saying ~**　~라고 말하면서 시작하고 싶습니다
· **Doesn't that make sense?**　일리가 있는 말 아닌가요?

저는 교복이 매우 좋은 아이디어라고 생각한다는 말로 시작하고 싶군요. 교복과 관련해서는 오랜 전통이 있죠. 한국 사람들은 수십 년 동안 교복을 입어 왔으며 교복을 없애야 할 이유가 없습니다. 교복을 입고 나란히 줄지어 서 있는 소년 소녀들의 친숙한 모습을 빼고는 한국의 학교를 생각할 수 없습니다. 깔끔하고 단정해 보이죠. 학급의 분위기가 좀 더 격식을 갖추게 되므로 교복을 입은 학생들은 공부를 더 잘하게 되죠. 격식은 집중하기 쉽게 만들거든요. 일리가 있는 말 아닌가요?

 Opinion 2　옷에 신경쓰지 않게 되고 돈도 아낄 수 있어요.

I think you're on the right track. Fashions have become too wild in schools. Many students in America show up to school in sexually revealing outfits and do nothing but distract each other. Uniforms in school take the attention away from clothing. In addition, parents don't have to spend a fortune on the latest fashions for their

wild [waild]
제멋대로의, 단정치 못한

show up
나오다, 나타나다

outfit [áutfit]
의상, 복장

nothing but
다만, 단지

trend-conscious teens. With uniforms, parents only have to buy a few sets of the same clothing. It will be easier for parents and easier for students because they won't have to think about what to wear every morning. **Do you see my point?**

distract [distrǽkt]
산만하게 하다
fortune [fɔ́ːrtʃən]
재산, 큰돈
latest [léitist]
최신의, 최근의

토론 핵심 표현
· **I think you're on the right track.** 당신 생각이 옳은 것 같아요.
· **Do you see my point?** 제 말뜻을 아시겠어요?

당신 생각이 옳은 것 같아요. 학교에서의 패션은 너무 제멋대로죠. 미국에서는 많은 학생들이 성적 노출이 심한 의상을 입고 등교해 서로의 주의를 산만하게 합니다. 학교에서 교복을 입으면 옷에 신경을 쓰지 않게 되지요. 게다가 부모들은 유행에 민감한 10대의 자녀들에게 최신 유행에 맞는 옷을 사 주기 위해 많은 돈을 쓰지 않아도 됩니다. 교복을 입으면 부모들은 똑같은 옷을 몇 벌 사 주기만 하면 되죠. 매일 아침마다 무엇을 입을지 고민하지 않아도 되기 때문에 부모와 학생들 모두에게 더 편할 거예요. 제 말뜻을 아시겠어요?

 Opinion 3 교복은 불편하고 선택의 여지가 없습니다.

I can see what you're trying to say. But it seems to me that there are alternatives to uniforms that offer the same benefits. Most schools without uniforms have a strict dress code. This limits the wilder clothes that might distract students from studying. But at the same time, it allows students to have the freedom to choose how to dress. Many students complain about the lack of choice as well as the discomfort of uniforms. When the weather abruptly changes, the students get caught in clothes too warm or too cold. **This is a very important point.**

alternative [ɔːltə́ːrnətiv]
다른 방도, 대안
benefit [bénəfit]
이익, 이득
limit [límit]
한정하다, 제한하다, 한계를 두다
discomfort [diskʌ́mfərt]
불쾌, 불안, 곤란
abruptly [əbrʌ́ptli]
갑자기, 뜻밖에

토론 핵심 표현
· **I can see what you're trying to say.** 당신이 무슨 말을 하려는지 알겠어요.
· **This is a very important point.** 이것은 매우 중요한 사항입니다.

당신이 무슨 말을 하려는지 알겠어요. 그렇지만 저는 교복이 아니더라도 똑같은 효과를 거둘 수 있는 대안들도 있다고 생각합니다. 교복을 입지 않는 대부분의 학교에서는 엄격한 복장 규정을 갖고 있어요. 이 규정에 따라 학생들이 공부하는 데 산만해질 수 있는 요란한 복장은 제한됩니다. 그렇지만 동시에 학생들이 무슨 옷을 입을지 선택할 수 있는 자유는 주는 것이죠. 많은 학생들이 교복은 불편할 뿐만 아니라 선택의 여지가 없다는 점을 불평합니다. 날씨가 급변할 때도 학생들은 너무 덥거나 너무 춥게 옷을 입을 수밖에 없지요. 이것은 매우 중요한 사항입니다.

 Opinion 4 적절한 복장 규정을 통해 자기 표현을 배울 수 있어요.

I think you've hit the nail on the head. Uniforms limit personal expression. Students are discouraged from looking different, and in the end, they are discouraged from thinking differently too. We need to teach individuality and self-expression in addition to responsibility. We don't want to spread a culture of conformity. But with a moderate dress code, students can learn both self-expression and self-control. It's the best of both worlds. **I'm sure you can all agree with that.**

토론 핵심 표현

· **I think you've hit the nail on the head.** 저는 당신이 제대로 지적하셨다고 생각해요.
· **I'm sure you can all agree with that.**
  저는 여러분 모두 여기에 동의할 거라고 확신합니다.

저는 당신이 제대로 지적하셨다고 생각해요. 교복은 개인의 표현을 제한해요. 학생들은 남과 다르게 보이는 것을 주저하게 되고 결국은 남과 다르게 생각할 의지도 잃게 되죠. 우리는 책임감 외에도 개성과 자기 표현을 가르쳐야 합니다. 우리는 획일화된 문화가 만연하기를 원하지 않습니다. 그렇지만 적당한 복장 규정이 있다면, 학생들은 자기 표현과 자기 통제력 모두를 배울 수 있습니다. 그것이 양쪽 모두에게 최선일 것입니다. 저는 여러분 모두 여기에 동의할 거라고 확신합니다.

in the end
결국, 마침내, 드디어

discourage [diskə́:ridʒ]
용기를 잃게 하다

individuality
[ìndəvìdʒuǽləti]
개성, 인격

self-expression
[sélf-ikspréʃən]
자기 표현

in addition to
~ 이외에, 게다가

spread [spred]
번져나가다, 퍼지다

conformity [kənfɔ́:rməti]
적합, 일치

moderate [mάdərət]
알맞은, 적당한

무작정 따라하기 ❷

실전 토론하기 | 주어진 주제와 관련해 좀 더 깊이 있는 토론이 되도록 질문들을 제시했습니다.
이외에 자신이 생각하는 주제에 대해서도 함께 토론해 보세요.

1 | Do uniforms help students study better?

2 | Are uniforms easier on parents financially?

3 | What are some options to school uniforms?

4 | What kinds of problems do students have about school uniforms?

5 | Do uniforms discourage self-expression?

내가 만든 토론 주제

앞의 질문들에 대답할 때 아래 문장들을 활용해 보세요.

1 | 오래 전에는 모든 학생들이 교복을 입어야 했어요.

- In the old days, all students were to wear school uniforms.
- We were all required to wear school uniforms in my days.

2 | 학생들은 교복을 입으면, 자신이 하는 행동에 더욱 신경 쓰게 돼요.

- If students wear school uniforms, they are very conscious of what they do.
- Students become more conscious of their action if they're wearing school uniforms.

3 | 사춘기의 나이에는 자기 자신을 표현하고자 하는 매우 강한 욕망을 가지게 되죠.

- When you're at the age of puberty, you have a very strong desire to express yourself.
- When you're a teenager, you strongly desire to express yourself.

4 | 교복을 입으면 옷을 사러 가지 않아도 돼요.

- You don't have to go clothes shopping when you wear school uniforms.
- Wearing a uniform gets rid of troubles of going clothes shopping.

5 | 그렇지만 교복을 여러 벌 사게 되면 사실 돈이 더 들 수도 있다는 점을 기억하세요.

- But remember that buying several sets of uniforms could actually cost more.
- Don't forget that when you have to buy several sets of uniforms, it could be more expensive.

6 | 청소년들은 학교만 빠져나오면 지하철 화장실에 가서 교복을 벗어 버리기도 하지요.

- When teenagers get out of school, they sometimes get rid of school uniforms in the subway bathrooms.
- I've seen some teenagers get changed in the subway bathrooms after the school is over.

7 | 교복을 더 멋지게 만들 수는 없는 걸까요?

- Why can't they make school uniforms more attractive?
- Can't schools provide more attractive school uniforms?

8 | 학생들에게 교복을 입히는 이유는 그들이 학업에 전념할 수 있도록 하기 위해서예요.

- The reason for students wearing uniforms is to make them concentrate on studying.
- The whole point of having students wear uniforms is to have them concentrate on studying.

Issue 30 Can't Buy Me Education!

교육을 살 수는 없어!

We're going to talk today about the system of contributory admissions. Students work hard throughout their junior high and high school years to get into a good college. With the tough level of competition then, one can easily understand people can get very upset about the system of contributory admission. This system allows students of affluent families to basically buy themselves into college. A few positions every year are reserved to allow these wealthy students to access a high-level education regardless of their poor performances in high schools. The complaint is that for every place taken by a rich student whose family contributes money to a college, a poorer, harder-working student is rejected from school. **What are some opinions on this subject?**

• **We're going to talk today about ~** 우리는 오늘 ~에 관해 이야기할 것입니다.
• **What are some opinions on this subject?** 이 주제에 대해 어떤 의견이 있으세요?

contributory [kəntríbjətɔ̀:ri] 기여하는, 공헌하는, 도움이 되는 | **competition** [kàmpətíʃən] 경쟁 | **affluent** [ǽflu(:)ənt] 풍부한, 풍족한 | **reserve** [rizə́:rv] 남겨 두다, 보존하다 | **access** [ǽkses] 이용하다, 입수하다 | **performance** [pərfɔ́:rməns] 성적, 성과, 달성 | **complaint** [kəmpléint] 불평, 불만 | **reject** [ridʒékt] 거절하다, 거부하다

Opinion 1 기여 입학 제도는 불공평해요.

Why don't I start off by saying that contributory admissions are completely wrong? Instead of rewarding hard-working and intelligent students, contributory admissions reward lazy students who only did one thing right in their lives: they were born to rich parents. These people have advantages all their lives. Their parents place them in expensive learning institutions. They also have private tutors to work with them individually. And when all this fails, they still get into college by buying their way in. This is unfair and unacceptable. **Do I have any support here?**

reward [riwɔ́:rd]
보답하다, 보상하다

institution [ìnstətjú:ʃən]
학회, 협회, 공공 시설

tutor [tjú:tər]
가정 교사, 후견인

individually [ìndəvídʒuəli]
개인적으로, 개별적으로

unfair [ʌ̀nfɛ́ər]
불공평한, 부당한

unacceptable
[ʌ̀nəkséptəbəl]
받아들이기 어려운, 용인할 수 없는

토론 핵심 표현
· **Why don't I start off by saying ~** ~라고 말하면서 시작하고 싶군요
· **Do I have any support here?** 지지 발언 있으세요?

기여 입학 제도는 완전히 잘못된 것이라고 말하면서 시작하고 싶군요. 열심히 공부한 똑똑한 학생들에게 보상을 주는 대신에, 기여 입학 제도는 단지 그들의 삶에서 한 가지만을 제대로 해낸 게으른 학생들에게 보상을 주는 것이죠. 그것은 바로 그들이 부유한 부모 아래 태어났다는 것입니다. 이 사람들은 살아가면서 여러 혜택을 받게 되죠. 그들의 부모는 비싼 학원에 그들을 보냅니다. 또한 개인적으로 공부할 수 있도록 과외 교사들도 두지요. 그리고 이 모든 것들에서 실패해도 그들은 여전히 돈을 써서 대학에 들어갈 수 있어요. 이것은 불공평하며 용납될 수 없는 일입니다. 지지 발언 있으세요?

Opinion 2 많은 사람들을 절망에 빠뜨리고 교육의 가치를 더럽힐 거예요.

You're so right. Poor students who work hard all their lives end up getting rejected from schools because some rich kids got to buy their way in. There's no justification for that. Think how frustrating it is for those people who have

justification
[dʒʌ̀stəfikéiʃən]
정당화, 변명

frustrating [frʌ́streitiŋ]
좌절하게 하는, 실망시키는

ban [bæn]
금지하다

no advantages. Since it's so clearly unfair, I think contributory admissions should be banned. It would level out the field for everyone and force people to work for their rewards. If we don't ban contributory admissions, I think we'll just end up with a lot of frustrated people and deface the value of a good education. **Maybe we should think about that.**

level out
평등하게 하다, 차별을 없애다
deface [diféis]
더럽히다, 손상시키다

> 토론 핵심 표현
> · **You're so right.** 참 지당한 말씀입니다.
> · **Maybe we should think about that.** 우리는 그 점에 대해 생각해야 될 것 같네요.

참 지당한 말씀입니다. 부유한 아이들이 돈을 써서 학교에 들어가기 때문에 평생 열심히 공부한 가난한 학생들은 결국 학교에 들어가지 못하게 되죠. 이것은 결코 정당화될 수 없습니다. 혜택을 받지 못한 사람들이 얼마나 절망감을 느낄지 생각해 보세요. 이것은 너무도 명백히 불공평하므로, 저는 기여 입학 제도가 금지되어야 한다고 생각합니다. 그래야만 모든 사람들에게 평등한 장이 열리고, 사람들은 일한 만큼 대가를 받기 위해 노력할 겁니다. 기여 입학 제도를 금지하지 않는다면 결국 많은 사람들이 절망에 빠질 것이며 참된 교육의 가치를 더럽힐 겁니다. 이 점에 대해서 생각해야 될 것 같네요.

 Opinion 3 기준에 근접한 학생들에게만 기여 입학을 허용하면 좋겠어요.

That's interesting. I haven't thought about that before. Knowing that I got into a good school by working hard all my life and someone else got in just because their parents were rich would really upset me. It would ruin the good feeling about getting into school. The schools are probably addicted to the money. Aren't there any alternatives to contributory admissions? Couldn't we just allow those borderline students to do contributory admissions? They'd be more or less qualified academically, but schools will still get the money. **What does everyone think about that?**

be addicted to
~에 중독되다, 몰두하다
alternative [ɔːltə́ːrnətiv]
대안(의), 선택적인
borderline [bɔ́ːrdərlàin]
경계선상의, 어느 편이라고 결정하기 어려운
more or less
약간, 다소
qualified [kwáləfàid]
자격이 있는, 적격의
academically
[æ̀kədémikəli]
학업을 수행할 수 있는

토론 핵심 표현

· **That's interesting.** 흥미롭군요.
· **What does everyone think about that?** 여기에 대해 여러분은 어떻게 생각하나요?

흥미롭군요. 저는 전에는 그런 생각을 해보지 않았어요. 평생 열심히 공부해서 좋은 학교에 들어갔는데 어떤 사람은 단지 부모가 부자여서 들어왔다는 것을 알게 된다면 무척 화가 나겠죠. 학교에 입학하게 되어 좋았던 기분마저 사라질 것 같아요. 그런 학교들은 아마 돈에 중독되어 있을 거예요. 기여 입학 제도에 대한 다른 대안은 없을까요? 기준에 근접한 학생들에게만 기여 입학을 허용하면 안 될까요? 그들은 어느 정도 수학 능력이 있으며 학교는 여전히 돈을 받게 되겠죠. 여기에 대해 여러분은 어떻게 생각하세요?

 Opinion 4 기여 입학제로 모아진 돈으로 학생들은 혜택을 받을 수 있어요.

May I say something here? I think contributory admissions are good for one main reason: they raise money for schools. Money raised through contributory admissions will go to school to make better programs, which will benefit all students, including scholarships for the less fortunate. If we banned contributory admissions, many poorer students would not get their scholarships. Isn't that just as unfair as anything else? It's clear to me that contributory admissions play an important part in education. **Let's end our argument there.**

raise [reiz]
(돈, 인원을) 모으다

benefit [bénəfit]
이익, 이득

scholarship [skάlərʃìp]
장학금

fortunate [fɔ́ːrtʃənit]
운이 좋은, 행운의

play a part
역할을 하다

토론 핵심 표현

· **May I say something here?** 여기서 제가 말해도 될까요?
· **Let's end our argument there.** 그쯤에서 우리 논쟁을 끝내지요.

여기서 제가 말해도 될까요? 저는 기여 입학 제도가 학교에 돈을 기부한다는 한 가지 주된 이유에서 좋다고 생각합니다. 기여 입학제를 통해 모아진 돈은 학교에서 모든 학생들에게 혜택을 줄 수 있도록 더 좋은 프로그램을 만드는 데 쓰입니다. 불우한 학생들에게 주는 장학금을 포함해서 말이죠. 기여 입학 제도를 금지한다면 더 가난한 많은 학생들이 장학금을 받을 수 없게 됩니다. 다른 것보다는 공평하지 않나요? 저는 분명히 기여 입학 제도가 교육에서 중요한 역할을 한다고 생각합니다. 그쯤에서 우리 논쟁을 끝내지요.

무작정 따라하기 ❷

실전 토론하기

주어진 주제와 관련해 좀 더 깊이 있는 토론이 되도록 질문들을 제시했습니다.
이외에 자신이 생각하는 주제에 대해서도 함께 토론해 보세요.

1 | How do contributory admissions affect poor students?

2 | Are contributory admissions fair?

3 | Should contributory admissions be banned?

4 | What are some ways contributory admissions could be made more fairly?

5 | What are some of the benefits of contributory admissions to schools?

내가 만든 토론 주제

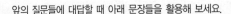

1 | 유명한 학교라고 해서 정말 더 좋은 교육을 받을 수 있을까요? 단지 이름값은 아닐까요?
- Do we really get better education at a famous school? Isn't it just the name value?
- There's no guarantee in getting better education at a highly valued school.

2 | 기여 입학 제도로 모인 돈이 항상 더 좋은 프로그램을 만드는 데, 혹은 장학금에 쓰이는 것은 아니에요.
- Money raised through contributory admissions isn't always spent towards better programs or scholarships.
- Who says money raised through contributory admission goes towards school programs or scholarships?

3 | 제대로 보세요. 장학금이 항상 불우한 학생들에게 돌아가는 건 아니에요.
- Get this right. Scholarships don't always pay the poor students.
- Let's get this straight. Scholarships aren't for the poorer students only.

4 | 기여 입학을 위한 몇 개의 자리는 별도로 마련되어 있어요. 정규 입학 정원에는 아무런 영향을 미치지 않죠.
- A few positions are set aside for contributory admissions. This has no effects on regular admissions.
- The number of general admissions should not be affected by contributory admissions since those positions are set aside.

5 | 모든 부자들을 게으르고 열심히 일하지 않는다고 비난하지는 마세요.
- Let's not criticize all the rich being lazy and not hard-working.
- Don't say all rich people are lazy and not hard-working.

6 | 능력이 없는 사람들이라면 결국은 뒤처지게 될 거예요. 신경 쓰지 마세요.
- The ones who don't have the capability will in the end fall behind. You shouldn't mind them.
- Don't worry about them. They will eventually be left behind. They aren't capable of catching up.

7 | 그들은 교육을 받는 게 아니에요. 단지 학위를 따는 것이죠. 분명히 달라요.
- They're not getting the education. They're just getting the diploma. There's a clear difference.
- They will not learn anything from it. They are just there for the diploma. It's a different thing.

8 | 모든 학생들에게 공평한 기회를 주기 위해 기여 입학 제도는 금지되어야 해요.
- Contributory admissions should be forbidden to provide fairness to all students.
- To be fair to all students, they should ban the contributory admissions.

Part 4
Society 1

Issue 31 Is Your Mom Home?

너네 엄마 집에 있니?

For centuries, Korean culture has emphasized women's value as housewives rather than wage earners. The ideal Korean woman was a 'wise wife and a good mother,' not an aggressive career woman. This was particularly true for the Korean middle and upper classes. **But the issue** about working moms **has been brought to the fore** since the 1990s, especially following the 1997 financial crisis. The number of Korean moms getting a job has increased sharply and mothers are now working in all sorts of places, from fish markets to the CEOs office. Some have even become the main income earners in their families. Some people, especially feminists, say this is a positive trend that displays Korean women's equality with men. Others criticize the trend as harmful to our traditional culture—and harmful to children, who are left with 'part-time mothers.' **Is there any comment that you would like to add on this topic?**

· **But the issue ~ has been brought to the fore** 그러나 ~에 대한 논의가 제의되었습니다
· **Is there any comment that you would like to add on this topic?** 이 주제에 관해 덧붙이고 싶은 말이라도 있습니까?

emphasize [émfəsàiz] 강조하다, 역설하다 │ **wage** [weidʒ] 임금의, 급료의 │ **aggressive** [əgrésiv] 적극적인, 활동적인 │ **middle and upper class** 중상류층 │ **financial crisis** 금융(재정) 위기(공황) │ **income earner** [ínkʌmə:rnər] 소득자 │ **feminist** [fémənist] 여권주의자, 여성해방론자 │ **equality** [i(:)kwáləti] 평등, 동등 │ **criticize** [krítisàiz] 비난하다, 비판하다 │ **be left with** ~에게 맡겨지다

 Opinion 1 엄마는 집에서 아이들을 키우고 이끌어 줘야 합니다.

I guess many feminists will disagree with me, but I don't like working mothers. Who raises the child if both the husband and wife are working? You know, we have a lot of problems with our children nowadays: Internet addiction, school violence, rude manners, profanity, and so on. I think the main reason for all this is that our kids today don't have any mothers at home to guide them. Instead, their moms are out making money. But what is the point of making money if the kids don't turn out well? **Call me a sexist, but that's my opinion.**

addiction [ədíkʃən]
중독, 탐닉

violence [váiələns] 폭력

profanity [prəfǽnəti]
신성모독, 불경

turn out
결국 ~이 되다, 결국에 ~임이 밝
혀지다

sexist [seksist] 성차별주의자

토론 핵심 표현
· **I guess many feminists will disagree with me, but ~**
많은 여권 운동가들이 제 말에 동의하지 않겠지만 ~
· **Call me a sexist, but that's my opinion.**
저를 성차별주의자라고 부르세요. 하지만 이게 제 의견입니다.

많은 여권 운동가들이 제 말에 동의하지 않겠지만, 저는 일하는 엄마를 좋아하지 않습니다. 남편과 아내가 모두 일한다면, 아이는 누가 키우나요? 아시다시피, 요즘은 우리 아이들에게 많은 문제점들이 있습니다. 인터넷 중독, 학교 폭력, 무례한 태도, 불경스러운 언행 기타 등등. 저는 그 주된 이유가 바로 오늘날 우리 아이들에게 그들을 이끌어 줄 엄마가 집에 없기 때문이라고 생각합니다. 대신, 엄마들은 밖에서 돈을 벌고 있지요. 하지만 아이들이 잘되지 않는다면 돈을 버는 목적이 무엇일까요? 저를 성차별주의자라고 부르세요. 하지만 이게 제 의견입니다.

 Opinion 2 아이들을 키울 수 있는 다른 방법들을 생각해 봐야 해요.

I'm afraid I don't agree. I know children need guidance, but why can't both the husband and wife share the responsibility? Why should the mother give up her entire career to stay home? Just like everyone else, mothers

guidance [gáidns]
안내, 지도

human being 인간

daycare [déikɛ̀ər]
(주간) 탁아소

are human beings who want to develop themselves through work and become successful in life. Why don't they consider using daycare for their children? **What I'm saying is that** there are many other models for raising children besides having the mother stay home as a housewife. I think men just like that because it preserves male power over their wives.

preserves [prizə́:rv]
유지하다, 지키다

토론 핵심 표현
· **I'm afraid I don't agree.** 나는 동의할 수 없습니다.
· **What I'm saying is that ~** 내가 말하고자 하는 것은 ~입니다

저는 동의할 수 없군요. 아이들에게 지도가 필요한 건 알겠지만, 왜 남편과 아내가 책임을 분담할 수 없는 건가요? 왜 엄마는 집에 있으려고 그녀의 경력 전부를 포기해야만 하나요? 다른 사람들과 마찬가지로, 엄마들도 일을 통해 자신을 계발하고 인생에서 성공하고 싶어 하는 인간입니다. 왜 아이들을 위한 탁아소 이용을 생각하지 않는 거죠? 제가 말하고자 하는 것은 엄마를 가정주부로 집에 있게 하는 것 말고도, 아이들을 키울 수 있는 다른 방법들이 많다는 것입니다. 저는 그것이 아내에 대한 지배력을 유지시켜 주기 때문에 남성들이 그렇게 하는 것이라고 생각합니다.

 Opinion 3 아이들은 집에 있는 엄마를 원해요.

You have a point, but I think we can't just ignore the difficulties that many children are facing without their moms at home. I heard that more and more women in advanced countries are giving up their jobs for their children. I'm sure this is not because there are not enough daycare services in those countries. What I mean is that **it is not about** the availability or affordability of daycare. I think the reason behind this trend is that they know children truly need stay-at-home mothers. And they know **this is more important than** any other thing including a career.

difficulty [dífikʌ̀lti]
어려움, 곤경
advanced country 선진국
availability [əvèiləbíləti]
유효성, 유용성
affordability [əvèiləbíləti]
감당해낼 수 있는 능력

당신의 의견도 일리가 있습니다만, 집에 엄마가 없는 상태에서 많은 아이들이 직면하는 어려움들을 무시할 수는 없습니다. 선진국에서는, 점점 더 많은 여성들이 아이들을 위해 직업을 포기하고 있다고 들었습니다. 그런 나라에 충분한 탁아 시설들이 없기 때문은 아니라고 생각합니다. 제 말은 탁아 시설의 이용 가능성이나 감당 능력에 관한 것이 아니라는 것입니다. 이러한 추세 뒤에 숨겨진 이유는 아이들이 집에 있는 엄마를 진정으로 원한다는 것을 그들이 알고 있다는 것입니다. 그리고 그녀들은 직업을 포함한 다른 어떤 일보다 이것이 더 중요하다는 것을 알고 있습니다.

 Opinion 4 일을 할 수밖에 없는 엄마들도 있습니다.

I really think it depends on a family's economic situation. Even in Korea, traditionally, poor women couldn't afford to be housewives. They had to raise children while working on the farm. Only the wives of the aristocracy could afford to be housewives and never go out and work. The same is true today. A 'samonim' or rich wife can choose to stay at home, of course. But if the family is poor, the woman **cannot help but** work. For those families, I personally think the government should do something to support them with raising their children.

depend on
~에 달려 있다, 좌우되다
economic [ì:kənámik]
경제의, 경제적인
aristocracy [ǽrəstákrəsi]
귀족의, 귀족적인

나는 정말로 그것은 가족의 경제 상황에 달려 있다고 생각합니다. 한국에서도 전통적으로 가난한 여성들은 가정주부가 될 형편이 못 되었습니다. 그들은 아이들을 키우고 논밭에 나가 일을 해야만 했지요. 오직 귀족 부인들만 가정주부가 될 수 있었고, 절대 밖에서 일을 하지 않았습니다. 오늘날도 마찬가지입니다. '사모님'이나 부유한 아내는 당연히 집에 있는 것을 선택할 수 있습니다. 하지만 집이 가난하면, 여성은 일을 할 수밖에 없습니다. 이러한 가정들을 위해서, 개인적으로 저는 정부가 아이들 양육을 지원하는 일을 해야 한다고 생각합니다.

무작정 따라하기 ❷

실전 토론하기

주어진 주제와 관련해 좀 더 깊이 있는 토론이 되도록 질문들을 제시했습니다.
이외에 자신이 생각하는 주제에 대해서도 함께 토론해 보세요.

1 | "Working mothers should be encouraged in Korea, because that's the unavoidable reality." Do you agree or disagree with this statement?

2 | Why do you think many Korean mothers decide to work?

3 | What are some advantages and disadvantages of being a working mother?

4 | Do you think working mothers are likely to fail to educate their children properly?

5 | Do you think the number of working mothers in korea will increase or decrease in the future? Give a detailed explanation.

내가 만든 토론 주제

앞의 질문들에 대답할 때 아래 문장들을 활용해 보세요.

1 | 아이들에게는 엄마가 필요해요. 아이들을 최우선으로 해야 합니다.
- Kids need their mothers. Put kids first.
- Kids need stay at home moms. Don't abandon children.

2 | 남자들은 집에서 바지를 입어야 합니다(남자들이 집안의 실권을 쥐어야 합니다).
- Men need to wear the pants in the family.(Pants = symbol of control)
- Men need to lead in a family, including being the main income earners.

3 | 아이들 양육에는 부모 두 사람이 필요해요.
- It takes two parents to raise a child.
- Parenting is a two-person job.

4 | 엄마가 육아를 해야 한다는 고정관념에서 벗어나세요.
- Think outside the box in terms of child care by mothers.
- There are other ways to raise children besides depending on the mother.

5 | 여자들은 가정주부로 태어났습니다.
- Women are born to be housewives.
- Women are genetically hardwired for motherhood.

6 | 당신의 아이를 낯선 사람에게 맡길 건가요?
- Would you trust a stranger with your child?
- It is unnatural or even dangerous to leave your child in the care of strangers.

7 | 엄마들은 일터로 내몰리고 있어요.
- Mothers are driven to work.
- Economic circumstances force mothers to work.

8 | 집에 있으려면 부유해야 합니다.
- You've got to be rich to stay at home.
- Only the rich can afford to only be housewives.

Issue 32 Ads are Everywhere

광고는 모든 곳에 있다.

We all know that advertising has become a very large and profitable industry in Korea. You can find ads almost everywhere you look. Some people say advertising plays a positive role in society because it provides useful information about competing goods. They say that you can learn about products from ads, which help you compare the features you're looking for. Other advertisements compete on price, helping you find the cheapest or best-valued products. **Just like any other issue, not everyone agrees.** There are people who argue that the huge amount of advertising can be harmful. It can make people want more than what they actually need, or it can make them feel inadequate when they don't buy something. Some experts claim that children are particularly vulnerable to these kinds of risk. **Can we talk about this issue for a while?**

· **Just like any other issue, not everyone agrees.**
  다른 문제들과 마찬가지로, 모두가 그들의 말에 동의하는 것은 아닙니다.
· **Can we talk about this issue for a while?** 잠시 이 문제에 대해 이야기해 볼까요?

advertising [ǽdvərtàiziŋ] 광고(업) | **play a positive role** 긍정적인 역할을 하다 | **feature** [fíːtʃər] 특징, 특색 | **best-valued** [best-vǽljuːd] 가격 대비 질이 좋은 | **inadequate** [inǽdikwit] 부적당한, 불충분한 | **vulnerable** [vʌ́lnərəbəl] 상처받기 쉬운

모범 토론 엿보기   다양한 시각에서 풀어놓은 다음 토론을 통해, 배경지식도 쌓고 자신의 의견도 정리해보세요.

 Opinion 1   광고가 지정된 장소에 있었으면 좋겠어요.

I think there **is too much** advertising. I can't walk anywhere without seeing a whole bunch of advertisements on the street. I feel like I'm being attacked by these advertisements for things that I don't want. If they're on TV, I can just turn it off between programs. But ads on the streets are unavoidable. I think I should be the one who chooses what to see or what to read, not the advertising companies. **I think it would be better if** advertisements are placed only in designated places. That way, people could choose whether to read them or not.

a whole bunch of
한 묶음의, 굉장히 많은

attack [ətǽk] 공격(습격)하다

turn off ~을 끄다

unavoidable
[ʌ̀nəvɔ́idəbəl]
피하기 어려운, 불가피한

designated [dézignèit]
지정된

토론 핵심 표현

· **~ is too much**   ~이 너무 지나칩니다
· **I think it would be better if ~**   ~라면 더 좋을 것 같습니다

저는 광고가 너무 많다고 생각합니다. 엄청난 광고들을 보지 않고서는 거리를 걸을 수가 없어요. 원하지 않는 광고들의 공격을 받고 있는 것 같아요. 그게 TV라면, 프로그램 중간에 끌 수가 있습니다. 하지만 거리의 광고들은 피할 수가 없어요. 볼 것이나 읽을 것을 고르는 사람은 광고 회사가 아니라, 내가 되어야 한다고 생각합니다. 나는 광고들이 지정된 장소에 있으면 더 좋을 것 같습니다. 그렇게 하면 사람들이 읽을지 말지를 선택할 수 있습니다.

 Opinion 2   광고는 재미있기도 하고 유용한 정보를 주기도 해요.

Well, I think **no one is forced to** look at advertisements. As for me, I enjoy looking at ads while I'm waiting for a bus or a subway. And a lot of the ads on TV are impressive. Some are exciting, others are funny. And some even have story lines or run in a series. Moreover, I often get some useful information about products from them,

impressive [imprésiv]
인상적인

story line [stɔ́:ri lain]
줄거리, 구상

run [rʌn]
실리다, 게재되다, 나오다

in a series
시리즈로, 연속하여

which helps me make better decisions about how to spend my money. I think **it's important for** Korean advertisers **to** keep progressing.

advertiser [ǽdvərtàizər]
광고재(주)

토론 핵심 표현
· **no one is forced to ~** 아무도 ~하도록 강요받지 않습니다
· **it's important for ~ to ...** ~가 …하는 것이 중요합니다

저는 어느 누구도 광고를 보라고 강요받지 않는다고 생각해요. 제 경우에는 버스나 지하철을 기다리는 동안 광고 보는 것을 좋아합니다. 그리고 TV에 나오는 많은 광고들은 무척 인상적이지요. 어떤 것들은 흥미롭고 다른 것들은 재미있습니다. 그리고 어떤 것들은 짧은 줄거리가 있거나 혹은 시리즈로 나오기까지 합니다. 더욱이 저는 제품에 관한 유용한 정보를 광고에서 자주 얻기도 하는데, 이는 돈을 어떻게 쓸지 더 나은 결정을 하는 데 도움이 됩니다. 한국의 광고업체들이 계속 발전해 나가는 것이 중요하다고 생각해요.

 Opinion 3 광고는 우월감 혹은 열등감을 느끼게 합니다.

In my opinion, many advertisements do more than just promote their products. Haven't you felt inferior when you didn't buy product? Ads make you feel like without the product, you are not as good as other people. Take a cell phones for example. Don't you feel superior when you meet someone who has an old phone and yours is the latest? And **vice versa can also be true** because some people feel like they have to get the new model even though their phones are working fine. This kind of feeling can be very harmful, especially for kids.

promote [prəmóut]
(상품의) 판매를 촉진하다, 홍보하다
inferior [infíəriər]
열등한, ~보다 못한, 하위의
superior [səpíəriər]
~ 보다 나은, 우수한, 우월한
latest [léitist]
최신 유행품, 신상품
vice versa [vaisə vəːrsə]
반대로, 거꾸로

토론 핵심 표현
· **In my opinion** 제 생각에는, 제가 보기에는
· **vice versa can also be true** 그 반대의 입장도 진실일 수 있습니다

제 생각에는, 광고들이 제품 홍보 이상의 일을 하는 것 같습니다. 어떤 제품을 사지 않을 때, 열등감을 느껴 본 적은 없나요? 광고들은 당신에게 그 제품이 없으면, 다른 사람들만 못하다고 느끼게 만듭니다. 휴대 전화를 예로 들어 봅시다. 당신의 휴대폰은 최신형인데 낡은 전화기를 가지고 있는 사람을 보면, 당신은 우월감을 느끼지 않나요? 또한 그 반대의 입장도 진실일 수 있습니다. 왜냐하면 사람들은 전화기가 멀쩡한데도 새 모델을 사야 하는 것처럼 느끼기 때문이지요. 이러한 느낌은 특히 아이들에게 매우 해가 될 수 있습니다.

 Opinion 4 비싼 광고비를 소비자들이 지불하고 있어요.

I think advertising **is only putting a burden on** customers. I mean, who do you think is paying all that money for all those fancy ads? Of course, the companies promoting the products are paying for them at first. But they are paid back when we, the customers, buy their products. **This is because** the cost of advertising is always included in the price. So basically, it is the customers, who are paying for all that expensive advertising, which ends up raising the prices of many products.

burden [bə́ːrdn]
부담, 짐, 괴로움
fancy [fǽnsi] 화려한, 엄청난
paid back 돌려받다

토론 핵심 표현
· **is only putting a burden on ~** ~에게 부담만 주고 있습니다
· **This is because ~** 그것은 ~ 때문입니다

광고는 소비자들에게 부담만 준다고 생각합니다. 그 화려한 광고를 위한 모든 돈을 누가 지불한다고 생각하세요? 물론 처음에는 제품을 홍보하는 회사들이 돈을 냅니다. 하지만 회사들은 우리 소비자들이 그들의 물건을 살 때 그 돈을 돌려받게 됩니다. 이것은 광고에 들어간 비용이 항상 가격에 포함되어 있기 때문입니다. 그래서 기본적으로 많은 제품의 가격을 높이는 비싼 광고 비용을 내는 것은 소비자들인 것이죠.

실전 토론하기

주어진 주제와 관련해 좀 더 깊이 있는 토론이 되도록 질문들을 제시했습니다.
이외에 자신이 생각하는 주제에 대해서도 함께 토론해 보세요.

1 | "Advertising has a negative effect on society." Do you agree or disagree with this statement?

2 | Does advertising actually affect your purchase decision? What affects you the most when choosing what to buy?

3 | What do you think is the most cost-effective mass media for advertising? (Hint: websites, TV, newspapers, billboards)

4 | Which types of ads are the most popular in Korea?

5 | What do you think is the key to making an advertisement successful?

내가 만든 토론 주제

앞의 질문들에 대답할 때 아래 문장들을 활용해 보세요.

1 | 광고는 통제할 수 없습니다.
- Ads are out of control.
- Advertisements are showing almost anything, without any real restrictions.

2 | 광고는 우리를 반영해야 합니다.
- Ads should reflect us.
- Ads should show Korean reality, not some fantastic model lifestyles.

3 | 광고는 경제 조정자가 될 수 있어요.
- Ads can be an economic driver.
- Korea needs to develop giant ad companies.

4 | 광고는 광고 이상의 것이 될 수 있어요.
- Ads can be more than ads.
- Ads do more than just showing products.

5 | 광고는 쇼핑 중독을 야기합니다.
- Commercials create shopaholics.
- Ads or commercials can cause us to spend too much.

6 | 보는 것을 믿지 마세요.
- Don't believe what you see.
- Ads create illusions to induce us to spend.

7 | 우리의 미래를 만드는 광고 회사들을 방해해선 안 됩니다.
- Don't interfere with ad companies that make our future.
- Let advertisers run free since they are making the future.

8 | 단순한 광고가 아니라 예술이에요.
- It's not just commercial: it's art.
- Some commercials are art forms.

Issue 33 Rich Man, Poor Man

부유한 사람, 가난한 사람

Right, let's begin our discussion on the gap between rich and poor. I think everyone would agree that there is a noticeable gap between rich and poor in Korea as well as everywhere else in the world. If you ride the subways on any given day, you'll probably see one or two people begging for money. Now, no one is sure whether to trust all of these people are homeless, but there's no doubt that homeless exists in Korea. Richer people travel by car or by taxi and usually don't have to deal with these sights. In fact, if you live in certain neighborhoods like Apkujeong or Gangnam, you probably wouldn't even know that poor people existed. It's not simply a problem of having money for fashionable clothing and cars, it's a problem of being able to feed your family and send your kids to school. **Let me ask what all of you think.**

- **Right, let's begin our discussion on ~** 자, ~에 관한 토론을 시작해 보죠
- **Let me ask what all of you think.** 여러분 모두 어떻게 생각하시는지 묻겠습니다.

gap [gæp] 차이, 격차, 간격 | **noticeable** [nóutisəbəl] 눈에 띄는, 현저한, 두드러진 | **beg for** 구걸하다, 청하다 | **deal with** 다루다, 처리하다, 취급하다 | **neighborhood** [néibərhùd] 근처, 인근, 이웃 | **fashionable** [fǽʃənəbəl] 최신 유행의, 일류의 | **feed** [fi:d] 부양하다, 양육하다

Issue 33_2.mp3

모범 토론 엿보기 : 다양한 시각에서 풀어놓은 다음 토론을 통해, 배경지식도 쌓고 자신의 의견도 정리해보세요.

 Opinion 1 가난한 사람에게는 기회도 주어지지 않아요.

Right, let's begin. The main difference between rich and poor is that poor people never get a chance to break out of their place in society. It's an endless cycle. If you're born rich, you start out with the best of everything. You can afford to receive a good education, get into a good school, get a good job and then make lots of money. And of course, if you ever have a problem, you can turn to your rich parents for support. If you're poor, you start off struggling. You don't get the good opportunities for anything. You have to work hard for every small accomplishment you make. **It's not fair.**

endless [éndlis]
끝이 없는, 끊임없는

struggle [strʌ́gəl]
발버둥치다, 몸부림치다

accomplishment
[əkámpliʃmənt]
성취, 완성, 수행

토론 핵심 표현
· **Right, let's begin.** 자, 시작하죠.
· **It's not fair.** 그건 불공평해요.

자, 시작하죠. 부자와 가난한 사람의 가장 큰 차이라면 가난한 사람은 사회에서 그들의 위치로부터 벗어날 기회를 결코 얻을 수 없다는 거죠. 그것은 끊임없는 순환입니다. 부유하게 태어난다면, 전부 최고의 것들을 가지고 시작하죠. 좋은 교육을 받고 좋은 학교에 들어가고 또 좋은 일자리를 얻어서 결국은 많은 돈을 벌 수 있게 됩니다. 그리고 물론, 당신에게 어떤 문제가 생긴다고 해도 당신의 부유한 부모님께 도움을 청할 수 있지요. 당신이 가난하다면, 당신은 힘들게 삶을 시작하게 되죠. 당신은 어느 것 하나 좋은 기회를 얻지 못합니다. 작은 것을 이루기 위해서도 많은 노력을 기울여야 합니다. 그건 불공평해요.

 Opinion 2 사회가 부자들에게 유리하도록 되어 있습니다.

You've nailed it on the head. What kind of life would a poor kid live in Korea? They probably can't afford to go to study institutions, so they'll end up with less education. They won't get into a good school. And we know

discriminate
[diskrímənèit]
구별하다, 차별하다, 차별 대우하다

encourage [enkə́:ridʒ]
촉진하다, 조장하다, 장려하다

favor [féivər]
편애하다, 호의를 보이다, 편들다

companies in Korea mostly hire graduates from the big schools. As you can see, their lives are set from birth. **To make it worse,** people discriminate against the poor, which further encourages the cycle. Our society is balanced to favor the rich. It's always been that way and it'll stay that way unless the government makes changes.

토론 핵심 표현

· **You've nailed it on the head.** 제대로 지적하셨습니다.

· **To make it worse** 설상가상으로

제대로 지적하셨습니다. 한국에서 가난한 아이들은 어떤 삶을 살게 될까요? 그들은 학원에 가서 공부할 여유가 없기 때문에 교육도 별로 받지 못하게 됩니다. 좋은 학교에 들어갈 수도 없겠지요. 그리고 한국의 기업들은 대개 명문 학교 졸업생들을 고용한다는 것을 우리는 알고 있습니다. 아시다시피, 그들의 삶은 태어날 때부터 정해져 있습니다. 설상가상으로 사람들은 가난한 사람을 차별하고 그로 인해 이러한 순환이 더욱 강화되죠. 우리 사회는 부자에게 유리하도록 안정화되어 있습니다. 지금까지 항상 그래 왔으며 정부가 변화를 시도하지 않는 한 항상 그대로일 것입니다.

 Opinion 3 정부와 비영리 단체들이 가난한 사람들을 돕고 있어요.

I have to disagree with that. I understand that rich people do get some advantages in life. However, we have ways to help out poor people. There are scholarships for hard working students who study and make good grades. And besides, it's not all about school. There are much fewer homeless people in Korea than in other countries. **Clearly we're doing something right.** I think our government programs and non-profit organizations are doing a good job. Despite all these, there is always going to be some people who fall through the cracks.

advantage [ədvǽntidʒ]
유리한 점, 강점

scholarship [skálərʃip]
장학금

non-profit [nàn-práfit]
비영리의, 이익을 추구하지 않는

fall through the cracks
발견하지 못한 채 지나치다,
무시되다

그 점에는 반대해야겠어요. 저도 부자들이 삶에서 어느 정도 유리한 점을 갖고 있다는 것은 잘 알고 있습니다. 그렇지만 가난한 사람들을 도울 방법들이 있어요. 공부를 열심히 해서 좋은 성적을 올린 학생들에게는 장학금을 줍니다. 게다가 학교뿐만이 아니에요. 다른 나라에 비해 한국에는 집 없는 사람들이 훨씬 적은 편이죠. 분명히 우리가 뭔가 잘하고 있는 거예요. 저는 우리 정부의 프로그램과 비영리 단체들이 좋은 성과를 내고 있다고 생각합니다. 그러나 이 모든 것들에도 불구하고, 혜택 받지 못하는 사람들이 생기기 마련이죠.

 Opinion 4 모든 사람들이 교육을 받을 수 있도록 해야 합니다.

That's what I'm trying to say. How much do you expect the government to help out? If there are any more interventions, then we'd have to convert to a communist government. Look at countries like Canada and France. They have very high taxes and they still have the same problems that we do. I think the government is doing a good job by making education available to everyone. **That's the way it should be.** They should continue to provide lots of scholarships and let poor students make it to good schools.

intervention [ìntərvénʃən]
조정, 중재, 간섭
communist [kámjənist]
공산주의의
convert [kənvə́:rt]
변하게 하다, 전환하다

그게 바로 제가 말하고자 하는 바예요. 정부가 얼마나 도와줄 수 있다고 생각하나요? 여기서 더 많은 간섭이 있게 된다면, 공산주의 정부로 바뀌게 될 거예요. 캐나다와 프랑스 같은 나라들을 보세요. 그들은 세금이 매우 높지만 여전히 우리와 똑같은 문제들을 안고 있지요. 저는 정부가 모든 사람들이 교육을 받을 수 있도록 노력하는 것은 아주 잘하고 있다고 생각합니다. 바로 그렇게 되어야 합니다. 계속해서 많은 장학금을 주고 가난한 학생들도 좋은 학교에 갈 수 있도록 해야 합니다.

주어진 주제와 관련해 좀 더 깊이 있는 토론이 되도록 질문들을 제시했습니다.
이외에 자신이 생각하는 주제에 대해서도 함께 토론해 보세요.

1 | What do you think about the gap between rich and poor?

2 | What can we do to reduce this gap?

3 | Whose responsibility is it to take care of the underprivileged?

4 | Does communism solve the gap in income?

5 | How much power does the government have to solve this problem?

내가 만든 토론 주제

Issue 33 *About the gap between rich and poor* 221

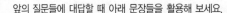

1 | 경기가 불황이면 부자들은 더욱 부유해지고 가난한 사람은 더욱 가난해지죠.
- When the economy is in slump, the rich get richer and the poor get poorer.
- When the economy is not performing its best, the gap between the rich and the poor widens.

2 | 문제는 허영심이에요. 한국의 젊은 세대들은 그들이 감당할 수 있는 것보다 훨씬 더 많은 돈을 쓰고 있어요.
- The problem is the vanity. The younger generations of Korea spend much more money than they can afford.
- The younger generations of Korea have a problem with vanity. They spend money recklessly.

3 | 당신이 부자라면 더 좋은 교육을 받을 여유가 있겠죠. 그리고 최고의 직업을 갖게 될 거예요.
- When you're rich, you can afford better education, which will lead to best jobs.
- Best jobs require good education, and you can only get them when you're rich.

4 | 교육은 모든 사람들에게 열려 있어야 해요. 부자이든 가난하든지 간에 말이에요.
- Education should be open to all, whether they're rich or poor.
- All people should have the right to be educated.

5 | 한국도 캐나다처럼 우수한 학생에게는 돈을 대출해 주는 제도를 마련해야 해요.
- Korea should adopt good student loan systems such as the ones in Canada.
- Canada has a good student loan system and Korea should look into adopting it.

6 | 당신이 공부하고자 하고 더 나은 교육을 받고자 하는 의지만 있다면 기회는 정말 많아요.
- If you have the will to study and get better education, there are so many opportunities.
- There are so many open chances for people to study and get educated as long as they have the desire for it.

7 | 불공평한 것은 좋은 교육을 받지 않아도 부자들은 여전히 더 부유해진다는 점이에요.
- The unfair thing is that even when the rich don't have good education, they still get richer.
- The rich will get richer anyways. It doesn't matter whether they have good education or not.

8 | 부의 불균형은 자본주의가 낳은 불행한 결과 중 하나이죠.
- The disparity in wealth is one of the unfortunate outcomes of capitalism.
- Capitalism created unfortunate outcomes such as disparity in wealth.

Issue 34   The Race for Equality

평등을 향한 질주

We're here today to discuss racism in Korea. Now, most people are aware that there are minorities living in Korea. Among them are populations of Chinese, Filipinos, Russians, and Vietnamese. However, due to their small presence, many people assume that Korea is a racially harmonious society. This is not the case. In fact, racism in Korea does exist. Koreans perceive minorities, people of different skin colors, and basically anyone who isn't Korean differently. Even if racism isn't in front of everyone's mind like it is in more racially-mixed countries like America, Koreans need to be aware of their own racist and prejudiced views. Well, what kind of racist views do you think you have? **What is your opinion on this?**

· **We're here today to discuss ~** 오늘 우리는 이 자리에서 ~에 관해 토론하고자 합니다
· **What is your opinion on this?** 이것에 대한 당신의 의견은 무엇입니까?

racism [réisizəm] 인종 차별, 편견 | **minority** [minɔ́:riti] 소수파, 소수 민족 | **Filipino** [fìləpí:nou] 필리핀 사람 |
harmonious [hɑːrmóuniəs] 조화된, 사이가 좋은 | **perceive** [pərsíːv] 인지하다 | **prejudiced** [prédʒədist] 선입
관을 가진, 편견을 가진

모범 토론 엿보기   다양한 시각에서 풀어놓은 다음 토론을 통해, 배경지식도 쌓고 자신의 의견도 정리해보세요.

 Opinion 1   흑인에 대한 편견이나 부정적인 시각들이 많아요.

I'd be happy to give you my opinion on this. There's no doubt in my mind that Korea has just as much a problem with racism as anywhere else. **Take this for example.** I know for a fact that English institutes are much more likely to hire a white person to teach English than someone from any other race. Blacks, Asians, or people of any other race, no matter how good their English is, will have troubles getting hired. I would say black people in general fall under the most prejudice. Many people have negative views towards blacks.

hire [háiər]
고용하다

race [reis]
인종

no matter how
아무리 ~한다 할지라도

fall under
~에 해당하다, ~을 받다

토론 핵심 표현
· **I'd be happy to give you my opinion on this.**
이 문제에 대한 저의 의견을 발표할 수 있게 되어 기쁘군요.
· **Take this for example.** 이걸 예로 들어 보죠.

이 문제에 대한 저의 의견을 발표할 수 있게 되어 기쁘군요. 제 생각에 한국도 다른 나라들처럼 인종 차별의 문제가 심각한 곳이라는 점은 의심의 여지가 없습니다. 이걸 예로 들어 보죠. 저는 영어 학원에서 다른 인종의 사람들보다 백인을 영어 강사로 더 많이 고용하려 한다는 사실을 알고 있습니다. 흑인이나 아시아인, 다른 인종의 사람들은 영어를 아무리 잘하더라도 일자리를 얻는 데 어려움을 겪을 것입니다. 일반적으로 흑인들이 가장 많은 편견의 영향을 받는다고 말할 수 있겠군요. 많은 사람들이 흑인들을 부정적인 시각으로 바라보고 있지요.

 Opinion 2   미국 TV나 영화를 통해 흑인에게 부정적인 시각을 갖게 되었어요.

That's a very good point. I think most Koreans' views of racism come from American television and American military presence though. **Don't you think?** The blacks in the military here make a bad impression because they're in the military, and on TV and in movies, it seems that black

military [mílitèri]
군대의, 군인의

make a bad impression
나쁜 인상을 주다

villain [vílən]
악한, 악인, 악당

people are always being presented as villains or other such characters. It's no wonder that Koreans have negative views of blacks. This can't be excused because it clearly shows the discrimination of race. And we should do something about it.

토론 핵심 표현
· **That's a very good point.** 좋은 지적이십니다.
· **Don't you think?** 그렇지 않나요?

좋은 지적이십니다. 그런데 저는 한국 사람들의 인종 차별에 대한 생각이 대부분 미국의 텔레비전이나 주한미군으로부터 생겨난다고 생각해요. 그렇지 않나요? 이곳 군대의 흑인들은 그들이 군대에 있다는 이유로 나쁜 인상을 주고 있으며 TV나 영화에서도 흑인들은 항상 악당이나 그와 비슷한 인물로 그려지기 마련입니다. 따라서 한국 사람들이 흑인들에게 부정적인 시각을 갖는 것도 당연합니다. 그렇지만 이것은 분명히 인종 차별이므로 결코 용인될 수 없습니다. 우리는 이 문제에 대해 뭔가를 해야 합니다.

 Opinion 3 피부가 검은 사람도 차별 받아요.

Yes, that's a good point. But I think you're also missing the point. I think Koreans in general have a negative view of dark skinned people regardless of their race. Darker skinned Koreans are discriminated against, not just black people. It's very subtle though. Look at TV here. All the famous actors and actresses seem to have perfect white skin. And the darker skinned characters are portrayed as crooks or as simple-minded people. It is definitely unreasonable. We should take a closer look at other races though. Most of them are here working low-class jobs.

토론 핵심 표현
· **Yes, that's a good point.** 네, 좋은 지적이십니다.
· **But I think you're also missing the point.**
그렇지만 당신 역시 중요한 점을 놓치고 있어요.

네, 좋은 지적이십니다. 그렇지만 당신 역시 중요한 점을 놓치고 있다고 생각합니다. 저는 한국 사람들이 일반적으로 인종에 상관 없이 피부가 검은 사람들에 대해 부정적인 견해를 가지고 있다고 생각해요. 피부가 검은 한국 사람들은 흑인이 아니더라도 차별을 받고 있죠. 매우 이해하기 어려운 부분이지만 말이죠. TV의 경우를 보세요. 유명한 배우들은 정말 새하얀 피부를 갖고 있는 걸로 보입니다. 그리고 피부가 검은 사람들은 악당이나 단순한 사람으로 그려지고 있습니다. 정말 불합리합니다. 그런데 다른 인종의 경우도 면밀히 살펴보아야 합니다. 그들 대부분이 이곳에서 하급의 일자리에 종사하고 있습니다.

 Opinion 4 다르다는 게 틀린 건 아니에요.

appearance [əpíərəns]
용모

May I interrupt here for a moment? I don't think it's true. Koreans don't discriminate koreans by their skin color. But we do discriminate people from South Asia in Korea. We do hire lots of people from South Asia. Some of these people have lived in Korea all their lives, learned the language and worked hard. Yet, we never really accept them in our society because they are different in apprearance. They are part of our society though and we should accept them into our culture.

토론 핵심 표현
· **May I interrupt here for a moment?** 여기서 제가 잠깐 끼어들어도 될까요?
· **I don't think it's true.** 그건 사실이 아닌 것 같아요.

여기서 제가 잠깐 끼어들어도 될까요? 그건 사실이 아닌 것 같아요. 한국인들은 피부색으로 한국인을 차별하지 않습니다. 그러나 우리는 한국에 사는 동남아시아인을 차별하지요. 우리는 동남아시아나 필리핀에서 온 사람들을 많이 고용하고 있습니다. 이들 중 일부는 평생 한국에서 살면서 언어를 배우고 열심히 일해 왔습니다. 그렇지만 우리는 단지 그들이 다른 모습이라는 이유만으로 그들을 결코 우리 사회에 받아들이려 하지 않죠. 그들도 우리 사회의 일원이며 우리는 그들을 우리 문화로 받아들여야 합니다.

주어진 주제와 관련해 좀 더 깊이 있는 토론이 되도록 질문들을 제시했습니다.
이외에 자신이 생각하는 주제에 대해서도 함께 토론해 보세요.

1 | Why do people have racist views or develop racist views?

2 | Is racism worse in a mixed race society or is it better?

3 | Do you see yourself as a racist? If so, why do you think so?

4 | What are some ways that the media affects racism?

5 | How can we prevent racism?

내가 만든 토론 주제

1 | 한국에 사는 아시아계 노동자들이 어떤 대접을 받는지 정말 믿기 어려울 정도예요.
- It's so hard to believe how Eastern Asian workers residing in Korea are treated.
- How horribly Eastern Asian workers are treated in Korea!

2 | 모든 한국 사람들이 다른 인종에 편견을 갖는 건 아니에요.
- Not all Koreans are prejudiced against other races.
- Don't say every Korean is prejudiced against other races.

3 | 백인들이 얼마나 차별주의자들인지 소리 높여 외치는 사람들은 본인들 역시 차별주의자일 가능성이 크죠.
- People who have the highest voice on arguing how racists Caucasians are, are likely to be racists themselves.
- The ones who get worked up for Caucasians being racists are likely to be racists against cultures from underdeveloped countries.

4 | 한국은 단일 민족이기 때문에 한국 사람들은 다른 민족들을 평등하게 대하는 법을 알지 못해요.
- Koreans, because Korea has only one race, never learn to treat other races equally.
- Koreans were never told to be equal to other races. Koreans don't have much experience with other races.

5 | 이십 년 전만 해도 길거리에서 외국인을 볼 수 없었죠.
- You could not see foreigners out on the streets not many years ago.
- It's only been a little over two decades when Korean started to see foreigners out on the streets.

6 | 사람들은 피해자의 시각에서만 모든 것을 보려 하죠.
- People only look at things from the victim's point of view.
- People tend to think that they're victims and have only one view.

7 | 그들의 피부색으로 누군가를 부른다면, 그것도 차별주의적인 거예요.
- When you call someone by his color, it's being racist.
- Koreans do not realize that it's a racist act to call someone based on his color.

8 | 한국에서 인종 차별을 어떻게 몰아낼 수 있을지 생각해 내야 해요.
- We have to come up with some ideas on how to prevent racism in Korea.
- We need some suggestions to prevent racism that exists in Korea.

Issue 35 Glass Ceiling

보이지 않는 벽

Is everyone here? **I think we can start now.** I wanted to talk to everyone today about gender equality in society. Korea is a very male-oriented society based on its Confucian roots. The problems have been addressed over the years but many still remain. Women have much less power than men do in government, in jobs, in pay, and often in their families as well. As Korea becomes a modern nation, we have to look at how this inequality can be fixed. For instance, many Korean companies won't hire women after their late 20s because they will get married and have children soon. Men don't face this problem. Yet, women who aren't married by that age are also looked down on. They are seen to have something wrong with them if they can't 'land a man' by that age. **By the end of this discussion, we need to ask ourselves** why our society continues to discriminate against women.

· **I think we can start now.** 이제 시작해도 되겠군요
· **By the end of this discussion, we need ask ourselves ~** 이 토론이 끝날 때쯤 우리는 ~을 자문해 보아야 합니다

gender [dʒéndər] 성, 성별 | **male-oriented** [meil-ɔ́:riəntid] 남성 중심의 | **Confucian** [kənfjúːʃən] 유교의, 유학자의 | **address** [ədrés] 제기하다, 제출하다 | **inequality** [ìnikwáləti] 사회적, 경제적 불평등, 불공평 | **fix** [fiks] 고정하다, 굳어지다 | **look down on** 멸시하다, 업신여기다 | **discriminate** [diskrímənèit] 차별하다, 차별 대우하다

모범 토론 엿보기 : 다양한 시각에서 풀어놓은 다음 토론을 통해, 배경지식도 쌓고 자신의 의견도 정리해보세요.

 Opinion 1 업무에 있어서도 남성이 더 적합합니다.

That's crazy. Women and men occupy very different places in society. Biologically, they're different. So of course they're treated differently. **Let's face it,** women do get pregnant and it causes problems for their employers. It's no wonder companies would prefer to hire men after a certain age. Besides, women need to be home to take care of their families and their children. Men are much better suited to the long hours and hard work required in a Korean company. I doubt a woman can work until 4 a.m., sleep, and then get back to work at 7 a.m.

occupy [ákjəpài]
잡다, 차지하다

biologically
[bàiəládʒikəli]
생물학적으로

treat [tri:t]
대우하다, 다루다, 취급하다

pregnant [prégnənt]
임신한

suit [su:t]
적합하다, 잘 맞다, 어울리다

토론 핵심 표현
· **That's crazy.** 그건 말도 안 돼요.
· **Let's face it** 사실은 사실대로 보죠

그건 말도 안 돼요. 여성과 남성은 엄연히 사회에서 매우 다른 위치를 차지하고 있어요. 생물학적으로 그들은 다릅니다. 그러니 당연히 다르게 취급 받는 거죠. 사실은 사실대로 보죠. 여성들이 임신하면 고용주들에겐 문제가 될 수밖에 없습니다. 회사가 특정 연령 이상의 남성들을 더 고용하고 싶어 하는 게 당연합니다. 게다가 여성들은 가족과 아이들을 돌보기 위해 가정을 지켜야 합니다. 남성들이 한국 기업에서 요구하는 장시간의 힘든 업무에 훨씬 더 적합합니다. 여성들이 새벽 4시까지 일하고 잠자리에 들었다가 아침 7시에 다시 출근할 수 있을지 의심스럽군요.

 Opinion 2 여성도 남성과 동일한 능력이 있어요.

I don't understand how you can be so out of touch with reality. Korea today is very different from 10 years ago. No family can survive on one income and that's why women are in the workplace now. Women are perfectly capable of working the same hours and the same workload

be out of touch with reality
현실과 동떨어지다, 현실에 대해 전혀 모르다

income [ínkʌm]
수입, 소득

workload [wə́:rklòd]
작업 부하

as men. The problem is that companies don't give them enough opportunities to prove themselves. And **what's worse**, they even pressure women to work harder to get them to break. It's clear that men are in power at the workplace and they want to stay powerful.

토론 핵심 표현
· **I don't understand ~** 저는 ~을 이해할 수 없어요
· **what's worse** 설상가상으로

저는 어떻게 당신이 그렇게 현실과 동떨어진 이야기를 하시는지 이해가 안 되는군요. 오늘날의 한국은 10년 전과는 매우 달라요. 한 사람의 수입만으로 살림을 꾸려 갈 수 있는 가정은 없어요. 그래서 요즘은 여성들도 직장에서 일하고 있는 거죠. 여성들도 남자들과 똑같은 시간 동안 일하며 똑같은 업무량을 완벽하게 소화할 능력이 있습니다. 문제는 회사에서 여성들에게 그 능력을 입증할 충분한 기회를 주지 않는다는 거죠. 설상가상으로, 그들은 여성들이 지쳐 쓰러질 때까지 일을 많이 하도록 압박합니다. 남성들이 직장에서 지배적인 위치에 있고 계속 권력을 유지하기를 원하는 것은 분명합니다.

 Opinion 3 여성이라는 이유로 더 많은 어려움을 겪어야 합니다.

That's exactly what I'm trying to say. I have a friend who couldn't get to college right after high school because her father passed away. She just started school and will probably graduate when she's 28. She's going to have a hard time finding a job because of discrimination. **Does that make sense?** She has suffered from losing her father and will suffer again by not being able to get a job. Women are in the workplace for the same reasons as men. Why should they face more trouble than men?

토론 핵심 표현
· **That's exactly what I'm trying to say.** 그것이 바로 제가 말하고자 하는 바예요.
· **Does that make sense?** 그게 말이 되나요?

그것이 바로 제가 말하고자 하는 바예요. 저에게는 아버지가 돌아가시는 바람에 고등학교 졸업 직후 대학교에 가지 못했던 친구가 있어요. 그녀는 이제 학교를 다니기 시작했고 아마 28세 때쯤 졸업하게 될 겁니다. 그녀는 차별 때문에 직장을 구하는 데 어려움을 겪게 될 거예요. 그게 말이 되나요? 그녀는 아버지를 잃은 슬픔으로 고통받았고, 또다시 직장을 구하지 못해 고통받게 될 겁니다. 여성들 역시 남성들과 똑같은 이유로 직장에 있는 것입니다. 왜 그들이 남성들보다 더 많은 어려움을 겪어야 합니까?

 Opinion 4 여성은 가정과 회사에서 다 일해야 해요.

Thank you for pointing that out. Men in Korea seem to want it both ways. They can't make enough money to take care of their families, yet they don't want to deal with the work at home. So they ask their wives to work to make money, and then push them to get better positions. Women in the workplace have a very tough time getting anything other than entry-level work. They are not likely to get promoted to higher positions. This is unacceptable. **I think that's all there is to it.**

point out
~을 지적하다

deal with
다루다, 처리하다, 취급하다

position [pəzíʃən]
지위, 직급, 신분

entry-level [éntri-lévəl]
초보적인, 견습적인

promote [prəmóut]
승진시키다

unacceptable
[ʌ̀nəkséptəbəl]
받아들일 수 없는

토론 핵심 표현
· **Thank you for pointing that out.** 그 점을 지적해 주셔서 고맙습니다.
· **I think that's all there is to it.** 이 점에 대해선 더 이상 말할 게 없는 것 같네요.

그 점을 지적해 주셔서 고맙습니다. 한국의 남성들은 두 가지를 다 원하는 것 같습니다. 그들은 가족을 부양할 만큼 충분히 돈을 벌지 못합니다. 그러면서도 가정에서 가사일을 하려고 하지 않죠. 그래서 그들은 아내들에게 일을 해서 돈을 벌라고 요구하고 또한 더 나은 직급으로 승진하라고 압박하지요. 직장에서 여성들은 신입 사원 수준의 일 이상의 것을 얻느라 매우 힘듭니다. 더 높은 직급으로 승진하기도 쉽지 않죠. 이것은 불합리합니다. 이 점에 대해선 더 이상 말할 게 없는 것 같네요.

주어진 주제와 관련해 좀 더 깊이 있는 토론이 되도록 질문들을 제시했습니다.
이외에 자신이 생각하는 주제에 대해서도 함께 토론해 보세요.

1 | Do you think men and women are treated differently in society? Why or why not?

2 | Do biological differences justify being treated differently in the workplace?

3 | How have economic problems changed demands on women and men in Korean society?

4 | What kind of problems can single women in her 30s expect from her society?

5 | What kind of problems can single men of the same age face?

내가 만든 토론 주제

앞의 질문들에 대답할 때 아래 문장들을 활용해 보세요.

1 | 최근의 변화를 눈치채지 못했나요? 여성들의 결혼 연령이 점점 늦어지고 있어요.
- Have you looked around lately? The age of women getting married is getting later.
- Did you not notice the changes lately? Women are getting married at a much later age.

2 | 똑같은 조건을 갖춘 남성과 여성의 초임에는 여전히 차이가 있죠.
- The starting salary for men and women with equal qualification is still different.
- Men and women with equal qualification get different starting salary.

3 | 어떤 사람들은 급격한 변화가 일어났다고 얘기하지만 어떤 것들은 결코 변하지 않을 거예요.
- Even though some say dramatic changes took place, some things will never change.
- Some say that there have been dramatic changes in the role of women, but the root will never change.

4 | 왜 남성들은 적극적이며 여성들은 순종적이어야 한다고 생각하는 거죠?
- Why do you think that men should be active and women should be submissive?
- Is there a rule for men to be active and women to be submissive?

5 | 35세 남성이 미혼이라면 사람들은 그가 업무 능력이 뛰어나다고 말합니다. 하지만 여성의 경우엔 무능력하다고 하지요.
- If a 35-year-old man is single, people say he's very competent at work. But if a woman is, then she's incompetent.
- A competent male would stay single until he's 35 and an incompetent woman would have to stay single forever.

6 | 또 한 가지 화나는 것은 남자들은 젊은 여자들과 결혼하고 싶어 한다는 거예요.
- Another annoying thing is that men want to marry young women.
- Men preferring young women is so annoying.

7 | 왜 여성들이 일하기를 바라는 거죠? 이미 집에서 할 일이 너무 많아요.
- Why would women want to work? They already have lots to do at home.
- Can't women just stay home and do housework? Why bother to work?

8 | 왜 여성들이 모든 집안일을 해야 하는 거죠? 가정은 남편과 아내가 함께 만들어 가는 거예요.
- Why are women to do all the housework? The house is made up of a husband and a wife together.
- Men are also part of a family. And to be a part of it, you have to take a part in it.

Issue 36 A Clean, Well-lit Closet

숨김 없고 떳떳할 수 있는 세상

What we want to do today is discuss homosexuality and transgender in Korea. This is a subject that has come into the spotlight due to people like Ha Ri Soo, Korea's first famous transgender TV personality. Other gays, transgender or not, face a very unique situation here. Although gays here are not openly discriminated against, that's not a sign that they are accepted. It simply means that homosexuality is not even acknowledged here. Many gays in Korea go through life leading 'normal' lives and hiding their secret other lives from their wives or husbands. Very few of them have the courage to come out about their sexual preferences. And nobody feels that Korean society would accept them. **What is your opinion about this?**

· **What we want to do today is discuss ~** 우리가 오늘 하고자 하는 것은 ~에 대해 토론하는 것입니다
· **What is your opinion about this?** 이것에 대한 당신의 의견은 무엇입니까?

homosexuality [hòuməsekʃuǽləti] 동성애, 동성애적 행위 | **transgender** [trænsdʒéndər] 성전환자 | **come into the spotlight** 세상의 주목을 받다 | **personality** [pə̀:rsənǽləti] 개인, 인간, 명사 | **gay** [gei] 게이, 동성애자 | **openly** [óupənli] 터놓고, 숨김 없이, 솔직히 | **acknowledge** [əknálidʒ] 인정하다, 시인하다 | **go through** 겪다, 경험하다 | **come out** 동성애자임을 공표하다 | **preference** [préfərəns] 더 좋아함, 선호

무작정 따라하기 ❶

모범 토론 엿보기 : 다양한 시각에서 풀어놓은 다음 토론을 통해, 배경지식도 쌓고 자신의 의견도 정리해보세요.

Issue 36_2.mp3

Opinion 1 한국에 사는 게이의 상당수는 외국인들입니다.

We need to look at this more carefully. I think many people are missing the point that many gays are a foreign presence in Korea. Look at the facts most gay clubs are located in Itaewon, a foreign district of Korea. Clearly, it's foreign gays that seem to create most of the gay presence here. Korean people are not gay. It's abnormal and just not something Korean people should ever accept. **Just one more thing,** if gay people want to live in a society, they should go to other countries that accept them.

presence [prézəns]
존재, 실재

district [dístrikt]
지구, 지역, 구역

abnormal [æbnɔ́ːrməl]
비정상적인, 이상한

토론 핵심 표현

· **We need to look at this more carefully.**
우리는 이 문제를 좀 더 신중하게 바라보아야 합니다.

· **Just one more thing** 한 가지만 더 말하자면

우리는 이 문제를 좀 더 신중하게 바라보아야 합니다. 한국에 사는 게이의 상당수가 외국인들이라는 점을 많은 사람들이 놓치고 있다고 생각합니다. 대부분의 게이 클럽들이 한국의 외국인 밀집 지역인 이태원에 위치해 있다는 사실을 보세요. 분명히 이곳에서 대부분 게이의 존재를 알게 해주는 것처럼 보이는 것은 외국인 게이들입니다. 한국 사람들은 게이가 아닙니다. 게이의 개념은 비정상적인 것이며 한국 사람들이 결코 받아들여서는 안 되는 것입니다. 한 가지만 더 말하죠, 만일 게이들이 사회에서 살아가고자 한다면 그들을 받아주는 다른 나라로 가야 합니다.

Opinion 2 한국은 보수적인 견해를 가진 폐쇄된 사회예요.

I would say that is difficult to support. Anyone who thinks gays in Korea are all foreigners, is in complete denial. **What I mean is that** many Koreans are gay but live secret lives simply to avoid controversy. That actor Hong Suk Chon took many risks and lost his career because he admitted he was gay. That's why people won't admit to it

denial [dináiəl]
부정, 부인

controversy
[kántrəvə̀ːrsi]
논쟁, 논의, 말다툼

closed [klouzd]
폐쇄적인, 배타적인

here. Korea is a closed society with very closed views on this subject. It's not that there are no gays here, but it's that no one will admit to their homosexuality.

토론 핵심 표현
- **I would say that is difficult to support.** 그 점에 대해서는 찬성하기가 어렵군요.
- **What I mean is that ~** 제가 말하고자 하는 바는 ~입니다

그 점에 대해서는 찬성하기가 어렵군요. 한국의 게이가 모두 외국 사람들이라고 생각하는 사람은 완전히 부인을 하고 있는 것입니다. 제가 말하고자 하는 바는, 많은 한국 사람들이 게이이지만 단지 논쟁에 휘말리지 않기 위해 비밀스러운 삶을 살아간다는 것입니다. 배우 홍석천은 자신이 게이라는 사실을 인정함으로써 많은 어려움을 겪어야 했고 직업까지 잃게 되었습니다. 바로 그렇기 때문에 이곳 사람들이 게이라는 사실을 인정하지 않으려는 겁니다. 한국은 이 주제에 관해서는 매우 보수적인 견해를 가지고 있는 폐쇄된 사회입니다. 이곳에 게이들이 전혀 없는 게 아니라 어느 누구도 자신들의 동성애를 시인하지 않으려 합니다.

 Opinion 3 게이임을 밝히면 잃을 것이 많기 때문이에요.

Thank you for pointing that out. There is simply too much to lose for gays in Korea. It's not that they don't exist. I'd say history has shown many instances of possible gays in Korea from King Sejong's time to now. But it's a problem in that many gays don't want to risk the exposure. **Let's take a look at** Ha Ri Soo for a moment. She is clearly a different case. Many Koreans only accept her simply because she is so convincing as a woman. Koreans only care about appearances, and she definitely looks like a woman. So she is accepted.

expose [ikspóuz]
폭로하다, 노출하다
convincing [kənvínsiŋ]
수긍이 가게 하는, 납득이 가는

토론 핵심 표현
- **Thank you for pointing that out.** 그 점 지적해 주셔서 감사합니다.
- **Let's take a look at ~** 잠깐 ~을 보죠

그 점 지적해 주셔서 감사합니다. 한국에서 게이들은 단순히 너무 많은 것을 잃는 것 같습니다. 그들이 존재하지 않는 것은 아닙니다. 역사적으로 봐도 세종 대왕 시절부터 지금에 이르기까지 게이로 추정되는 사례들이 많이 있었습니다. 그러나 많은 게이들이 드러낼 엄두를 내지 않는다는 점에 문제가 있지요. 잠깐 하리수의 경우를 보죠. 그녀는 분명히 다른 경우입니다. 많은 한국인들이 그녀를 받아들인 것은 단순히 그녀가 여성의 모습에 가까웠기 때문이죠. 한국인들은 단지 외모만 중시하는데, 그녀는 확실히 여성처럼 보였지요. 그래서 그녀가 받아들여진 겁니다.

 Opinion 4 다른 사회처럼 한국도 적응하는 데 시간이 걸릴 뿐입니다.

In one sense that might be true, but I'd say that it's way too simplified. Korea is a complex society with complex views. It has many Confucian influences, Western Christian influences, and a very conservative streak. Homosexuality is still a relatively difficult concept for most societies to accept. It's no wonder Korea has problems adjusting. **I do agree with you completely that** our society should keep a more open mind. Perhaps in the next few years, things will get better, and people will accept anyone regardless of their sexual orientation.

simplified [sìmpləfàid]
간소화한, 간략하게 한

complex [kəmpléks]
복잡한, 얽히고 설킨

conservative
[kənsə́ːrvətiv]
보수적인, 전통적인

streak [striːk]
경향, 기미

relatively [rélətivli]
비교적, 상대적으로

concept [kánsept]
개념, 구상, 발상

adjust [ədʒʌ́st]
조정하다, 적응하다

orientation [ɔ̀ːrientéiʃən]
지향, 관심, 본능

> 토론 핵심 표현
> · **In one sense that might be true, but ~** 어떤 점에서 그것이 사실일 수도 있지만, ~
> · **I do agree with you completely that ~** 저도 ~에 대해 전적으로 찬성합니다

어떤 점에서 그것이 사실일 수도 있지만 그건 너무 단순화된 생각이라고 말씀드리고 싶어요. 한국은 다양한 생각들이 존재하는 복잡한 사회입니다. 유교로부터도 많은 영향을 받았고, 서구 기독교의 영향도 받았으며 매우 보수적인 경향도 가지고 있습니다. 동성애는 아직까지도 대부분의 사회에서 상당히 받아들여지기 어려운 개념입니다. 한국이 그 개념에 적응하는 데 어려움을 겪는 것도 당연합니다. 저도 우리 사회가 좀 더 개방된 사고를 가져야 한다는 데 전적으로 찬성합니다. 아마 앞으로 몇 년 후에는 상황이 더 나아질 것입니다. 그리고 사람들은 성적 취향에 관계 없이 누구든 받아들이게 될 것입니다.

주어진 주제와 관련해 좀 더 깊이 있는 토론이 되도록 질문들을 제시했습니다.
이외에 자신이 생각하는 주제에 대해서도 함께 토론해 보세요.

1 | What kind of discrimination do gay people face in society?

2 | What is the history of gay people and gay culture in Korea?

3 | What risks do famous gay people take when they publicize their sexuality?

4 | Is Korea an open or closed society? Is that a problem or not?

5 | Are gays a foreign or domestic influence?

내가 만든 토론 주제

1 | 하리수가 처음 TV에 나왔을 때 저는 정말 깜짝 놀랐어요.

- When Ha Ri Soo made her first appearance on TV, I was very shocked.
- It was very shocking to see Ha Ri Soo's debut on TV.

2 | 내가 성전환자와 함께 있다는 것을 안다면, 매우 불편하게 느낄 거예요.

- If I knew I was with a transgender, I would feel very uncomfortable.
- I would be fine with a transgender as long as I didn't know it.

3 | 동성애자가 되는 것은 선택하는 것이 아니에요. 그렇게 태어나는 거죠.

- Being homosexual is not a choice. You are born into it.
- You cannot choose to be a homosexual. You're born homosexual.

4 | 눈이 작은 사람을 비난할 수 있을까요? 그렇다면 동성애자는 왜 비난하는 거죠?

- Can you criticize a person for having small eyes? Then why criticize homosexuals?
- You cannot blame a person because he has small eyes. Then why blame him for being homosexual?

5 | 스스로를 자신 있게 드러내는 하리수를 보면 매우 기뻐요.

- I am very happy to see Ha Ri Soo standing up for herself.
- I'm glad to see that Ha Ri Soo isn't hiding herself.

6 | 주민등록번호를 바꾸어 주었을 때 법정은 결국 하리수의 편을 들어준 거죠.

- The court was in favor of Ha Ri Soo when they changed her social security number.
- Ha Ri Soo won the case of changing her social security number.

7 | 신이 남성과 여성을 창조하는 거예요. 의사가 아니죠.

- God creates men and women. Not doctors.
- Doctors should not be the ones to change gender. It'd be going against God's will.

8 | 당신은 성전환자와 결혼할 수 있겠어요? 그것은 곧 당신이 아이를 가질 수 없다는 뜻인데도요?

- Are you willing to marry a transgender? Even if it means that you can't have children?
- Well, you know that you cannot have children when you marry a transgender. Would you still do it?

Issue 37 Terror or Freedom

테러냐 자유냐

The purpose of this discussion is to talk about the new age of terrorism in the world. The September 11th attack on the World Trade Center set off incidents creating wars and problems for years to come. Conflicts in Israel between Israelis and Palestinians go on without yield. Many people have become weary of the news because every day, the news only focuses on the latest bloody terrorist attack. It seems every corner of the globe has some problem with some organization that can only be resolved by bombings and death. There must be some solutions to these problems. Let's take a closer look at these terrorist situations. **I'll chair this discussion.**

- **The purpose of this discussion is to ~** 이 토론의 목적은 ~ 하는 것입니다
- **I'll chair this discussion.** 제가 이 토론을 진행하겠습니다.

terrorism [térərìzəm] 테러리즘, 테러 행위 | **attack** [ətǽk] 공격 | **set off** ~을 시작하게 하다, 출발하다 | **incident** [ínsədənt] 사건, 분쟁 | **conflict** [kánflikt] 충돌, 투쟁, 마찰 | **yield** [ji:ld] 양보(하다) | **be weary of** 싫증이 나다, 짜증나다 | **bloody** [blʌ́di] 잔인한, 피로 얼룩진 | **bombing** [bάmiŋ] 폭탄 투하 | **chair** [tʃεər] 사회를 보다, 의장이 되다

무작정 따라하기 ❶

모범 토론 엿보기 ▶ 다양한 시각에서 풀어놓은 다음 토론을 통해, 배경지식도 쌓고 자신의 의견도 정리해보세요.

 Opinion 1 테러리스트들은 살인자에 지나지 않아요.

Let me begin by saying that there is no excuse for killing. Terrorists are not freedom fighters by any means. They're just murderers plain and simple. Take Palestinian suicide bombers for example. Someone who sets off a bomb killing and injuring dozens of innocent people is a murderer. What kind of political justification can you have for this action? It's inexcusable. **In short,** anyone who tries to justify the actions of terrorists is supporting murder.

토론 핵심 표현
· **Let me begin by saying that ~** 저는 ~라는 것을 말씀드리면서 시작하겠습니다
· **In short** 간단히 말해서

저는 살인에는 어떤 변명도 통하지 않는다는 것을 말씀드리면서 시작하겠습니다. 테러리스트들은 결코 자유의 투사가 될 수 없습니다. 그들은 명백히 그저 단순한 살인자에 지나지 않죠. 팔레스타인의 자살 폭탄 테러의 경우를 예로 들어 보죠. 폭탄을 터뜨려 무고한 사람들을 수십 명씩 죽이고 다치게 하는 사람은 살인자입니다. 이러한 행동에 대해 어떤 정치적인 정당성을 주장할 수 있을까요? 이것에는 변명의 여지가 없어요. 간단히 말해서 테러리스트의 행동을 정당화하려고 하는 사람은 살인을 지지하는 것입니다.

 Opinion 2 팔레스타인 사람들에게는 그것 외에는 선택의 여지가 없어요.

That's only what you think. Look at the situation in Israel. The Israelis have all these weapons and tanks and heavy armor. What do the Palestinians have? Nothing. They have to fight against a superior force with whatever they have. And suicide bombings are the only option they are left with. They are fighting for their freedom. It's not like they're killing people for fun. They're trying to survive with what they have. **Put yourself into their place.** The

---

murderer [mə́:rdərər]
살인자

plain and simple
명백하고 단순한

suicide bomber
[súːəsàid bámər]
자살 폭탄

set off
폭발시키다

innocent [ínəsnt]
악의없는, 결백한

justification
[dʒʌ̀stəfikéiʃən]
정당화, 옹호, 변명

inexcusable
[ìnikskjúːzəbəl]
변명할 도리가 없는,
용서할 수 없는

armor [áːrmər]
갑옷, 철갑

force [fɔːrs]
군대, 병력

have no choice but to
~할 수 밖에 없다, ~ 밖에 다른
도리가 없다

acts they do may seem like terrorist acts, but really, they have no choice but to carry them out.

> 토론 핵심 표현
> · **That's only what you think.** 그것은 당신의 생각일 뿐이에요.
> · **Put yourself into their place.** 그들의 입장이 되어 생각해 보세요.

그것은 당신의 생각일 뿐이에요. 이스라엘의 상황을 보세요. 이스라엘 사람들은 각종 무기, 탱크, 중장비 기갑 부대 등을 갖고 있습니다. 팔레스타인인들에게는 무엇이 있죠? 아무것도 없어요. 그들은 가지고 있는 모든 걸 동원해 우월한 군대에 맞서 싸워야 해요. 그리고 자살 폭탄만이 그들에게 남겨진 유일한 선택이죠. 그들은 자유를 위해 싸우고 있어요. 재미로 사람을 죽이는 것과는 다릅니다. 그들은 자신들이 가진 것만으로 살아 남으려고 애쓰고 있어요. 그들의 입장이 되어 생각해 보세요. 그들이 하는 행동은 테러 행위처럼 보일 수 있지만 사실 그들은 그렇게 할 수밖에 없어요.

 Opinion 3 무고한 사람들에 대한 공격일 뿐이에요.

I totally disagree. I think there are always choices other than killing. Perhaps the Palestinians aren't trying hard enough. The fact is that innocent people are getting killed. Look at the attack on the World Trade Center in America. The people who were killed were innocent workers. Some of them weren't even American citizens. Many were foreigners, even Muslims. **I think you've got it all wrong that** they didn't have any options. It was just an attack on innocent people and they have definitely spread a message to the world. And that message is that they are terrorists willing to terrorize people.

> 토론 핵심 표현
> · **I totally disagree.** 저는 전적으로 반대합니다.
> · **I think you've got it all wrong that ~**
>   당신의 ~라는 생각은 완전히 틀렸다고 생각해요

citizen [sítəzən]
시민, 국민, 민간인
Muslim [mʌ́zləm]
이슬람교도, 이슬람 문명
terrorize [térəràiz]
위협하다, 공포의 도가니로 몰아넣다

저는 전적으로 반대합니다. 살인 말고도 항상 다른 방법들이 있다고 생각해요. 아마도 팔레스타인인들은 충분히 노력하지 않고 있을 거예요. 무고한 사람들이 살해당하고 있는 게 사실이에요. 미국의 무역 센터에 대한 공격을 보세요. 죽은 사람들은 아무런 죄가 없는 근로자들이었어요. 그들 중 일부는 미국 시민도 아니었죠. 많은 사람들이 외국인이었으며 심지어는 이슬람교도들도 있었어요. 그들에게 다른 선택이 없다는 당신의 생각은 완전히 틀린 거라고 생각해요. 그것은 단지 무고한 사람들에 대한 공격이었을 뿐이며 그들은 분명히 전 세계에 한 가지 메시지는 전달했죠. 그 메시지는 바로 그들이 사람들을 위협하는 테러리스트라는 점이에요.

 Opinion 4 세상의 불균형이 줄어들어야 해요.

I see what you're trying to say. But I don't think it's as simple as that. Terrorists choose their own political strategy. They are both freedom fighters and murderers depending on how you look at it. There's a lot of imbalance in the world, and terrorist actions are usually just a result of those imbalances. If there were more fair dealings in the world, I think there would be fewer problems with terrorists. **I think we are well aware that** if we all work together on getting that balance, the world would be a better place.

strategy [strǽtədʒi]
전략, 전술, 병법

imbalance [imbǽləns]
불균형, 불안정

dealing [díːliŋ]
교섭, 교제, 거래

토론 핵심 표현

· **I see what you're trying to say.** 당신이 무슨 말을 하려는지 알겠어요.
· **I think we are well aware that ~** 저는 우리가 ~라는 점을 잘 알고 있다고 생각해요

당신이 무슨 말을 하려는지 알겠어요. 하지만 그렇게 단순한 문제는 아니라고 생각해요. 테러리스트들은 그들 나름의 정치적 전략을 선택하는 거예요. 당신이 어떻게 보느냐에 따라 그들은 자유의 투사일 수도 있고 살인자일 수도 있죠. 세상에는 불균형한 측면이 많죠. 그리고 테러리스트의 행동들은 보통 이러한 불균형의 결과인 겁니다. 세상이 보다 공평하게 돌아간다면, 테러리스트들로 인한 문제도 줄어들 거예요. 저는 우리가 그 균형을 이루기 위해 함께 노력한다면 세계가 더 나은 곳이 될 거라는 점을 우리가 잘 알고 있다고 생각해요.

244

실전 토론하기

주어진 주제와 관련해 좀 더 깊이 있는 토론이 되도록 질문들을 제시했습니다.
이외에 자신이 생각하는 주제에 대해서도 함께 토론해 보세요.

1 | What are some of the major terrorist conflicts in the world today?

2 | Why do people commit violent acts of terrorism?

3 | What are the differences between a terrorist and a freedom fighter?

4 | What terrorist actions are excusable? What are inexcusable?

5 | What are ways to stop terrorism? Will terrorism stop naturally?

내가 만든 토론 주제

앞의 질문들에 대답할 때 아래 문장들을 활용해 보세요.

1 | 보복은 해결책이 아니에요. 더 큰 문제들을 야기할 뿐이죠.
- Retaliation is not a solution. It just creates bigger problems.
- When you try to retaliate, the problem doesn't end. Instead, more problems come up.

2 | 당신의 가족 중 한 사람이 9월 11일 테러 때 세계 무역 센터 안에 있었다고 하더라도 똑같이 말할 수 있을까요?
- Would you still say the same if one of your family members was inside the WTC on September 11th?
- Let's say one of your family members was a victim of the WTC terror. Would you still say the same?

3 | 어떤 경우에도 전쟁을 일으키는 것은 용납될 수 없어요.
- Declaring a war in any cases is unacceptable.
- It is inexcusable to declare a war.

4 | 세상이 한순간이라도 평화로울 수 있을까요?
- Will there ever be world peace?
- Will the world ever be at peace?

5 | 세상의 모든 나라가 하나로 합쳐지는 경우가 아니라면 테러는 끝나지 않을 거예요.
- Terror will never stop unless all countries in the world unite.
- Terror will only stop when the world becomes one united country.

6 | 통합된 후라도 테러리즘은 존재할 거예요. 결코 끝나지 않을 이야기지요.
- Even after the unification, there will still be terrorism. It's just a never-ending story.
- Terror will still exist even when the whole world is united. It's the same story over and over.

7 | 전쟁 때문에 죄 없는 이라크 사람들이 죽어 가는 것을 어떻게 이해할 수 있겠어요?
- How can I ever understand all those innocent Iraqis dying due to war?
- How awful it is that all those innocent Iraqis died in the war!

8 | 테러는 단지 힘 없는 소수 집단의 투쟁일 뿐이죠.
- Terror is just a fight for the minority with no power.
- The struggling minority blaming on other country is terror.

Issue **38** Reduce, Reuse, Recycle!

줄이자, 다시 쓰자, 재활용하자!

Today we want to take a closer look at the problem of pollution in Korea. Many people will notice on a flight into Korea that the air looks thick with color and smog. This is simply air pollution. Many people report problems breathing here, problems with the drinking water, and many other problems with the environment in general. The fact is Korea is a very polluted country. The question is to what extent they should clean up their act. Many other countries have become successful and economically powerful because of past environmental problems. What can one expect from a country that's still developing its economy? This is a problem that's often asked about countries like Korea. **What does everyone think about this?**

- **Today we want to take a closer look at the problem of ~** 오늘은 ~의 문제에 관해 자세히 살펴보고자 합니다
- **What does everyone think about this?** 이 문제에 대해 모두들 어떻게 생각하나요?

pollution [pəlúːʃən] 오염, 공해 | **notice** [nóutis] 알아채다, 인지하다 | **extent** [ikstént] 범위, 정도, 한도 | **clean up** 정화하다, 깨끗이 청소하다, 치우다 | **economically** [ìːkənámikəli] 경제적으로

모범 토론 엿보기 | 다양한 시각에서 풀어놓은 다음 토론을 통해, 배경지식도 쌓고 자신의 의견도 정리해보세요.

 Opinion 1 환경을 보호하기 위해 예방 조치를 마련해야 합니다.

What I want to say is that the environment is everyone's concern and everyone should contribute equally. If Korea doesn't take the necessary precautions to protect its environment during economic expansion, how does it expect to fix the problems later? Every country, whether developed or not, is responsible for its own waste. Korea can be a very wasteful country and we should try and fix that. **The way I see it**, it doesn't cost the government that much money, and it's a worthwhile investment.

concern [kənsə́:rn]
관심, 관심사, 걱정거리

contribute [kəntríbjut]
기여하다, 공헌하다, 이바지하다

precaution [prikɔ́:ʃən]
사전 대책, 예방 조치

expansion [ikspǽnʃən]
팽창, 확장, 발전

wasteful [wéistfəl]
낭비하는, 비경제적인

worthwhile [wə́:rθhwáil]
가치 있는, 시간과 노력을 들일 만한

investment [invéstmənt]
투자

토론 핵심 표현
· **What I want to say is ~** 제가 말하고자 하는 바는 ~입니다
· **The way I see it** 제가 생각하는 바로는

제가 말하고자 하는 바는 환경은 모든 사람의 문제이므로 모두 똑같이 노력해야 한다는 점입니다. 한국이 경제 발전 시기에 환경을 보호하기 위해 필수적인 예방 조치들을 마련하지 않는다면, 후에 이 문제들을 어떻게 해결할 수 있겠습니까? 선진국이든 아니든, 모든 나라는 그들의 쓰레기에 책임이 있습니다. 한국도 매우 소비적인 국가가 될 수 있으므로 우리는 그것을 노력해서 고쳐야 합니다. 제가 생각하는 바로는 정부가 많은 비용을 지출해야 하는 것도 아니며 그것은 가치 있는 투자입니다.

 Opinion 2 한국 사람들은 지금 제대로 잘하고 있어요.

You must be crazy. You can't compare Korea to other countries. For example, Americans have been polluting the world for a full century and more, and now they expect everyone else to clean up their act? It makes no sense. I don't think Koreans should be exempt from keeping environmental standards. But it seems that we're already doing our part. Koreans are good about recycling. **In**

be exempt from
~을 면제받다

standard [stǽndərd]
표준, 규준, 규격

recycle [ri:sáikəl]
재생하여 이용하다, 재순환시키다

on the right track
옳은 길을 가고 있는, 타당한

addition to that, there are laws being put into place to keep things running even more smoothly. I think we're on the right track here.

> 토론 핵심 표현
> · **You must be crazy.** 당신 제정신이 아니군요.
> · **In addition to that ~** 게다가

당신 제정신이 아니군요. 한국을 다른 나라와 비교할 수는 없어요. 예를 들어 미국은 한 세기 이상 전 세계를 오염시켜 왔습니다. 그러고는 지금 와서 다른 사람들에게 자신들이 저질러 놓은 것을 대신 치워 달라고요? 말도 안 됩니다. 저는 한국 사람들이 환경 기준 적용 대상에서 면제되어야 한다고는 생각하지 않습니다. 그렇지만 이미 우리는 우리의 할 일을 하고 있는 것 같아요. 한국 사람들은 재활용을 잘하고 있죠. 게다가 더 순조롭게 모든 것이 진행되도록 하는 법들이 있죠. 우리는 지금 제대로 잘하고 있다고 생각해요.

 Opinion 3 환경은 모두의 책임이고 모두 노력해야 하는 것입니다.

Just a moment. That doesn't let Korea off the hook. Korea is responsible for the air around itself and its neighbors. Pollution in China leads to pollution here and vice versa. It's our responsibility to our neighbors as well as us to keep things clean. There are so many things individuals can do. We can recycle and we can hold campaigns to get people to recycle as well. We can try cut down on our use of disposable goods and fossil fuels. **The whole point is,** no one should get a free ride when it comes to the environment.

> 토론 핵심 표현
> · **Just a moment.** 잠깐만요.
> · **The whole point is** 최종적으로 말하자면

off the hook
궁지를 벗어나, 문제나 어려운 정황에서 벗어나

lead to
~로 이끌다, ~의 원인이 되다

vice versa [váisa vəːrsə]
반대로, 역으로

disposable [dispóuzəbəl]
사용 후 버릴 수 있는, 마음대로 처분할 수 있는, 일회용의

fossil fuel [fásl fjúːəl]
화석 연료

when it comes to
~라면, ~에 관해서는

잠깐만요. 그렇다고 한국이 모든 책임을 피할 수 있는 것은 아니죠. 한국은 자국과 이웃 주변 국가의 대기에 책임이 있어요. 중국의 오염은 이곳을 오염시킬 수 있으며 반대의 경우도 마찬가지죠. 모든 것을 깨끗하게 유지하는 것은 우리 자신뿐만 아니라 우리 주변국들에 대한 우리의 책임입니다. 개인이 할 수 있는 것들도 아주 많아요. 재활용을 할 수도 있고 다른 사람들 역시 재활용을 하도록 캠페인을 할 수도 있어요. 우리는 일회용품이나 화석 연료의 사용을 줄이도록 노력할 수 있습니다. 최종적으로 말하자면, 어느 누구도 환경 문제에 관한 한 무임 승차를 해서는 안 됩니다.

 Opinion 4   환경을 위해 할 수 있는 일들이 많습니다.

I couldn't agree with you more. There's just no way to get around the environment. It's the air we breathe, the water we drink. It's what ends up in our bodies. We have to take care of it. Every government from rich to poor, should force regulations to a certain minimum level. **As far as I see it,** there's so much we could do: use public transportation, reduce our trash, use things more than once. Koreans should never lose sight of this goal. For instance, I once heard that South Koreans waste enough food to feed North Korea. That should be something to keep in mind.

get around
잘 피하다, 극복하다
regulation [règjəléiʃən]
규정
transportation
[trænspərtéiʃən]
교통
lose sight of
~을 잊다, 간과하다

> 토론 핵심 표현
> · **I couldn't agree with you more.** 저도 당신의 의견에 전적으로 동의합니다.
> · **As far as I see it** 제가 알기로는

저도 당신의 의견에 전적으로 동의합니다. 환경을 피할 길은 없어요. 우리가 호흡하는 공기이며, 우리가 마시는 물이기 때문이죠. 결국 우리 몸 안에 쌓이는 것입니다. 우리가 처리해야 하지요. 경제적으로 부유한 국가에서 빈곤한 국가에 이르기까지 모든 정부들은 최소한의 수준까지는 규제를 강제해야 합니다. 제가 알기로는 우리가 할 수 있는 일도 매우 많습니다. 대중 교통 이용하기, 쓰레기 줄이기, 물건을 한 번 이상 사용하기 등이죠. 한국 사람들은 이 목표를 결코 잊어서는 안 됩니다. 예를 들면, 제가 듣기로 남한 사람들은 북한 사람들을 충분히 먹여 살릴 만한 양의 음식을 낭비하고 있다고 하더군요. 이 점은 반드시 명심해야 할 사항입니다.

주어진 주제와 관련해 좀 더 깊이 있는 토론이 되도록 질문들을 제시했습니다.
이외에 자신이 생각하는 주제에 대해서도 함께 토론해 보세요.

1 | Who is responsible for most of the world's pollution?

2 | Should developing nations have the same safety precautions as developed nations?

3 | Who should bear the most cost for keeping the environment clean?

4 | What are some ways to protect the environment?

5 | What are some things you can recycle at home?

내가 만든 토론 주제

앞의 질문들에 대답할 때 아래 문장들을 활용해 보세요.

1 | 대기 오염 문제는 서울 같은 인구 과밀 지역뿐만 아니라 한국 전체에 존재하지요.

- The problem of air pollution exists all over Korea, not just in overpopulated area such as Seoul.
- It's natural to have polluted air in Seoul, an overpopulated city. But the same problem exists all over Korea.

2 | 한국에는 지금 캐나다보다 40배 작은 공간에서 5천만 명 정도의 사람들이 살고 있어요.

- Korea now has about 50 million people living in the area that is 40 times smaller than Canada.
- Korea is 40 times smaller than Canada but has about 50 million people.

3 | 대기 오염은 단기간에 없앨 수 있는 것이 아니에요.

- Air pollution is not something that you can get rid of in a short period of time.
- We cannot get rid of air pollution in just one day.

4 | 우리는 좀 더 엄격한 재활용 프로그램을 시행해야 해요.

- We need to practice more strict recycling programs.
- Strict recycling programs are needed.

5 | 사람들로 하여금 각종 음료 용기에 대해 돈을 내도록 하는 것은 어떨까요?

- How about people putting in deposit money for all kinds of drink containers?
- What if people had to deposit money for containers when buying drinks?

6 | 플라스틱으로 된 주방 용품을 사용하지 말아야 해요.

- You should try to avoid using plastic kitchenware.
- You can save environment by avoiding plastic kitchenware.

7 | 어떤 사람들은 환경을 보존하기 위해 최선을 다하지만, 또 다른 사람들은 환경을 돌보지 않는 데 최선을 다하죠.

- Some are doing their best to save the environment, and others are trying their best not to care for the environment.
- While some people are working hard to save the environment, some other people destroy it.

8 | 오직 자신만 생각하는 악덕 사업가들이 있는 한 상황은 바뀌지 않을 거예요.

- The situation will never change as long as there are vicious business men only thinking of themselves.
- Until all vicious businessmen become honest, the situation will stay the same.

Issue 39

Till Death Do Us Part

죽음이 우리를 갈라놓을 때까지

Today's discussion will be about the death penalty. As you know, the death penalty is a very controversial topic. After all, it literally is a matter of life or death. Does anyone remember the movie, *Dead Man Walking*, starring Sean Penn? It was a movie that dealt with this issue and raised a lot of arguments at the time. In America, where the argument is fierce, both sides brought up many interesting points about the morality and the effectiveness of the death penalty. Each state is allowed to make its own decisions about having the death penalty or not. Some states like Texas have tens of executions a year. People who oppose claim that many of these people are innocent of their crimes and are thus being wrongfully killed by the state. Others claim that these people are all guilty and thus should pay for their crimes with the ultimate price. Deciding who is right and what a government should do is a tough decision. **Does anyone have any questions?**

· **Today's discussion will be about ~** 오늘 토론은 ~에 관한 것입니다
· **Does anyone have any questions?** 질문 있으십니까?

Till death do us part 죽음이 우리를 갈라놓을 때까지, 결혼 서약에 쓰이는 말로 여기서는 사형 제도가 논란 거리가 될 수 있음을 비유적으로 표현한 말 | **death penalty** [déθ pénəlti] 사형 제도 | **controversial** [kὰntrəvə́:rʃəl] 논쟁의, 논의의 여지가 있는 | **literally** [lítərəli] 글자 그대로, 사실상 | **fierce** [fiərs] 맹렬한, 격렬한 | **execution** [èksikjúːʃən] 실행, 집행

모범 토론 엿보기 다양한 시각에서 풀어놓은 다음 토론을 통해, 배경지식도 쌓고 자신의 의견도 정리해보세요.

 Opinion 1 사형 제도는 효과가 없습니다.

Let us think about that for a minute. I think you're bringing up several points, but the most important one is 'Does the death penalty even work?' I think the answer is 'no'. Most people commit these crimes out of rage and in the moment. Most of them don't sit and weigh the pros and cons of killing their victims. Also there's no guarantee they'd get caught and if they did get caught, there's no guarantee they'd be convicted. And in addition to that, they need to go through the appeals process and the years and years of court battles. **It seems clear to me that** the death penalty simply doesn't work.

rage [reidʒ]
격노, 분노

weigh [wei]
신중하게 따져 보다

pros and cons
찬반 양론

guarantee [gæ̀rəntíː]
보증, 담보

convict [kənvíkt]
유죄를 입증하다, 유죄를 선고하다

appeals process
[əpíːl práses]
항소 과정

토론 핵심 표현
· **Let us think about that for a minute.** 잠깐 그 점에 대해 생각해 보죠.
· **It seems clear to me that ~** 저에게는 분명히 ~인 것 같습니다

잠깐 그 점에 대해 생각해 보죠. 저는 당신이 여러 가지 요점들을 언급했지만 가장 중요한 것은 '사형 제도가 과연 효과가 있을까' 하는 점이라고 생각합니다. 답은 '아니다' 라고 생각합니다. 대부분의 사람들은 화가 나서 순간적으로 이런 범죄들을 저지르게 되지요. 범죄자들 대부분은 그 희생자들을 죽이는 것을 놓고 찬반 양론의 득실을 따져 보지 않습니다. 또한 그들이 잡힌다는 보장도 없으며 잡힌다 해도 유죄 판결을 받는다는 보장도 없습니다. 게다가 그들은 항소 진행과 몇 년에 걸친 법정 싸움을 겪어야 합니다. 저는 확실히 사형 제도가 별 효과가 없다고 생각합니다.

 Opinion 2 무고한 사람들을 처형할 수도 있습니다.

You're right. The death penalty doesn't work. And what's more, it discriminates against minorities. Look at the system in America. Why is the largest percentage of inmates black? Doesn't that strike you as unfair? And many

inmate [ínmèit]
죄수, 수감자, 재소자

strike [straik]
~라고 느껴지다,
~라는 생각이 들다

execute [éksikjùːt]
실행하다, 사형에 처하다

of those people who get executed are innocent. It seems to me that a system that executes a larger percentage of minorities and innocent people can't be a good system. I don't even know why we're talking about the death penalty's logic. **It just doesn't make sense.**

logic [ládʒik]
타당성, 논리, 이치

> 토론 핵심 표현
> · **You're right.** 당신 말이 맞아요.
> · **It just doesn't make sense.** 그것은 전혀 이치에 맞지 않아요.

당신 말이 맞아요. 사형 제도는 효과가 없습니다. 뿐만 아니라 그것은 소수 인종을 차별하기도 해요. 미국의 제도를 보세요. 왜 죄수의 대부분이 흑인인 거죠? 불공평하다는 생각이 들지 않아요? 그리고 사형 집행을 받는 사람들의 상당수가 무죄입니다. 저는 더 많은 비율의 소수 인종과 무고한 사람들을 처형하는 제도는 좋은 제도일 수 없다고 생각합니다. 저는 왜 우리가 사형 제도의 타당성에 대해서 이야기하고 있는지조차 모르겠습니다. 전혀 이치에 맞지 않아요.

 Opinion 3 범죄자는 마땅히 처벌받아야 하고 사형 제도는 효과도 있어요.

I'd be happy to answer that question. Why are we talking about the death penalty? Because it's a vital part of our justice system. If criminals don't get punished for their crimes, our society will become chaos. The punishment for killing someone should be death. It's an eye for an eye, a hand for a hand. This has been a solution throughout history. And I disagree that it doesn't work. Many countries and states have found their murder rates drop as a result of the death penalty. **I don't think we need to talk about this any more.**

vital [váitl]
극히 중대한, 절대적으로 필요한
justice system
[dʒʌstis sístəm]
법정 제도, 법정 체계
criminal [krímənəl]
범인, 범죄자
chaos [kéiɑs]
무질서, 대혼란
murder [mə́:rdər]
살인

> 토론 핵심 표현
> · **I'd be happy to answer that question.** 기꺼이 그 질문에 대답해 드리지요.
> · **I don't think we need to talk about this any more.**
>   저는 우리가 이것에 대해 더 이상 이야기할 필요도 없다고 생각합니다.

기꺼이 그 질문에 대답해 드리지요. 왜 우리가 사형 제도에 관해 이야기하고 있냐고요? 그것이 우리의 법정 제도에서 중요한 부분이기 때문입니다. 범죄자들이 자신이 저지른 범죄로 처벌받지 않는다면 우리 사회는 혼란에 빠지게 될 것입니다. 살인에 대한 처벌은 죽음이어야 합니다. 눈에는 눈, 손에는 손인 거죠. 이것은 유사 이래 계속되어 온 해결책입니다. 그리고 저는 그것이 효과가 없다는 주장에 반대합니다. 많은 국가와 주에서 사형 제도의 결과로 살인 사건 발생률이 감소하고 있습니다. 저는 우리가 이것에 대해 더 이상 이야기할 필요도 없다고 생각합니다.

 Opinion 4 좀 더 효율적이고 논란의 여지가 적은 방법을 찾아야 해요.

I think that statement needs further explanation. Which states have lower murder rates because of the death penalty? I think a lot of you are missing the point. Look at the cost of the death penalty. It's actually higher than the cost of life imprisonment. The appeals process is too long and many criminals end up never getting executed. We need a more efficient, less controversial method than the death penalty. A civilized society shouldn't get blood on its hands by killing its citizens no matter what they did. **Case closed.**

statement [stéitmənt]
주장, 진술, 의견
imprisonment
[impríznmənt]
투옥, 구금
efficient [ifíʃənt]
효과가 있는, 유효한
civilized [sívəlàizd]
문명화된, 교화된

토론 핵심 표현
· **I think that statement needs further explanation.**
  저는 그 주장에 대해서는 좀 더 설명이 필요하다고 생각합니다.
· **Case closed.** 이야기 끝.

저는 그 주장에 대해서는 좀 더 설명이 필요하다고 생각합니다. 어떤 주에서 사형 제도로 인해 살인 사건 발생률이 감소했다고 하던가요? 저는 여러분 대다수가 요점을 놓치고 있다고 생각해요. 사형 집행의 비용을 생각해 보세요. 무기 징역 집행 비용보다 실제로 더 많습니다. 항소 과정이 너무 길고 많은 범죄자들이 결국 처형되지 않기도 하죠. 우리는 사형보다 좀 더 효율적이며 논란의 여지가 적은 방법을 찾아야 합니다. 문명화된 사회는 시민이 무슨 짓을 했든 간에 손에 피를 묻히며 그 시민을 죽여서는 안 됩니다. 이야기 끝.

주어진 주제와 관련해 좀 더 깊이 있는 토론이 되도록 질문들을 제시했습니다.
이외에 자신이 생각하는 주제에 대해서도 함께 토론해 보세요.

1 | Does the death penalty deter crimes?

2 | Do you think innocent people get killed from time to time?

3 | Does the state have the right to kill its citizens?

4 | Is the death penalty related to racism?

5 | What alternatives are there to the death penalty?

내가 만든 토론 주제

1 | 오직 신만이 사람을 심판할 수 있어요. 사람이 다른 사람에 의해 심판되어서는 안 되지요.

- Only God can judge people. People are not to be judged by other people.
- God should be the only one to judge people.

2 | 사형 선고와 무기 징역 선고 사이에 무슨 차이가 있을까요?

- What's the difference between sentenced to death and sentenced for life?
- When you're sentenced for life, it's the same thing as being sentenced to death.

3 | 남은 평생을 감옥에서 살겠어요, 아니면 차라리 깨끗이 죽음을 택하겠어요?

- Would you rather live in the prison for the rest of your life? Or take a clean death?
- Don't you thinking taking a clean death is better than living in the prison for the rest of your life?

4 | 어떤 사람들은 자신이 저지르지도 않은 죄목으로 처벌받기도 하죠.

- Some people are punished for crimes they did not commit.
- Some innocent people get death penalties.

5 | 나쁜 행위를 저지른 죄수들을 다루는 다른 방법도 많아요.

- There are many other ways to deal with misbehaving prisoners.
- Some other options of treating misbehaving prisoners are available.

6 | 사형 제도는 범죄를 저지를 가능성이 있는 사람에게 강한 억제책이 될 수 있어요.

- It is a strong deterrent to would-be murderers.
- Future would-be murderers can avoid by being afraid of it.

7 | 사형 제도가 실시되는 곳에서 살인 사건 발생률은 훨씬 낮아요.

- Murder rates are much lower in places where death penalty is performed.
- It's a fact that less murder is committed in areas with death penalties.

8 | 합법적인 것일지라도 사람을 죽이는 것은 살인이며 결코 정당화될 수 없어요.

- Killing a man, even under the law is still murder and can never be justified.
- Even if it's done in the court, a death penalty could be seen as a murder.

Issue **40** McEarth!

맥도날드 세상!

Let's open today's discussion about globalization. As the world develops and richer and poorer nations trade more and more with each other, many problems can arise. Some of these problems deal with national identity, and the influence of corporations on culture. Countries export and import various goods, and try to make profits for their people at home. Many companies are taking advantage of cheap labor in countries other than their own to manufacture and ship their goods. At times, it seems like the world is run by corporations and not governments. Many people argue globalization hurts poorer countries in favor of richer countries. Many others argue that cultures are all becoming the same. **What do you think about this trend?**

· **Let's open today's discussion about ~** ~에 대한 오늘의 토론을 시작하죠
· **What do you think about this trend?** 이런 경향에 대해 어떻게 생각하세요?

globalization [glóubəlizeiʃən] 세계화 | **arise** [əráiz] 일어나다, 발생하다 | **deal with** 다루다, 처리하다 | **influence** [ínfluəns] 영향을 미치다 | **export** [ikspɔ́ːrt] 수출하다 | **import** [impɔ́ːrt] 수입하다 | **take advantage of** ~을 이용하다, 역이용하다 | **manufacture** [mæ̀njəfǽktʃər] 제조하다, 제작하다 | **ship** [ʃip] 배에 싣다, 나르다

259

 Opinion 1   세계화는 전 세계를 미국처럼 만드는 거예요.

Let's take a moment to consider this. I'd say when we talk about globalization, we're talking about America. To be blunt, America likes things to be the same. All over the country they have the same restaurants, the same stores, the same everything. What they're doing with globalization is making the whole world like America. Look at how popular McDonald's and KFC and all those other companies are in Korea. If you walk around Gangnam, it's like walking around America. **We need to look at this more carefully.**

blunt [blʌnt]
무딘, 퉁명스러운, 있는 그대로의, 솔직한

to be blunt
사실대로 말하면

토론 핵심 표현
· **Let's take a moment to consider this.** 잠깐 이것에 대해 생각해 보죠.
· **We need to look at this more carefully.** 우리는 이 점을 좀 더 주의 깊게 바라볼 필요가 있어요.

잠깐 이것에 대해 생각해 보죠. 저는 우리가 세계화에 대해 말하는 것은 곧 미국에 대해서 말하는 것이라고 말하겠습니다. 사실대로 말하면 미국은 모든 것이 똑같아지기를 원하죠. 온 나라에 걸쳐 똑같은 식당, 똑같은 상점 등 모든 것이 똑같습니다. 그들의 세계화는 곧 전 세계를 미국처럼 만드는 것이죠. 맥도날드와 KFC 그리고 여타의 그런 모든 기업들이 한국에서 얼마나 인기 있는지 보세요. 강남을 걸어다니다 보면, 마치 미국에서 걸어다니는 것 같습니다. 우리는 이 점을 좀 더 주의 깊게 바라볼 필요가 있어요.

 Opinion 2   세계화가 주는 경제적 도움에 초점을 맞추어야 합니다.

I agree with you on that point. Globalization tends to make cultures the same. But I think we should focus more on the money aspects of globalization. Many developing countries get income from large corporations that build factories and employ thousands of workers. This money

focus on
~에 초점을 모으다, 집중시키다

boost [bu:st]
후원하다, 밀어주다

tremendously
[triméndəsli]
거대하게, 엄청나게

260

boosts the local economy and helps the country tremendously. Don't you think that is worth more than any worries about cultural blending? We need to focus on concrete facts. And the facts are that globalization helps out small countries. **Don't you agree?**

토론 핵심 표현
· **I agree with you on that point.** 저도 그 점에 동의합니다.
· **Don't you agree?** 동의하지 않으세요?

저도 그 점에 동의합니다. 세계화는 문화를 똑같이 만드는 경향이 있어요. 그렇지만 저는 우리가 세계화의 경제적 측면에 좀 더 초점을 맞추어야 한다고 생각해요. 많은 개발도상국들은 공장을 짓고 수천 명의 노동자를 고용하는 대기업들로부터 수입을 얻죠. 이 돈은 지역 경제를 활성화시켜 주며 그 나라에도 엄청난 도움을 줍니다. 문화 혼합에 대해 걱정하는 것 이상의 가치가 있다고 생각하지 않으세요? 우리는 실질적 사실에 관심을 두어야 합니다. 그리고 그 사실은 세계화가 약소국에게 도움이 된다는 것이지요. 동의하지 않으세요?

 Opinion 3 세계화를 이용해 기업들은 노동력 착취를 하고 있습니다.

You're way off base. Globalization helps out corporations, not small countries. They get workers at a bare minimum of cost, much cheaper than they could in their own countries. They also save on taxes and various other expenses. They don't do it out of the goodness of their hearts. And many of these companies take advantage of relaxed laws in the developing nations to overwork their employees. It's exploitation. **What is your opinion on this?**

토론 핵심 표현
· **You're way off base.** 당신은 완전히 틀렸어요.
· **What is your opinion on this?** 이 점에 대한 당신의 의견은 무엇인가요?

당신은 완전히 틀렸어요. 세계화는 기업을 도와주는 것이지 약소국을 돕는 것이 아닙니다. 그들은 자국에서 얻을 수 있는 것보다 훨씬 싼, 최소한의 비용으로 노동력을 얻습니다. 또한 세금이나 다른 많은 비용들도 절약하지요. 마음에서 우러나오는 선의로 그러는 게 아니죠. 게다가 이런 기업들 중 상당수가 개발도상국의 느슨한 법을 이용해 노동자들에게 지나치게 많은 일을 시킵니다. 그건 노동력 착취입니다. 이 점에 대한 당신의 의견은 무엇인가요?

 Opinion 4 고유의 문화와 정체성을 유지하기 위해 노력해야 합니다.

I think so too. Globalization is wrong in some ways. It's cultural imperialism. Importing another countries culture weakens the culture of the host country. At the same time, it's the way the global economy is developing. It's silly to fight it. What we should do is try to maintain local culture despite outside influence. Then we don't have to worry about what influence globalization has because each country will maintain its own identity. They can manage their workers and their lifestyle. **That's all the time we have for today.**

imperialism
[impíəriəlìzəm]
제국주의, 영토 확장주의

weaken [wí:kən]
약화시키다

maintain [meintéin]
유지하다, 지탱하다

> 토론 핵심 표현
> · **I think so too.** 저도 그렇게 생각해요.
> · **That's all the time we have for today.**
>   이제 오늘 우리에게 주어진 시간이 다 되었군요.

저도 그렇게 생각해요. 몇 가지 점에서 세계화는 잘못됐습니다. 그것은 문화적 제국주의입니다. 다른 나라의 문화 수입은 곧 자국의 문화를 약화시키죠. 동시에 세계 경제가 발달하는 것이기도 해요. 그것과 맞서 싸우는 것은 어리석은 짓이죠. 우리가 해야 할 일은 외부의 영향에 상관 없이 우리 고유의 문화를 유지하기 위해 노력하는 것입니다. 그러면 세계화가 미치는 영향에 대해서는 걱정할 필요가 없습니다. 각 나라들은 자국만의 정체성을 유지할 수 있을 테니까요. 그들은 노동력과 생활 방식을 관리할 수 있습니다. 이제 오늘 우리에게 주어진 시간이 다 되었군요.

주어진 주제와 관련해 좀 더 깊이 있는 토론이 되도록 질문들을 제시했습니다.
이외에 자신이 생각하는 주제에 대해서도 함께 토론해 보세요.

1 | How does globalization help and hurt a poor country?

2 | How does globalization help and hurt a richer country?

3 | What is fair trade between two countries?

4 | What's more important, wealth and goods for the people or maintaining national identity?

5 | Which countries are the biggest proponents of globalization? What do they gain?

내가 만든 토론 주제

앞의 질문들에 대답할 때 아래 문장들을 활용해 보세요.

1 | 부유한 나라들은 분명 다른 나라에 자신들의 문화를 주입시키는 데 더 유리해요.
- Richer countries definitely have more advantages on planting their cultures in other countries.
- Richer countries have the upper hand at spreading their cultures to other countries.

2 | 기술과 통신의 발달은 세상을 하나로 만드는 데 분명히 큰 역할을 했어요.
- Advancements in technology and telecommunications certainly played a big role in the world becoming one.
- It became possible for the globalization of the world thanks to advancements in technology and telecommunications.

3 | 오늘날에는 사업 분야에 국제적인 경계란 없어요.
- There are no international boundaries for businesses today.
- Today's businesses know no international boundaries.

4 | 부유한 나라들은 가난한 나라의 값싼 노동력을 이용하고 있어요.
- Richer countries are taking advantages of cheap labor in poorer countries.
- Richer countries benefit from being able to find cheap labor in poorer countries.

5 | 한국도 그들 중 하나지만, 많은 나라에서 너무 많은 수입을 허용하고 있어요.
- Many countries, Korea being one of them, are allowing too many imports.
- There are too many imports flooding in many countries, including Korea.

6 | 전 세계가 미국화되어 가고 있는 것 같아요.
- I feel the whole world is becoming Americanized.
- It seems like America is dominating the whole world.

7 | 오늘날 대기업들은 자국 내에서만 활동해서는 살아 남을 수 없어요.
- Today large corporations cannot survive by operating only at home.
- Large corporations these days would have to carry out their business outside their home.

8 | 매우 보수적인 나라인 중국에도 맥도날드가 있는 것을 보았을 때 매우 충격적이었어요.
- It was very shocking to witness McDonald's in China, a very conservative country.
- It's very unexpected to see McDonald's in China, one of the most conservative countries.

264

Part 5
Society 2 — Korean Issues

Issue 41 Save College Grads!

대학 졸업자들을 구해라!

Let's get started with today's topic, Reality for College Grads. A large number of Korean college grads today are either unemployed or underemployed. Unemployed young Koreans are often called 'white-handed' or 'baeksu.' Others, the underemployed, work at low-paying jobs for an average of ₩880,000 a month. They are often called the '88 Generation' because of their low salary. Even those lucky grads who are hired by top companies like LG or Samsung cannot be sure they will hold onto their position due to the global economic slump. Ironically, at the same time many small companies cannot even find workers. Some of them are even hiring workers from China or India. Some people say that college grads need to stop being so picky and accept lower-paying jobs. Others however, say that companies need to hire more young graduates, and stop 'downsizing' and 'outsourcing.' **Let's talk about the causes and possible solutions** to this problem.

· **Let's get started with today's topic ~** 오늘의 주제 ~를 시작해 봅시다
· **Let's talk about the causes and possible solutions to ~** ~의 원인과 가능한 해법에 대해 이야기해 봅시다

grad [græd] 졸업생(=graduate) | **underemployed** [ʌ̀ndəremplɔ́id] 불완전한 고용(취업)의 | **slump** [slʌmp] 불황, 불경기 | **ironically** [airánikəli] 반어적으로, 얄궂게도 | **picky** [píki] 몹시 별나게 구는, 까다로운 | **downsize** [dáunsàiz] (인원을 대폭) 축소하다 | **outsource** [autsɔ́ːrs] 외부에서 조달하다, 외부 자원을 활용하다

모범 토론 엿보기 : 다양한 시각에서 풀어놓은 다음 토론을 통해, 배경지식도 쌓고 자신의 의견도 정리해보세요.

 Opinion 1 재벌들의 욕심과 미국식 경영 관례를 모방한 탓이에요.

Do you know why young Koreans can't find jobs? It's because of globalization. Korean companies try to copy 'global'—which usually means 'American'—business standards. That means small work forces and outsourcing to China, India, or wherever. Big jaebol only consider profit, shareholder values and crazy stuff like that, instead of considering what's good for the nation. Because of the jaebol's extreme greed and slavish copying of American business practices, there are fewer positions available for these college graduates. **Isn't it obvious?**

work force [wəːrk fɔːrs]
전 종업원, 노동 인력(인구)

greed [griːd] 탐욕, 욕심

slavish [sléiviʃ]
노예의, 비굴한

토론 핵심 표현
· **Do you know why** 왜 ~인지 아십니까?
· **Isn't it obvious?** 뻔하지 않나요?

한국 젊은이들이 왜 직업을 못 구하는지 아세요? 세계화 때문입니다. 한국 기업들은 주로 '미국식'을 의미하는 '세계화' 경영 표준을 모방하려고 애쓰고 있습니다. 이는 소수의 노동 인력과 중국, 인도 등으로 아웃소싱하는 것을 뜻합니다. 대재벌들은 무엇이 국가에 유익한가를 생각하지 않고, 오로지 이익과 주식의 가치 같은 미친 것들만 생각합니다. 재벌의 과도한 탐욕과 미국식 경영 관례의 비굴한 모방 때문에, 대학 졸업생들이 얻을 수 있는 일자리가 더 줄어들고 있는 것입니다. 뻔하지 않나요?

 Opinion 2 대기업들은 학벌이 아닌 진짜 실력으로 평가해야 합니다.

I agree that many big companies **are more than partially responsible for** this phenomenon. Most conglomerates prefer to hire graduates from one of the elite Korean universities like SNU, Korea University, or Yonsei, —the so-called 'SKY' schools. These companies don't even consider a person's real ability, only his or her college.

phenomenon
[finámənàn] 현상, 사건

conglomerate
[kənglámərət]
(거대) 복합 기업

so-called [sóu kɔ́ːld]
소위, 이른바

evaluate [ivǽljuèit]
평가하다

Is that logical? I think companies have to start evaluating people based on their real abilities, so that young people can have a chance of making it to a big company if they really try and work hard.

make it to
~에 이르다, 도착하다

토론 핵심 표현
· **are more than partially responsible for** ~에 일부 이상의 책임이 있습니다
· **Is that logical?** 이게 이치에 맞는 건가요?

많은 대기업들이 이 현상에 일부 이상의 책임이 있다는 것에 동의합니다. 대부분의 대기업들은 고려대, 서울대, 연세대 같은 소위 '스카이(SKY)' 우수 대학 졸업생들을 고용하고 싶어 합니다. 이 회사들은 개인의 진짜 실력은 고려하지 않고 오로지 학벌만 따집니다. 이게 이치에 맞는 건가요? 회사들은 그들의 진정한 실력을 바탕으로 직원들을 평가하기 시작해야 하며, 그래야 젊은이들이 진짜 열심히 노력하고 공부하면 대기업에 들어갈 수 있다는 희망을 가질 수 있습니다.

 Opinion 3 학생들은 현실을 직시하고 직장을 구해야 합니다.

I'm sure I'm not the only one who thinks Korean companies need to be globally competitive to survive. I mean, to do that, they have to operate on smaller budgets with fewer staff. I think students should understand that both Korean society and the world are changing rapidly. They can't just be sitting around and complaining. They should face the reality and take jobs at smaller companies. **You know what?** I think it's shameful to stay home as what you call a 'baeksu' instead of working. Frankly, I think too many baeksu have fantastic dreams of working at a big company.

competitive [kəmpétətiv]
경쟁의, 경쟁할 수 있는
on a budget 예산을 세워
what you call 소위, 이른바
fantastic [fæntǽstik]
환상적인, 터무니없는

토론 핵심 표현
· **I'm sure I'm not the only one who thinks ~**
  ~라고 생각하는 사람이 비단 저뿐만이 아니라고 확신합니다
· **You know what?** (대화를 시작할 때) 있잖아, 이봐, 아시겠어요?

한국 기업들이 살아남으려면 세계적인 경쟁력을 갖춰야 한다고 생각하는 사람이 비단 저뿐만이 아니리라 확신합니다. 그렇게 하기 위해서는 더 적은 수의 직원들과 더 작은 예산을 세워서 운영해야 한다는 뜻입니다. 한국 사회나 세계가 급격히 변화하고 있다는 것을 학생들이 이해해야 한다고 생각합니다. 그저 앉아서 불평만 할 수는 없습니다. 현실을 직시하여 더 작은 회사에서 직장을 구해야 합니다. 아시겠나요? 일하지 않고 소위 '백수'로 집에 있는 것은 부끄러운 일입니다. 솔직히 저는 너무나 많은 백수들이 대기업에서 일하는 환상적인 꿈을 가지고 있다고 생각합니다.

 Opinion 4 첫 직장이 평생을 좌우한다고 생각하기 때문이에요.

When talking about reality, we must consider career mobility in Korea. Unlike in Western countries, in Korea your very first job can determine your whole life. If you get a job at Samsung or something, you not only get a high salary but also prestige, a good marriage partner, and everything else. Even if Samsung eventually fires you, you can still get another job more easily. However, if you start out at a small company after graduating from college, you're 'stuck' forever. **This is why** many young people choose to be a baeksu rather than go and work at a small company.

mobility [moʊbíləti]
이동성, 유동성
prestige [prestíːdʒ]
위신, 명성
marriage partner
[mǽridʒ pάːrtnər]
결혼 상대, 배우자
and everything else
~등 이것저것, 그밖에 이것저것
fire [faiər] 해고하다
stick [stik]
붙이다, 꼼짝 못하게 하다

토론 핵심 표현
· **When talking about** ~이라면
· **This is why ~** 이것이 바로 ~하는 이유입니다(그래서 ~한 것입니다)

현실이라고 하면, 한국에서의 경력 이동성을 고려해야 합니다. 서구 국가들과는 달리 한국에서는 첫 직장이 평생을 좌우할 수 있습니다. 삼성 같은 곳에 취직하면, 많은 급여를 받을 수 있을 뿐만 아니라, 명성과 좋은 배우자 등 이것저것을 얻게 됩니다. 결국 삼성이 당신을 해고하더라도, 다른 직장을 더 쉽게 구할 수가 있지요. 하지만 대학을 졸업하고 작은 회사에 들어가면, 영원히 '꼼짝 못하게' 됩니다. 이것이 바로 많은 젊은이들이 작은 회사에 들어가 일하기보다는 백수를 선택하는 이유입니다.

주어진 주제와 관련해 좀 더 깊이 있는 토론이 되도록 질문들을 제시했습니다.
이외에 자신이 생각하는 주제에 대해서도 함께 토론해 보세요.

1 | Do you think Korean college grads should lower their ambitions and work at small companies?

2 | What do you think is the main cause of the 'baeksus' trend in Korea?

3 | What do you think is a solution to the college grad unemployment problem in Korea?

4 | Why do you think big Korean companies hire fewer college graduates nowadays?

5 | How do you think can the Korean government, families, or society can help unemployed college grads?

내가 만든 토론 주제

1 | 세계화가 한국의 대학 졸업생들의 목을 조르고 있어요.

- Globalization is strangling Korean college grads.
- Globalization/neo-liberalism is destroying job opportunities for young grads.

2 | 대기업은 더 많은 사람들을 고용할 수 있어요.

- Big companies can hire more people.
- There's room for more young college grads at conglomerates.

3 | 세계화하의 적자생존이죠.

- Under globalization, it's survival of the fittest.
- Companies have to limit the number of new recruits to survive.

4 | 아무도 당신에게 빚진 것은 아닙니다.

- Nobody owes you anything.
- Big companies don't 'owe you' a good job.

5 | 사과와 오렌지를 비교하지 마세요. (서로 다른 것을 비교하지 마세요.)

- Don't compare apples and oranges.
- The Korean and American employment structures are different.

6 | 단순히 직업 이상의 것이에요.

- It's more than just a job.
- Employment is closely tied to not only income, but also prestige.

7 | 종이 너머의 것을 보세요.

- Look beyond the piece of paper.
- Companies need to evaluate job candidates beyond which school they attended.

8 | 모두에게 기회를 주세요.

- Give everybody a chance.
- Treat every job applicant as a serious candidate, not just those who went to elite universities.

Issue 42 Is Korea Becoming a Mixed-race Society?

한국은 혼혈 사회가 되고 있는가?

As a consequence of the 'Matchmaking Rural Bachelors' campaign that began in the 1990s, the number of foreign brides in Korea has rapidly increased: today, there are more than 40,000 such women in Korea. It is predicted that by 2020, one out of five households in Korea will be 'international.' This phenomenon has created a new family type, called the 'multicultural family.' **Now, here is the discussion point.** Some, including the government, think international marriages can help Korea cope with some of its major social problems, such as a declining birth rate and sex ratio imbalances. There are, however, others who worry about the impact that cultural diversity and a mixed race society will have on our traditionally homogeneous society. **What would you say about the issue?**

- **Now, here is the discussion point.** 자, 여기에 바로 논점이 있습니다.
- **What would you say about the issue?** 이 문제에 대해 어떻게 생각하세요?

as a consequence of ~의 결과로, ~때문에 | **matchmaking** [mǽtʃmèikiŋ] 결혼 중매 | **rural** [rúərəl] 시골의, 전원의 | **bachelor** [bǽtʃələr] 미혼 남자 | **predict** [pridíkt] 예언(예보)하다 | **household** [háushòuld] 가족, 가구, 세대 | **multicultural** [mλltikλltʃərəl] 다문화의 | **cope with** ~을 처리(대처)하다, 극복하다 | **decline** [dikláin] 쇠퇴하다, 감퇴하다 | **ratio** [réiʃou] 비율 | **diversity** [divə́:rsəti] 다양성 | **homogeneous** [hòumədʒí:niəs] 동질의, 역사적 상동의

 Opinion 1 세계화를 위해서도 다문화 가정을 통한 변화가 필요해요.

I think the fact that there are many more multicultural families in Korea is good news. After all, we live in a 'global village' nowadays, so it's important that everyone in the world be open-minded and tolerant of other races and cultures. You know, people in Korea always emphasize being 'one race,' and so they commonly exclude others. In fact, Koreans not only exclude but look down on those from poor countries. **It's not a proper mindset for** globalization, but I think multiculturalism can change that. **More importantly**, foreign spouses could sometimes bring new language and technical skills to Korea.

open-minded
[óupən-máindid]
편견 없는, 포용력 있는

tolerant [tálərənt]
관대한

exclude [iksklú:d]
제외(배제)하다

mindset [maindset]
심적 경향(태도), 사고방식

spouse [spaus]
배우자, 남편, 아내

토론 핵심 표현
· **It's not a proper mindset for ~** ~을 위한 올바른 자세가 아닙니다
· **More importantly** 더욱 중요한 것은

한국에 다문화 가정이 많다는 사실은 좋은 소식이라고 생각합니다. 어쨌든 오늘날 우리는 '지구촌'에 살고 있기 때문에, 세상 사람들 모두 다른 인종과 문화에 포용력 있고 관대한 게 중요합니다. 한국 사람들은 항상 '한민족'임을 강조하여 일반적으로 다른 민족을 배척합니다. 사실, 한국인들은 가난한 나라에서 온 사람들을 배척할 뿐 아니라 경멸하기도 합니다. 이는 세계화를 위한 올바른 자세가 아니고, 저는 다문화주의가 이를 변화시킬 수 있다고 생각합니다. 보다 중요한 것은 외국인 배우자들이 새로운 언어나 전문 지식을 한국에 가져올 수 있다는 것입니다.

 Opinion 2 한국 사회가 다문화 가정에 적응할 시간이 필요해요.

Well, **I think the main point is** whether Korean society can adjust to multicultural families in a short period of time. Since its independence, America has had slavery, a civil war, segregation, and riots—all concerned with the issue of

main point [mein pɔint]
요점, 골자, 주요사항

slavery [sléivəri] 노예 제도

civil war [sívəl wɔ́:r]
내란, 내전

race. They took place over a period of 250 years. Now everyone seems to be pushing Korea to reach that same level of diversity or multiculturalism in only 10 or 20 years. Frankly, it just might not be that realistic. Multicultural families **are going to deal with hardships**.

> 토론 핵심 표현
> · **I think the main point is ~** 관건은 ~라고 생각합니다
> · **are going to deal with hardships** ~은 어려움에 대처할 것입니다

저는 한국 사회가 어떻게 짧은 기간에 다문화 가정에 적응할 수 있을지가 관건이라고 생각합니다. 독립 이래로 미국에는 노예 제도, 내전, 인종 차별 그리고 폭동 등, 인종 문제와 관련된 모든 일들이 있었습니다. 이것은 약 250년 이상에 걸쳐 일어났습니다. 현재 불과 10년이나 20년 내로 한국에게 똑같은 수준의 다양화나 다문화주의를 강요하고 있는 것 같습니다. 솔직히 말해서, 이는 현실적이지 않을지도 모릅니다. 다문화 가정은 어려움에 대처할 것입니다.

 Opinion 3 국제 결혼은 낮은 출산율을 높일 수 있는 방법입니다.

This is not an unusual phenomenon or unique to Korea. Japan and Taiwan have also seen a significant increase in international marriages between their native men and other Asian women since the 1980s. These two countries and Korea share something in common: they are promoting international marriages to resolve the problem of a declining birth rate. **Many of you have heard that** Korea's birth rate is 1.08, which is the lowest in the OECD. I think measures such as financial incentives and promotion of international marriage are good ways to increase the birth rate.

> 토론 핵심 표현
> · **This is not an unusual phenomenon or unique to ~**
>   이것은 ~에서만 일어나는 진귀한 현상이 아닙니다
> · **Many of you have heard that ~** 여러분 대다수는 ~을 들어 봤을 것입니다

이것은 보기 드문 현상이거나 한국에만 있는 일은 아닙니다. 일본과 대만에서도 1980년대 이래 자국 남성과 다른 아시아 여성들 사이의 국제 결혼이 현저히 증가하였습니다. 이 두 나라와 한국은 공통점을 가지고 있습니다. 모두 출산율 저하 문제를 해결하기 위해 국제 결혼을 장려하고 있다는 것입니다. 여러분 대다수는 한국의 출산율이 1.08명으로 OECD 국가들 중에서 최저라는 것을 들어봤을 것입니다. 저는 장려금과 국제 결혼의 장려와 같은 수단들이 출산율을 높일 수 있는 좋은 방법들이라고 생각합니다.

 Opinion 4 다문화 가정을 우리 사회에 통합시키는 노력을 해야 해요.

Whether we agree or disagree, the unavoidable fact is that international marriages are going to continue in Korea. **What we really need to do now is** to take steps to integrate both the wives and the children of international marriages into our society. That means changing our school curriculum to take account for multiculturalism, as well as launching more public campaigns about the good points of multicultural families. In the end, we have to consider not only those with 'pure' Korean blood as a 'Korean', but rather anyone who holds Korean citizenship. **Otherwise**, we could end up like France, with race riots everywhere.

take steps
조치를 취하다, 방도를 강구하다

integrate (into)
[íntəgrèit]
~에 흡수(통합)하다

take account for
~을 고려하다, ~에 주의를 기울이다

launch [lɔːntʃ]
착수하다, 일으키다

citizenship [sítəzənʃip]
시민권, 국민의 신분(자격)

race riot 인종 폭동

토론 핵심 표현
· **What we really need to do now is ~** 이제 우리가 정말 해야 하는 일은 ~입니다
· **Otherwise** 만약 그렇지 않으면

우리가 동의를 하든 안 하든, 피할 수 없는 사실은 국제 결혼이 한국에서 지속될 거라는 점입니다. 이제 우리가 정말 해야 하는 일은 국제 결혼을 한 여성들과 그 자녀들을 모두 우리 사회에 통합시킬 방도를 강구하는 것입니다. 이는 다문화주의를 고려하여 학교 교육 과정을 바꾸는 것과 다문화 가정의 장점을 알리는 공공 캠페인을 더 많이 벌이는 것을 의미합니다. 결국 우리는 '순수한' 한국 혈통을 가진 사람뿐만 아니라, 한국 시민권을 가진 사람도 '한국인'이라고 여겨야 합니다. 그렇게 하지 않으면, 우리는 결국 인종 폭동이 도처에서 일어나는 프랑스처럼 될 수 있습니다.

주어진 주제와 관련해 좀 더 깊이 있는 토론이 되도록 질문들을 제시했습니다.
이외에 자신이 생각하는 주제에 대해서도 함께 토론해 보세요.

1 | Do you think Korea is ready for a multicultural society?

2 | What are some of the advantages and disadvantages of Korea having more multicultural families?

3 | How would you feel about having some classmates from multicultural families or neighbors who are multicultural?

4 | What do you think is the average Korean's attitude toward multicultural families?

5 | What can or should the government do to address the needs of multicultural families?

내가 만든 토론 주제

앞의 질문들에 대답할 때 아래 문장들을 활용해 보세요.

1 | 한순간에 일어나는 일은 없어요.

- Nothing's going to happen any time soon.
- Don't expect significant change on the issue any time in the near future.

2 | 그것에 너무 편협한 마음을 가져서는 안 돼요.

- We shouldn't be so narrow-minded about it.
- We ought to be a little more open about it.

3 | 외국인은 외국인입니다.

- A foreigner will always be a foreigner.
- A foreigner will never be a Korean.

4 | 겉표지만 보고 책을 판단하지 마세요.

- Don't judge a book by its cover.
- We shouldn't judge a person by the color of their skin.

5 | 외국인 신부들은 그들이 힘든 시간을 겪으리라는 사실을 알고 있어요.

- Foreign brides know they are going to have some difficult times.
- Foreign brides know that life is not going to be a bed of roses.

6 | 국제 가족을 받아들이려면 우리에게는 더 많은 시간이 필요해요.

- We need more time before we can accept international families.
- Korea is not yet ready for multicultural families.

7 | 결혼은 그저 거래일 뿐인가요?

- Is marriage just a business?
- Is there too much financial consideration involved in marriage?

8 | '한국인'을 재정의합시다.

- Let's redefine what it means to be 'Korean.'
- You needn't be 'pure-blooded' to be a Korean. It can be defined in other ways.

278

Issue 43 Love Is a Many Splintered Thing

사랑은 정말 복잡한 것

Let's start today's discussion about marriage and divorce in Korean society. Korea used to have a very low divorce rate in the 1980s. Now, it's about 30% to 40%. This doesn't compare to the more than 50% divorce rate of the States. But we may reach similar numbers if the trend continues. Korean society takes marriage very seriously. The union of two families is very important in our Confucian society. There should be some explanations for this recent trend of divorce rate. Some people claim that it's the corruption of youth, and that the young people today don't have any respect for the tradition. Others claim that it's the influence of western cultures in Korea. Many experts think that the rise of divorce rates in Korea is due to women having more financial independence. As women gain more economic power, they no longer have to depend on their husbands for financial support. **Do you agree or disagree with this?**

· **Let's start today's discussion about ~** ~에 관한 오늘의 토론을 시작하죠
· **Do you agree or disagree with this?** 여러분은 이에 동의하나요, 반대하나요?

splinter [splíntər] 쪼개진 조각, 가시; 분열하다 | **Confucian** [kənfjú:ʃən] 유교의, 유학자의 | **claim** [kleim] 주장하다, 요구하다, 의견을 말하다 | **corruption** [kərʌ́pʃən] 타락, 부패, 퇴폐 | **financial** [fináenʃəl] 재정적, 경제적

모범 토론 엿보기 다양한 시각에서 풀어놓은 다음 토론을 통해, 배경지식도 쌓고 자신의 의견도 정리해보세요.

 Opinion 1 과거에는 여성들이 그저 참고 살아야 했어요.

Oh, **I absolutely agree with what you're saying.** I think the reason divorce rates were so low in Korea before was because divorce was so looked down on in Korea. I remember my parents talking badly about people they knew who were divorced. I think it's especially bad for women. Only now, divorcees are being seen as human beings and not 'used goods.' So in previous years, even if a woman were stuck in a bad marriage, she would have to stay married. That's because she'd have no life and society would shun her if she were to get divorced. **Am I right?**

look down on
~을 낮추어 보다, 경멸하다, 무시하다

be stuck in
~에 빠져 꼼짝 못하다

shun [ʃʌn]
피하다, 면하다, 막다

토론 핵심 표현
· **I absolutely agree with what you're saying.**
  저는 당신이 말한 것에 전적으로 동의합니다.
· **Am I right?** 제 말이 맞지 않나요?

저는 당신이 말한 것에 전적으로 동의합니다. 예전에 한국에서 이혼율이 그렇게 낮았던 이유는 한국에서 이혼이 무척 멸시되었기 때문이죠. 저는 부모님이 주위의 이혼한 사람들에 대해 나쁘게 말씀하시던 것을 기억하고 있습니다. 특히 여성에게는 더욱 나쁘다고 생각합니다. 지금에 와서야 이혼한 사람들도 '중고품'이 아니라 인간으로 여겨지는 거죠. 따라서 과거에는 여성이 결혼을 잘못하게 된 경우라도, 그녀는 결혼을 유지해야 했습니다. 만약에 그녀가 이혼한다면 그녀는 살아가기 힘들 것이며 사회가 그녀를 기피할 것이기 때문입니다. 제 말이 맞지 않나요?

 Opinion 2 사람들이 결혼을 쉽게 여겨 이혼율이 증가하는 거예요.

You've got that wrong. Divorce rates are rising because people don't take marriage seriously anymore. It has lost the true meaning of marriage. In the old days, if you had problems with your spouse, you'd work them out. Now, at the first sign of trouble, people are suing for

spouse [spaus] 배우자

sue [su:]
고소하다, 소송을 제기하다

pathetic [pəθétik]
애처로운, 슬픈, 비참한

domestic [douméstik]
가정의, 가사의

divorce. It's pathetic. I'm not talking about situations where there are severe problems like domestic abuse. I'm talking about a small argument being blown out of proportion. No one has the patience and the willpower to get through hard times. **That seems clear enough.**

abuse [əbjúːz]
학대
blown out of proportion
터무니없이 과장된, 부풀린
willpower [wílpáuər]
의지력, 정신력

토론 핵심 표현
· **You've got that wrong.** 당신 생각은 틀렸어요.
· **That seems clear enough.** 이 정도면 충분한 것 같군요.

당신 생각은 틀렸어요. 이혼율이 증가하는 것은 사람들이 더 이상 결혼을 진지하게 생각하지 않기 때문이죠. 결혼의 참된 의미가 퇴색되었습니다. 과거에는 배우자와 문제가 있을 경우 그 문제들을 해결했습니다. 그러나 지금은 불화의 조짐만 보이면 이혼 소송을 제기하지요. 정말 안타까운 일입니다. 저는 가정 폭력과 같은 심각한 문제가 있는 상황에 대해 이야기하는 것이 아닙니다. 터무니없이 커져 버리는 작은 말다툼에 관해 이야기하는 것입니다. 어느 누구도 역경을 헤쳐나갈 인내와 의지가 없습니다. 이 정도면 충분한 것 같군요.

 Opinion 3 끔찍한 상황에서 벗어나기 위해 이혼하는 겁니다.

I totally disagree. I think that very few people are getting divorced over small matters like what you're suggesting. It's not like someone gets in an argument about who's going to clean the bathroom and then they get divorced. There are many couples stuck in bad marriages, violent marriages, and dishonest marriages. These are the people who get divorced. I think the rising divorce rate just shows that people are finally willing to free themselves from these awful situations. It's a good thing, even if it looks bad. **That's what I'm trying to say.**

argument [áːrgjəmənt]
말다툼, 언쟁
violent [váiələnt]
폭력적인
awful [ɔ́ːfəl]
지독한, 무시무시한

토론 핵심 표현
· **I totally disagree.** 저는 전적으로 반대합니다.
· **That's what I'm trying to say.** 이것이 바로 제가 말하고자 하는 바입니다.

저는 전적으로 반대합니다. 저는 당신이 말한 것과 같이 사소한 문제들로 이혼하는 사람은 거의 없다고 생각해요. 누가 욕실을 청소할 것인지를 놓고 싸우다가 이혼하게 되는 사람은 없겠죠. 잘못된 결혼 생활, 배우자가 폭력을 쓰는 결혼 생활, 진실하지 못한 결혼 생활 등에 처한 부부들이 많이 있습니다. 바로 이런 사람들이 이혼을 하게 되는 거죠. 저는 이혼율의 증가는 사람들이 끔찍한 상황에서 마침내 자유로울 수 있게 되었음을 보여 주는 것이라고 생각합니다. 나쁘게 보일지라도 결국은 잘된 것이죠. 이것이 바로 제가 말하고자 하는 바입니다.

 Opinion 4 결혼에 대한 압박 때문에 잘못된 결혼을 하는 경우가 많아요.

I think you have a very good point there. The rising divorce rate shows that attitudes toward marriage are changing. Many women felt pressured to marry before they were in their 30s. That led to a lot of bad marriages out of desperation. Men don't feel the same pressure until later in life but they also rush in as well. This desperate need to get married leads to couples racing into situations they don't think enough about. I think until society figures a more realistic view of marriage, the divorce rate is going to rise. **That's all I have to say about that.**

attitude [ǽtitjùːd]
사고방식, 의견, 의향
desperation [dèspəréiʃən]
절망, 자포자기, 필사적임
rush in
~에 뛰어들다, 난입하다
realistic [ríːəlistik]
현실적인, 실제적인

토론 핵심 표현
· **I think you have a very good point there.**
   저도 당신이 좋은 지적을 하고 있다고 생각합니다.
· **That's all I have to say about that.** 이것이 제가 말하고자 하는 전부입니다.

저도 당신이 좋은 지적을 하고 있다고 생각합니다. 이혼율의 증가는 결혼에 대한 태도가 바뀌고 있다는 것을 보여 줍니다. 많은 여성들이 30대가 되기 전에 결혼해야 한다는 압박감에 시달렸었죠. 그런 중압감에서 비롯된 절박감 때문에 잘못된 결혼을 하게 되는 경우가 많았습니다. 남성들은 서른이 넘더라도 여성이 느끼는 것과 같은 압박감을 느끼지는 않지만, 그들 역시 결혼을 서두르는 것은 마찬가지입니다. 결혼해야 한다는 절박한 심정으로 인해 연인들은 자신들이 충분히 고려하지 않은 상황에 이르게 됩니다. 저는 사회가 결혼에 대해 좀 더 현실적인 개념을 갖지 않는다면 이혼율은 계속 증가할 거라고 생각합니다. 이것이 제가 말하고자 한 전부입니다.

주어진 주제와 관련해 좀 더 깊이 있는 토론이 되도록 질문들을 제시했습니다.
이외에 자신이 생각하는 주제에 대해서도 함께 토론해 보세요.

1 | What is the main cause of the rising divorce rate in Korea?

2 | Is the rising divorce rate a reflection of good change or bad change?

3 | Does marriage have less meaning now or more meaning?

4 | How important is it to get married for a man?

5 | How important is it to get married for a woman?

내가 만든 토론 주제

앞의 질문들에 대답할 때 아래 문장들을 활용해 보세요.

1 | 경제적 자립 능력을 가진 여성들이 많아진다는 것은 또한 독신 여성이 많아지는 것을 의미해요.

- Women having more financial independence also means more female celibates.
- Now that women are more financially independent, they tend to stay single.

2 | 이혼율의 증가는 문화를 존중하지 않는 것과는 아무런 관련이 없어요.

- The increase rate in divorce has nothing to do with not respecting culture.
- You shouldn't relate the fact that the divorce rate is increasing to the younger generation not respecting their culture.

3 | 사람들은 너무 가볍게 이혼을 선택하는 경향이 있어요.

- People tend to take divorce very lightly.
- Taking divorce easily is becoming more and more common these days.

4 | 이혼율이 증가하고 있지만, 여전히 이혼 여성에 대한 편견도 남아 있어요.

- Although the divorce rate is increasing, there's still prejudice against female divorcees.
- Even with the increase in the divorce rate, prejudice against female divorcees is still present.

5 | 다른 사람을 찾기보다는 한 사람과 계속 사는 게 더 나을 거예요. 사람들은 어차피 다 똑같아요.

- It's better to stick with one person than to look for another. All people are the same.
- They say that everyone is very much alike. So, just stay with the one you have.

6 | 아이들을 생각해 보세요. 그러지 않는다면 당신은 매우 이기적인 거예요.

- Consider the children. If you don't, you're being very egoistic.
- It's a very selfish thing if you're leaving the children out of the picture.

7 | 더 이상 희망이 보이지 않는다면, 그 사람을 떠날 결심을 해야 해요.

- If you can no longer see hope, you should make the decision to leave the person.
- Why stay with the person when you know for sure that there is no more hope?

8 | 두 명의 다른 사람이 하나가 되고 가정을 이루게 되는 결정은 매우 신중하게 이루어져야 해요.

- The decision on two different people becoming one and making a family should be made very carefully.
- It's a serious matter to have two differently brought up people to make one family. You should decide very cautiously.

Issue 44   A Social Plague

사회병

I'd like to bring everyone's attention to today's topic: domestic abuse in Korea. I know this is a sensitive subject, but we have to take a close look at this. Between 40 to 60 percent of married Korean women have been abused by their spouses. That is a very high figure and it's inaccurate because we don't know the real figure for certain. Many people don't report incidences because it's generally considered as a private matter. One in ten has been beaten so badly that they needed to be hospitalized. Yet, people consider this to be a family problem that the law should not get involved. Clearly, this problem deserves a closer look. Now, I'm sure everyone had some experiences in this subject, whether personal or secondhand, so **I'd like everyone's opinion.**

· **I'd like to bring everyone's attention to today's topic.** 오늘의 주제에 관해 관심을 가져 주시기 바랍니다.
· **I'd like everyone's opinion.** 모든 사람들의 의견을 들어보고 싶습니다.

plague [pleig] 나쁜 돌림병, 재난 | **domestic** [douméstik] 가정의, 가사의 | **sensitive** [sénsətiv] 민감한, 과민한 |
inaccurate [inǽkjərit] 부정확한, 정밀하지 않은 | **hospitalize** [háspitəlàiz] 입원시키다, 병원 치료를 받게 하다 |
secondhand [sékəndhǽnd] 간접의, 전해 들은

 Opinion 1 여성을 자기의 소유물로 생각하고 때리는 게 문제예요.

Let me just start off by saying that it's an absolute shame that we allow this domestic abuse to continue. I've witnessed some truly awful things on the streets here. And I think the main problem is that many men in our society feel that they own their women. Girlfriends and wives are considered as properties and there's nothing wrong with hitting their own property. It's a Confucian problem more than anything else. Women are to obey their men, their fathers, and even if they get hit, it's their fault. **That is the main point of what I'm saying.**

absolute [ǽbsəlùːt]
완전한, 절대적인

property [prápərti]
재산, 자산, 소유물

more than anything else
무엇보다도

obey [oubéi]
복종하다, 시키는 대로 따르다

토론 핵심 표현
· **Let me just start off by saying ~** ~라는 것을 말씀드리면서 시작하고 싶군요
· **That is the main point of what I'm saying.**
   이것이 바로 제가 말하고자 하는 핵심입니다.

우리가 이러한 가정 폭력이 계속되도록 방치하는 것이 얼마나 큰 수치인가 말씀드리면서 시작하고 싶군요. 저는 이곳 거리에서 정말 끔찍한 장면들을 목격한 적이 있습니다. 그리고 주된 문제는 우리 사회의 많은 남성들이 여성을 자신의 소유물로 여기는 것이라고 생각합니다. 여자 친구나 부인을 소유물로 여기므로 자기 자신의 소유물을 때리는 것은 문제가 되지 않는다는 것이죠. 이것은 무엇보다도 유교의 문제라 할 수 있어요. 여성들은 남편과 아버지에게 복종해야 하고 설령 맞게 되더라도 그것은 여성의 잘못이 되는 겁니다. 이것이 바로 제가 말하고자 하는 핵심입니다.

 Opinion 2 남성들은 스트레스 때문에 폭력을 사용해요.

I'm in total agreement with you. Society here really gives men total power over how they want to manage their families and their marriages. And although many men are very good fathers and husbands, many others give in to their negative emotions. Men get drunk with the buddies at

give in to
굴복하다, 항복하다

buddy [bʌ́di]
동료, 친구

set off
폭발하다, 유발하다

work. They get stressed out for various reasons. And they come home and the smallest thing will set them off. And they end up hitting their wives and children. Even if they regret it the next day, that's no excuse. **Don't you agree with me?**

regret [rigrét]
후회하다, 뉘우치다

excuse [ikskjú:z]
변명, 해명

> 토론 핵심 표현
> · **I'm in total agreement with you.** 당신의 의견에 전적으로 동의합니다.
> · **Don't you agree with me?** 저의 의견에 동의하지 않으세요?

당신의 의견에 전적으로 동의합니다. 한국 사회는 남성에게 그들이 원하는 대로 가족과 결혼 생활을 관리할 수 있는 전권을 부여합니다. 많은 남성들이 좋은 아버지이며 남편이기도 하지만 다른 많은 남성들은 자신들의 부정적인 감정에 굴복하게 됩니다. 남성들은 직장에서 친구들과 술을 마시지요. 다양한 이유로 스트레스를 받게 됩니다. 그러면 결국 집에 와서는 사소한 일로 폭발하지요. 그리고 결국은 부인이나 아이들을 때리게 됩니다. 다음날 후회한다 해도, 그것은 변명이 되지 못해요. 저의 의견에 동의하지 않으세요?

 Opinion 3 가정 폭력은 외부 사람들이 아닌 친척들의 책임이에요.

I see what you're trying to say. I don't know how we can fix this problem, though. Many families don't want outsiders invading their personal affairs. Domestic abuse is seen as a domestic problem and many men and women would rather deal with it on their own. I think families have a right to have their own privacy. It's not like we can monitor every household and make sure no one is hitting anyone else. **I think it's the responsibility of** relatives to keep the violence under control.

fix [fiks]
해결하다, 고치다

outsider [àutsáidər]
외부인

invade [invéid]
침략하다, 침입하다

affair [əféər]
일, 사건

monitor [mánitər]
감시하다, 관리하다

household [háushòuld]
가족, 식구, 가구

> 토론 핵심 표현
> · **I see what you're trying to say.** 당신이 무슨 말을 하려는지 알겠어요.
> · **I think it's the responsibility of ~** 저는 그것이 ~의 책임이라고 생각합니다

당신이 무슨 말을 하려는지 알겠어요. 그렇지만 저는 이런 문제를 우리가 어떻게 해결할 수 있을지 모르겠어요. 많은 가정에서 자신들의 사적인 문제에 다른 사람들이 개입하는 것을 원하지 않습니다. 가정 폭력도 가정의 문제로 여겨지므로 많은 남성과 여성들이 그들 스스로 그 문제를 해결하려고 하죠. 저는 가정에서 그들만의 사생활을 가질 권리가 있다고 생각합니다. 우리가 모든 가정마다 감시하고 누군가가 다른 누군가를 때리지는 않는지 확인할 수는 없죠. 저는 폭력을 막는 것이 친척들의 책임이라고 생각합니다.

 Opinion 4 법이 개입해서 폭력 행동을 처벌해야 해요.

You're completely wrong about that. Of course the law has to get involved. If someone puts their wife or kids in the hospital because they go out of control, they need to go to jail. The families should not be forced to make difficult decisions for other people's actions. The victims have already gone under a lot of stress. If you act violently, you have to suffer the consequences. And families should be protected against these people. **It's as simple as that.**

토론 핵심 표현
· **You're completely wrong about that.** 당신은 완전히 틀렸어요.
· **It's as simple as that.** 아주 간단합니다.

당신은 완전히 틀렸어요. 당연히 법이 개입되어야 합니다. 누군가가 이성을 잃어서 아내와 아이들을 병원에 입원시킬 정도로 때렸다면 그들은 감옥에 가야 합니다. 가족들은 다른 사람들의 행동 때문에 어려운 결정을 하도록 강요받아서는 안 됩니다. 희생자들은 이미 엄청난 스트레스를 받았습니다. 당신이 폭력적으로 행동한다면, 당신은 그 결과들로 고통받아야 합니다. 그리고 가족들은 이러한 사람들로부터 보호되어야 합니다. 아주 간단합니다.

---

go out of control
통제할 수 없게 되다

jail [dʒeil]
감옥

victim [víktim]
희생자

be forced to
~ 하도록 강요되다, 억지로 ~하게 되다

protect [prətékt]
보호하다

주어진 주제와 관련해 좀 더 깊이 있는 토론이 되도록 질문들을 제시했습니다.
이외에 자신이 생각하는 주제에 대해서도 함께 토론해 보세요.

1 | What explains Korea's high rate of domestic abuse?

2 | How do you think Korea's drinking culture influences this?

3 | What can we do to prevent domestic violence?

4 | Who is responsible for regulating these problems?

5 | How much involvement should the law have in managing internal family problems?

내가 만든 토론 주제

1 | 매 맞는 남편들도 있다는 점 잊지 마세요.

- Don't forget that there are battered husbands too.
- Remember that there are men getting beaten up by wives too.

2 | 말다툼을 하다 보면 이성을 잃게 되죠. 그래서 폭력적인 행동으로 이어질 수도 있는 거예요.

- You kind of get carried away when you're arguing. This could lead to some violent actions.
- When you're arguing, you could lose your mind and some violent actions could be done.

3 | 남성들은 신체적으로 더 강하기 때문에 분명히 더욱 유리해요.

- Men, for sure, have the upper hand because they are physically stronger.
- Physically stronger men for sure have more advantages.

4 | 그런 사건을 목격했을 때는 신고하는 것이 매우 중요해요.

- It's very important to report such incidences when witnessed.
- When you see a women getting beaten up, you'd better report it.

5 | 두 사람이 싸우는 것은 매우 개인적인 문제이죠. 거기에 개입해서는 안 돼요.

- Two people fighting is a very private matter. You should never get involved in it.
- Why get involved in a married couple fighting? It's their own private matter.

6 | 사람들은 공공장소에서 남자가 여자 때리는 것을 말리길 꺼리죠. 모르는 척하는 게 돕는 길이라 생각하기 때문이에요.

- People hesitate to stop the man beating a woman in public because they think ignoring is helping.
- Sometimes when you see a woman getting beaten up, you might help the woman by ignoring what you see.

7 | 어느 누구도 다른 사람한테 당연히 맞아야 하는 법은 없어요.

- No one deserves to get beaten up by anybody.
- No one should be allowed to beat up anybody.

8 | 아내는 여전히 남편의 소유물로 여겨지고 있어요. 남편은 가정을 지키기 위해 필요한 일이라면 무엇이든 할 수 있는 권리를 가지고 있죠.

- Wives are still considered as husbands' properties. Husbands have all the rights to do whatever is needed to keep a family.
- To keep a family, husbands sometimes have to treat wives as their properties.

Issue 45 Same Old Song?

또 그 말이야?

As we all know, the Dokdo Islands (known in Japan as Takeshima) has been a sore spot in Seoul-Tokyo relations for a long time. Historical documents in both Korea and Japan confirm that the islands have belonged to Korea for centuries. According to international law, Korea's legal ownership is further strengthened by the fact that the islands are in its possession, and it has a coast guard station there. The Japanese government stakes its obscure claim on the territory by arguing that a defeated imperial Japan was forced to relinquish control of all Korean territory. Dokdo remains a flashpoint in Korea-Japan relations that could erupt at any moment. Some people think we ought to let the current 'quiet disagreement' over Dokdo continue, while others insist we must vigorously enforce our control over the islands through a larger military presence, international publicity and legal campaigns, or other measures. **Please comment on this issue.**

- **As we all know** 우리 모두가 알다시피
- **Please comment on this issue.** 이 문제에 대한 의견을 말해 보세요.

sore [sɔːr] 쓰라린 | **strengthen** [stréŋkθən] ~을 강화하다 | **possession** [pəzéʃən] 소유 | **guard station** [gɑːrd stéiʃən] 경비대 | **stake** [steik] ~에 대한 소유권을 주장하다 | **obscure** [əbskjúər] 불명료한, 애매한 | **claim** [kleim] 주장, 요구 | **territory** [térətɔ̀ːri] 영토 | **imperial** [impíəriəl] 제국 | **relinquish** [rilíŋkwiʃ] 포기하다 | **flash point** [flæʃ pɔint] 발화점 | **vigorously** [vígərəsli] 강력하게 | **publicity** [pʌblísəti] 여론, 홍보

모범 토론 엿보기 다양한 시각에서 풀어놓은 다음 토론을 통해, 배경지식도 쌓고 자신의 의견도 정리해보세요.

 Opinion 1 독도 문제를 강하게 주장해야 합니다.

I'm all for a much stronger effort in pushing our Dokdo claim. We need to put a larger military force on or near Dokdo. We also have to continually confront the Japanese on this issue. Every time our president meets with Japanese leaders, he must bring up the Dokdo issue. And I think **it is important that** we publicize our rightful claim to Dokdo at the UN and elsewhere, and pressure international organizations to use the islands' Korean name rather than the Japanese name.

military force
[mílitèri fɔːrs] 군대

confront [kənfrʌ́nt]
직면하다, 맞서다

bring up 내놓다, 제시하다

publicize [pʌ́bləsàiz]
공표하다

rightful [ráitfəl]
정당한, 당연한

> 토론 핵심 표현
> · **I'm all for ~** ~에 전적으로 찬성하다.
> · **it is important that ~** ~하는 것이 중요하다

나는 독도에 대한 주장을 더욱 강하게 추진하는 데 전적으로 찬성합니다. 우리는 독도나 독도 근처에 더 많은 군대를 주둔시켜야 해요. 또한 이 문제에 관해 지속적으로 일본에 맞서야 합니다. 우리의 대통령이 일본의 지도자들을 만날 때마다 독도에 관한 얘기를 해야 합니다. 그리고 독도에 관한 우리의 정당한 소유권을 유엔을 비롯한 많은 곳에 공표하는 게 중요하다고 생각합니다. 또 국제 기관에 그 섬을 일본 이름 대신 한국 이름으로 쓰도록 압력을 가해야 합니다.

 Opinion 2 좀 더 현명한 대응이 필요해요.

Sorry, but **you couldn't be more wrong**. That is exactly what Japan wants: the more noise we make about it, the more Dokdo looks like 'disputed territory' instead of a natural, legal, and permanent part of our territory. Being loud and confrontational is not always the best way to achieve victory. **Besides**, let's be practical: even though we hate to admit it, Japan has much greater military, economic,

the more ~ the more
~ 할수록 더 ~하다

look like ~처럼 보이다

dispute [dispjúːt]
분쟁, 논쟁

permanent [pə́ːrmənənt]
영원히, 영구불멸의

confrontational
[kànfrəntéiʃənal] 대립하는

diplomatic [dìpləmǽtik]
외교상의

and diplomatic power than us. Considering this reality, we need to act wisely, not impulsively.

impulsively [impʌ́lsivli]
충동적으로

> 토론 핵심 표현
> · **you couldn't be more wrong** 당신의 의견은 틀렸습니다
> · **Besides** 게다가, 그 외에

미안하지만 당신의 의견은 틀렸습니다. 그게 바로 일본이 원하는 것입니다. 독도에 대해 우리가 시끄럽게 떠들수록 독도는 더욱 더 자연적으로, 법적으로, 또 영원히 우리의 영토라기보다 '분쟁 영토'로 보이게 됩니다. 소란스럽게 하고 대립하는 것이 꼭 승리로 가는 최상의 길이라고는 할 수 없습니다. 게다가 실용적이 되어 보죠. 우리가 아무리 인정하기 싫더라도 일본은 우리보다 군대, 경제 그리고 외교적 힘이 강합니다. 이런 현실을 감안할 때 우리는 충동적이기보다는 좀 더 현명하게 대응을 해야 합니다.

 Opinion 3 잠자는 개를 건드릴 필요는 없어요.

    I'm with you on that. I've been to Japan several times. I was surprised that many people there had never heard of 'Dokdo'—or even 'Takeshima.' Maybe they just don't care. Then why are we making a mountain out of a molehill? **It's just a way** for politicians and the media **to** stir up Korean nationalism for their own benefit. I mean, we should not dance to their tune. Just let sleeping dogs lie.

make a mountain out of
a molehill
하찮은 일을 과장해서 말하다
stir [stəːr] 휘젓다, 선동하다
nationalism [nǽʃənəlìzəm]
민족주의
dance to
남이 하라는 대로 따라하다
lie [lai] 드러눕다, 누워 있다

> 토론 핵심 표현
> · **I'm with you on that.** 나는 그것에 대해 당신의 의견에 찬성합니다.
> · **It's just a way ~ to ~** 그저 ~하는 것일 뿐입니다

나는 그것에 대해 당신의 의견에 찬성합니다. 나는 일본에 몇 번 가 보았는데 그때마다 그곳의 많은 사람들이 '독도'는커녕 '다케시마'란 이름도 들어 본 적이 없다는 데 놀랐습니다. 아마도 그들은 별로 상관을 안 하는 것 같습니다. 그런데 왜 우리가 일을 더 크게 만들어야 하는 거죠? 그건 정치가들이나 언론이 자기들의 이익을 위해 민족주의를 선동시키려는 것뿐입니다. 그들이 하라는 대로 따라할 필요가 없다고 생각합니다. 괜히 잠자는 개를 건드릴 필요는 없잖아요.

Opinion 4 사이버 공간에서 힘을 키워야 해요.

We can't just sit back and do nothing. Don't you know how persistent the Japanese people are? They will keep trying and trying until they get what they want. Let's just admit that Japan has much greater economic and diplomatic power than us. But what about in cyberspace? Don't we have a greater influence on the Internet? I think **that's exactly where we should all focus**. We should encourage more people to participate in one of those cyber-diplomacy groups such as Volunteer Agency Network of Korea (VANK), to strengthen our voice.

persistent
[pəːrsístənt] 끈덕진

admit [ædmít] 허용하다

cyberspace [sàibərspeis]
인터넷 가상 공간

influence [ínfluəns] 영향

encourage [enkə́ːridʒ]
격려하다

토론 핵심 표현

· **We can't just sit back and do nothing.** 뒷짐만 지고 있을 수는 없어요.

· **that's exactly where we should all focus** 그것이 바로 우리가 집중해야 하는 것이다.

뒷짐만 지고 있을 수는 없어요. 일본인들이 얼마나 끈질긴지 모르세요? 원하는 것을 얻을 때까지 시도하고 또 시도할 겁니다. 물론 일본은 우리보다 경제력이나 외교력이 더 뛰어나긴 하죠. 하지만 사이버 공간은 어떨까요? 인터넷상에서는 우리의 영향력이 더 크지 않은가요? 저는 정확히 인터넷이 우리가 집중해야 하는 부분이라고 생각해요. 우리는 더 많은 사람들을 한국자원단체조직(반크) 같은 사이버-외교 그룹에 참여하도록 유도해서 우리의 힘을 키워야 한다고 생각합니다.

무작정 따라하기 ❷

실전 토론하기

주어진 주제와 관련해 좀 더 깊이 있는 토론이 되도록 질문들을 제시했습니다.
이외에 자신이 생각하는 주제에 대해서도 함께 토론해 보세요.

1 | "We need a stronger military presence on Dokdo." Do you agree or disagree with this statement? Give reasons to support your opinion.

2 | What is the best way that either the government or citizens can ensure Korean control over Dokdo?

3 | What do you think of using cyber-diplomacy to protect our control over Dokdo? Explain.

4 | Do you favor going to the UN or other international bodies about Dokdo? Why or why not?

5 | Are there any other measures that you can think of?

내가 만든 토론 주제

1 | 힘에는 힘으로 답해야 합니다.
- We need to respond to force with force.
- We need to fight fire with fire.

2 | 상대방의 행동에 과잉반응하지 마세요.
- Don't overreact to a counterpart's action.
- Let's use measured responses on the issue.

3 | 전 세계 사람들에게 직접 다가갑시다.
- Let's go straight to the people of the world.
- Directly appeal to the world, instead of arguing with the Japanese.

4 | 독도에 대해 일본의 어떤 타협이나 인정도 기대하지 마세요.
- Don't expect Japan to show any compromise or mercy on Dokdo.
- The Japanese will always be shrewd and covetous about Dokdo.

5 | 우리는 독도에 대한 우리의 지배력을 모든 방법을 동원해서 보호해야 합니다.
- We must protect our control over the islands by all means necessary.
- We should use all measures that we can think of to protect the islands.

6 | 독도는 바다 가운데 떠 있는 그냥 바위가 아니에요.
- Dokdo is not just some rocks in the ocean.
- Dokdo is important for a number of reasons.

7 | 드디어 우리의 힘을 보여 줄 시간이 되었어요.
- It is time to show them our teeth.
- We should frighten them by giving them a taste of our power.

8 | 왜 작은 문제를 크게 만들려고 하나요?
- Why make a small issue into a large one?
- Don't make a mountain out of a molehill.

Issue 46 A Few Good Men

소수정예

Why don't we open up today's **topic on** mandatory military service in Korea? Many people here know the story of Yoo Seung Jun. He was a famous celebrity who converted to American citizenship to avoid military service. Although the star created many enemies with this move and lost many fans, many others felt he did the right thing. A lot of people are questioning why Korea needs mandatory military service. Many young men in Korea feel they have to give up some of the best years of their lives to the military and they resent it. Other countries like the U.S. have switched to professional armies. As relations on the Korean peninsula improve or get worse, the military situation will likely change accordingly. Many Korean men are hoping for a quick resolution and for lesser military service. **What are some points you would like to make about this?**

- **Why don't we open up today's topic on ~** 오늘의 주제인 ~에 대해 이야기를 시작해 볼까요?
- **What are some points you would like to make about this?** 여러분은 이 점에 대해 어떤 의견들을 가지고 있나요?

conscript [kánskript] 징집된 | **mandatory** [mǽndətɔ̀ːri] 의무의 | **celebrity** [səlébrəti] 유명 인사 | **convert** [kənvə́ːrt] 전환하다, 바꾸다 | **resent** [rizént] 분개하다, 괘씸하게 생각하다 | **peninsula** [pinínʃələ] 반도 | **resolution** [rèzəlúːʃən] 해결

무작정 따라하기 ❶

모범 토론 엿보기

다양한 시각에서 풀어놓은 다음 토론을 통해, 배경지식도 쌓고 자신의 의견도 정리해보세요.

Opinion 1 기간을 줄이더라도 의무 징병 제도는 유지해야 합니다.

Is it OK if I open up the talk? I think Korea needs mandatory military service. We're at war and we've been at war for the last five decades. The situation on our peninsula is sensitive and we need to be prepared at all costs. So banning is completely out of the question. With that being said, I think it would be OK to reduce the service time to two years or less. I do understand that the commitment seems too long in many people's eyes. I think the current president is already acting on this. **Does that sound like a good idea?**

> **at all costs**
> 무슨 수를 써서라도, 어떤 일이 있어도
>
> **ban** [bæn]
> 금지하다
>
> **out of the question**
> 불가능한
>
> **reduce** [ridʒúːs]
> 줄이다, 축소시키다
>
> **commitment** [kəmítmənt]
> 의무, 책무

> **토론 핵심 표현**
> · **Is it OK if I open up the talk?** 제가 먼저 이야기를 시작해도 될까요?
> · **Does that sound like a good idea?** 좋은 생각 같지 않으세요?

제가 먼저 이야기를 시작해도 될까요? 저는 한국에는 의무 징병 제도가 필요하다고 생각합니다. 우리는 지금 전시 상태에 있으며 지난 50여 년 동안 그러했습니다. 한반도의 상황은 민감하며 우리는 어떤 희생을 치르더라도 대비하고 있어야 합니다. 따라서 의무 징병제의 철폐는 절대로 안 됩니다. 그걸 전제로 저는 군대 복무 기간을 2년 이하로 줄이는 것은 괜찮다고 생각합니다. 복무 기간이 많은 사람들의 눈에 굉장히 길어 보인다는 점은 충분히 이해합니다. 저는 현 대통령이 이미 이러한 조치를 취하고 있다고 생각합니다. 좋은 생각 같지 않으세요?

Opinion 2 여성의 군복무는 말이 안 돼요.

I'd like to bring up a different subject actually. I know some people have even suggested that women be required to serve in the military. They say that it's simply unfair for men. But I think the idea won't work. Korean society already discriminates against women after their

> **discriminate**
> [diskrímənèit]
> 차별하다
>
> **ample** [ǽmpl]
> 충분한, 풍부한
>
> **discharge** [distʃáːrdʒ]
> 제대하다

mid-twenties. If they spent time in the military as well, they'd have even less opportunity. I know men complain about losing two years of their lives. But they have ample chances to make their lives after being discharged. **That's all I had to say about this subject.**

> 토론 핵심 표현
> · **I'd like to bring up a different subject actually.**
>   저는 사실 다른 문제에 대해 이야기하고 싶어요.
> · **That's all I had to say about this subject.**
>   이것이 제가 이 주제에 대해 말할 전부예요.

저는 사실 다른 문제에 대해 이야기하고 싶어요. 저는 어떤 사람들이 심지어 여성도 군복무를 해야 한다고 제안하는 것을 알고 있습니다. 그들은 단지 남성에게 불공평하기 때문이라고 말하죠. 그렇지만 저는 이러한 주장은 말이 안 된다고 생각해요. 한국 사회는 이미 20대 중반 이후의 여성을 차별하고 있어요. 여성들이 군에서까지 시간을 보내게 된다면, 그들의 기회는 더욱 줄어들 것입니다. 저는 남성들이 삶의 2년을 잃게 된다고 불평하는 것을 알고 있어요. 그렇지만 그들은 제대 후 성공할 수 있는 충분한 기회를 갖게 되죠. 이것이 제가 이 주제에 대해 말할 전부예요.

 Opinion 3 모병제로 바꿔서 열정적인 군대를 양성하는 것이 최선입니다.

I don't see why you would bring that up. The real question is whether a professional army would work better in Korea than a draft army. Professional armies are full of people who volunteer to serve their country and are, therefore, more enthusiastic. Our current army is full of people who aren't proud to serve and want to get out as fast as possible. I think they will do a poor job in an actual combat situation. We should convert our military system to a professional army, and then we can raise and train a hard-working and enthusiastic armed forces. **That would be best.**

draft [dræft]
징병의,징병제의
volunteer [vὰləntíər]
지원하다
enthusiastic
[enθúːziὰstik]
열렬한, 열광적인
combat [kámbæt]
전쟁
armed [ɑːrmd]
무장한, 무기를 가진

당신이 왜 그 이야기를 꺼냈는지 이해할 수가 없군요. 정말 문제가 되는 것은 한국에서 모병제를 실시하는 것이 징병제보다 더 효과가 있을까 하는 점이에요. 직업 군인들은 조국을 위해 봉사하려고 지원한 사람들로 이루어져 있으므로 더욱 열정적이죠. 현재 우리의 군대는 군복무를 자랑스러워하지 않으며 가능한 한 빨리 나가고 싶어 하는 사람들로 가득 차 있죠. 저는 이들은 실제 전투 상황에서도 잘하지 못할 거라고 생각해요. 우리는 군 제도를 모병제로 바꾸어 열심히 하고 열정적인 군대를 양성하고 훈련시켜야 해요. 그것이 최선일 거예요.

 Opinion 4 통일될 때까지 의무 복무 제도는 반드시 있어야 합니다.

You must be kidding me. What we'd end up with would be an army ten times smaller than what we have now. And if a war broke out with North Korea, what do you think would happen? We'd get demolished. People serve today because it's an obligation to their country. Many people are proud to serve, even if they are reluctant at first. As the situation in Korea gets worse, we're going to need more soldiers, not less. Until we get unified, there's no question that Korea needs its military and it needs mandatory service. **End of argument.**

break out
발생하다

demolish [dimáliʃ]
파괴하다, 분쇄하다

obligation [àbləɡéiʃən]
의무

reluctant [rilʌ́ktənt]
주저하는, 마지못해 하는

unify [júːnəfài]
통합하다, 통일하다

지금 농담하시는 거죠. 그렇다면 우리는 결국 지금보다 열 배 정도는 축소된 군사력을 갖게 될 거예요. 그리고 북한과 전쟁이 터진다면, 어떤 일이 발생할까요? 우리는 무너지고 말 거예요. 사람들은 그것이 조국에 대한 의무이므로 오늘날 군 복무를 하는 거죠. 비록 처음에는 주저하더라도 많은 사람들이 군 복무를 자랑스러워합니다. 한국의 상황이 악화된다면 우리는 더욱 많은 군인이 필요하게 됩니다. 적은 게 아니라요. 통일이 될 때까지는 한국에서 군대가 필요하며 의무 제도가 필요함은 두말할 필요도 없습니다. 논쟁 이만 끝.

주어진 주제와 관련해 좀 더 깊이 있는 토론이 되도록 질문들을 제시했습니다.
이외에 자신이 생각하는 주제에 대해서도 함께 토론해 보세요.

1 | Should mandatory military service be banned?

2 | Should the service time be reduced?

3 | Should women serve in the military as well?

4 | Are professional armies more efficient than drafted armies?

5 | How will military service change if the North Korean situation gets worse?

내가 만든 토론 주제

1 | 남성들이 인생 최고의 시기인 20대 초반을 군대에서 보내야 하는 것은 정말 불공평해요.

- It's not fair for men to spend their best time in life, the early twenties, in the army.
- Why do men have to stay in the army in their early twenties? It's not fair.

2 | 2년 동안 군대에 있도록 강요당하는 청년들은 의욕이 없을 수밖에 없죠.

- Young men, being forced to stay in the army for two years, are just demoralized.
- Young men aren't exactly enthusiastic about being in the army, since they are forced to do so.

3 | 물론 모병제가 훨씬 효과적이죠. 그렇지만 한국은 다른 나라들과는 다른 상황에 놓여 있어요.

- Of course professional army is much more effective. But Korea is in a different situation than other countries.
- Korea, in a different situation than other countries, cannot allow professional army system, although they're much more effective.

4 | 당신이 사랑하는 사람을 2년 동안 군대에 보내 본 적이 있다면 생각이 달라질걸요.

- You would have a different point of view if you have sent your loved one to the army for 2 years.
- Do you have an experience in sending your loved one to the army for 2 years? If you did, you'll look at this matter differently.

5 | 모병 제도를 채택한다면, 군대가 아예 없을 거예요.

- If we were to adopt the professional army system, there will not be any armies.
- The number of armies will significantly decrease if we adopt the professional army system.

6 | 한국은 북한 때문에 항상 대기하고 있어야 하며 더 많은 군대가 필요해요.

- Korea should always be on alert due to North Korea and we need bigger armies.
- We have to be alert of North Korea all the time, and we need stronger forces.

7 | 청년들은 소중한 2년을 잃어버린 것에 대해 어디 가서 호소해야 하나요?

- Where can young men appeal to for losing their precious 2 years of time?
- Young men are losing their precious 2 years of time. Where can they go and complain?

8 | 남성들은 조국을 위해 자신들의 시간을 포기하는 것을 자랑스러워해야 해요.

- Men should be proud to give up their time for their country.
- Men serving in the army should be proud to say that they're giving up their time for their country.

Issue 47 Hell Is a Seoul Traffic Jam

서울은 교통 지옥

OK, how about we begin our discussion? We're talking today about traffic in Seoul. Everyone knows that we should avoid taking buses or taxis during rush hour. It's a nightmare and taking the crowded subway is faster. Many people avoid taxis and buses even if it isn't rush hour. That's because Korean taxi and bus drivers are notorious for being reckless. It's no wonder that Korea is Number 2 for traffic fatalities in the world. The real nightmare comes when you try to take a trip during the holidays. A trip to Busan from Seoul, which normally takes 5.5 hours, can take up to 20 hours! How can an everyday person cope with all these traffic nightmares? The nightmare doesn't end there when you get to the parking lot. Perhaps Korea is paying the price for its rapid growth in car sales. **I'd like to get everyone's opinion on this.**

· **OK, how about we begin our discussion?** 자, 토론을 시작하는 게 어때요?
· **I'd like to get everyone's opinion on this.** 저는 이 점에 대해 여러분의 의견을 듣고 싶습니다.

nightmare [náitmὲər] 악몽 | **notorious** [noutɔ́:riəs] 악명 높은 | **reckless** [réklis] 앞뒤를 가리지 않는, 무모한 | **fatality** [feitǽləti] 사상자 수

303

무작정 따라하기 ❶

Issue 47_2.mp3

모범 토론 엿보기 · 다양한 시각에서 풀어놓은 다음 토론을 통해, 배경지식도 쌓고 자신의 의견도 정리해보세요.

 Opinion 1 80년대 많은 사람들이 차를 산 대가를 치르고 있어요.

I'm glad someone said it. Traffic here is a nightmare. I remember the first time I took a cab in Korea. I thought it was actually going to be faster than the subway. Boy, was I wrong. It's basically impossible to get anywhere in the mornings or the late afternoon if you drive. Saturday is even worse. How do ambulances get around? I think this is causing severe problems. I think the car companies in the 80s really pushed too hard to get everyone to buy cars. Now we're paying the price for it. **Is anyone with me?**

get around
돌아다니다

severe [sivíər]
극심한

pay the price
대가를 치르다

> 토론 핵심 표현
> · **I'm glad someone said it.** 누군가 그 말을 꺼내니 기쁘군요.
> · **Is anyone with me?** 누구 제 의견에 동의하세요?

누군가가 그 말을 꺼내니 기쁘군요. 이곳의 교통은 정말 악몽이에요. 제가 한국에서 처음으로 택시를 탔을 때를 기억해요. 저는 택시가 지하철보다 훨씬 빠를 거라고 생각했죠. 아이고, 틀렸어요. 아침 시간이나 오후 늦게 직접 운전해서 어딜 가는 것은 기본적으로 불가능해요. 토요일은 더욱 심각하죠. 응급차들은 어떻게 돌아다니지요? 저는 이로 인해 심각한 문제들이 초래된다고 생각해요. 80년대 자동차 회사에서는 모든 사람들이 차를 사도록 하기 위해 노력했었죠. 이제 우리는 그 대가를 치르고 있습니다. 누구 제 의견에 동의하세요?

 Opinion 2 지하철과 버스 시설들을 개선해 더욱 편리하게 만들어야 해요.

Yes, I'm in complete agreement with you. We're paying the price for our own obsession with cars. Everyone wants to show off. I think we have to convince people to leave their cars at home and travel on the subways or buses. Or maybe we can get everyone to carpool at least. To do this, we'll probably have to improve our subway and bus

obsession [əbséʃən]
집착, 강박 관념

show off
과시하다

convince [kənvíns]
설득하다, 납득시키다

carpool [káːrpùːl]
자동차를 함께 타다,
교대로 운전하다

systems so that they really are more convenient than driving. It would cost some money now but it would really pay off in the long run. **What do you think about this?**

pay off
성과가 있다, 잘 되어가다

in the long run
결국에는

> 토론 핵심 표현
> · **Yes, I'm in complete agreement with you.**
>   네, 저는 당신의 의견에 전적으로 동의합니다.
> · **What do you think about this?** 이 점에 대해 어떻게 생각하세요?

네, 저는 당신의 의견에 전적으로 동의합니다. 우리는 차에 대한 우리 자신의 집착 때문에 대가를 치르고 있어요. 모든 사람들이 과시하고 싶어 하지요. 저는 사람들이 차를 집에 놔두고 지하철이나 버스를 이용하도록 설득해야 한다고 생각합니다. 아니면 적어도 함께 합승하게 할 수도 있습니다. 이렇게 하기 위해서 우리는 지하철이나 버스가 자가용을 운전하는 것보다 더욱 편리할 수 있도록 지하철과 버스 시설들을 개선해야 할지도 모릅니다. 약간의 비용이 들겠지만, 결국에는 그만한 보상을 받게 될 겁니다. 이 점에 대해 어떻게 생각하세요?

Opinion 3 고속철도와 더 많은 고속도로를 건설해야 해요.

That is a good point, but I'm afraid it doesn't really address the problem of intercity driving. We need to improve the rail system, too. Why is it taking so long for the high speed trains to be established? They're badly needed. We also need to increase the number of trains, and figure out automatic tolls so that people don't have to stop for each booth. That should be required for every car that wants to travel between cities. We also need to create more highways so that we can accommodate all these cars. **That's my opinion anyway.**

address [ədrés]
언급하다, 검토하다

intercity [intərsíti]
도시간의

establish [istǽbliʃ]
건설, 설립하다

toll [toul]
통행 요금

accommodate
[əkámədèit]
수용하다, 공급하다, 조절하다

> 토론 핵심 표현
> · **That is a good point, but ~** 좋은 지적입니다만 ~
> · **That's my opinion anyway.** 어쨌든 이것이 저의 의견이에요.

좋은 지적입니다만, 유감스럽게도 도시간 운행의 문제에 대해서는 언급되지 않았네요. 우리는 철도 시설도 개선해야 합니다. 왜 고속 철도를 건설하는 데 그렇게 오랜 시간이 걸리는 거죠? 그것은 절실히 필요합니다. 우리는 또한 열차 수도 늘려야 하며, 사람들이 부스에서 멈추지 않아도 되게끔 자동 요금 문제를 해결해야 해요. 이것은 도시간을 여행하고자 하는 모든 열차에 갖추어져야 해요. 우리는 또한 이 모든 차들을 수용하기 위해 더 많은 고속도로를 건설해야 해요. 어쨌든 이것이 저의 의견이에요.

 Opinion 4 차와 관련된 모든 것들에 더 많은 세금을 부과해야 해요.

Well, **I mostly agree with you.** But I think all that would cost a lot of money. We need to start taxing people more for their cars, for gas, for everything associated with cars. People are abusing the privileges of driving. Not everyone should have a car because Korea is a small country. It's not necessary. If we're not careful, we'll end up like the Americans-overly dependent on cars and gasoline. What we need is a little self-control. **That closes our discussion on this matter.**

tax [tæks]
세금을 부과하다

be associated with
~과 관련되다, 연관되다

abuse [əbjúːz]
남용하다

privilege [prívəlidʒ]
특권, 특혜

overly [óuvərli]
과도하게, 지나치게

self-control
[sélf-kəntróul]
자기 통제

토론 핵심 표현
· **I mostly agree with you.** 저도 당신의 의견에 대부분 동의합니다.
· **That closes our discussion on this matter.** 이것으로 이 문제에 관한 토론을 끝내죠.

음, 저도 당신의 의견에 대부분 동의합니다. 그렇지만 그걸 다 하려면 비용이 많이 든다고 생각해요. 우리는 자동차와 기름, 차와 관련된 모든 것들에 더 많은 세금을 부과할 필요가 있어요. 사람들은 운전의 특권을 남용하고 있어요. 한국은 작은 나라이기 때문에 꼭 모든 사람들이 차가 있어야 하는 것은 아니에요. 반드시 필수적인 것은 아니죠. 우리가 신경 쓰지 않는다면 우리는 미국처럼 차와 기름에 과도하게 의존하게 될 거예요. 우리에게 필요한 것은 약간의 절제입니다. 이것으로 이 문제에 관한 토론을 끝내죠.

주어진 주제와 관련해 좀 더 깊이 있는 토론이 되도록 질문들을 제시했습니다.
이외에 자신이 생각하는 주제에 대해서도 함께 토론해 보세요.

1 | What can we do to reduce traffic inside the city?

2 | What can we do to reduce traffic between cities?

3 | Is the public transportation system sufficient?

4 | Is there any way to reduce the number of cars on the road?

5 | Are Koreans obsessed with their cars? Is this healthy?

내가 만든 토론 주제

앞의 질문들에 대답할 때 아래 문장들을 활용해 보세요.

1 | 교통이 혼잡한 시간에는 어디든 가지 않는 게 최선이죠.

- It's best not to go anywhere during rush hour.
- When it's rush hour, just stay where you are.

2 | 교통이 혼잡한 시간에는 지하철도 별로 나을 게 없어요. 만원이라 움직일 수조차 없죠.

- Subways during rush hour aren't any better. It's so packed that you can't even move.
- There are so many people in the subways during rush hour that they aren't any better.

3 | 도로는 그대로인데 차량 수만 늘어나고 있어요.

- The number of cars is increasing though the number of roads remains the same.
- There are more and more cars on the roads which have not increased in number.

4 | 편리함을 찾는 사람들은 한국에서 운전하는 것이 사실 편리하지 못하다는 것을 알아야 해요.

- People seeking for convenience should realize that driving in Korea isn't really convenient.
- You're mistaken when you think driving is more convenient. That's not the case in Korea.

5 | 압구정에는 주차 공간이 너무 적어요. 생지옥이나 다름 없어요.

- There is so limited number of parking spaces in Apgujeong. It's a living hell.
- Parking in Apgujeong area is hell.

6 | 정부는 교통 문제를 해소하기 위한 방법을 찾아내야 해요.

- The government should better come up with an idea to clear up the traffic problem.
- There must be something done by the government about the traffic problem.

7 | 휴일에는 차를 집에 두고 가세요. 미리 열차나 버스 좌석을 예매하면 돼요.

- Leave your cars at home during the holidays. Reserve seats for trains and buses in advance.
- Take trains and buses during the holidays. Forget about driving.

8 | 한국 사람들은 중산층이 되려면 차가 있어야 한다고 생각해요.

- Koreans think they need to own a car to be a middle class.
- A car is a must to be a middle class.

Issue 48 Paparazzi Pains

파파라치가 주는 고통

Right, let's begin our discussion on the privacy of public figures. Once celebrities like musicians, movie stars, and politicians or by other means, become famous, they accept that they have to give up a certain amount of privacy. They are thrust into the public realm and everything they do is recorded, photographed, and analyzed by millions of adoring fans as well as non-fans. Many of them understand this, and play their roles accordingly, like dressing properly and acting right. They seem to like the spotlight and the attention they get. In the information age, more public figures find themselves in the source of scandal and rumor and they start to wish they had more privacy. They complain that their lives are being ruined by reporters and photographers. So what are the boundaries for celebrity privacy? What rights do they have? **Why don't we get some opinions from everyone?**

- **Right, let's begin our discussion on ~** 자, ~에 대한 토론을 시작하도록 하죠
- **Why don't we get some opinions from everyone?** 모든 사람들의 의견을 들어보는 것이 어떨까요?

Paparazzi 파파라치, 유명 인사를 쫓아다니며 사진을 찍는 프리랜서 사진작가를 일컫는 이탈리아어 | **celebrity** [səlébrəti] 유명 인사, 연예인 | **privacy** [práivəsi] 사생활, 사적 자유 | **thrust** [θrʌst] 맡기다, 위탁하다 | **realm** [relm] 범위, 영역 | **analyze** [ǽnəlàiz] 분석하다, 분해하다 | **adore** [ədɔ́:r] 동경하다, 숭배하다 | **play one's role** ~의 역할을 하다 | **ruin** [rú:in] 파멸시키다, 못 쓰게 만들다

 Opinion 1　공인이므로 사생활을 약간 잃을 수 있어요.

Let's start right away. I think public figures understand that when they enter the public realm, they lose certain rights. When you become a famous celebrity, you make millions of dollars and gain lots of other benefits as well. Everyone wants to get to know you, they want to be your friend and treat you nicely. Because of this, there is a tradeoff. Since you get so many benefits for being famous, you're bound to lose a little privacy. I think that's a fair trade. I'd love to give up my privacy to be rich and famous. Who'd complain? This is especially true if you're politicians. **Isn't this true?**

benefit [bénəfit]
이익, 이득

tradeoff [tréidɔ:f]
교환, 흥정

be bound to
~하지 않을 수 없다, ~하게 되다

> 토론 핵심 표현
> · **Let's start right away.**　바로 시작하죠.
> · **Isn't this true?**　제 말이 맞지 않나요?

바로 시작하죠. 저는 공인들이 대중의 영역으로 들어가게 되면서 어떤 권리들을 잃게 된다는 점을 이해한다고 생각합니다. 유명한 연예인이 된다면 당신은 수백만 달러를 벌어들이며 그 외에도 많은 혜택들을 누리게 될 것입니다. 모든 사람들이 당신을 알게 되길 원하며 당신의 친구가 되고 싶어 하고 당신에게 잘 대해 주죠. 이것 때문에 교환이 이루어질 수 있죠. 당신은 유명해지면서 많은 혜택들을 얻게 되므로 약간의 사생활을 잃게 됩니다. 저는 그게 공평한 거래라고 생각해요. 저는 유명해지고 부자가 되기 위해서라면 기꺼이 제 사생활을 포기하겠어요. 누가 불평하겠어요? 특히 정치인이 된다면 더욱 그렇죠. 제 말이 맞지 않나요?

 Opinion 2　좋은 본보기가 되어야 하므로 엄격한 행동 기준을 적용해야 해요.

I think you're making an excellent point. Politicians have to be under close scrutiny because they're responsible for running our country. We need to hold them to a higher standard of behavior. So it's going to be normal that they're

scrutiny [skrú:təni]
정밀한 조사, 검사

run [rʌn]
운영하다, 이끌어가다

get involved in
~과 관련되다, 연관되다

closely watched and every action is judged. One small mistake could embarrass not just the politician but our entire country as well. Movie stars can have scandals more freely. It's not as big of a deal when they get involved in scandals. But they would disappoint their fans because they look up to their celebrities as heroes. So it's still important for them to set good examples. **What do you think?**

look up to
존경하다, 우러러보다

토론 핵심 표현

· **I think you're making an excellent point.**
  저는 당신이 훌륭한 지적을 했다고 생각해요.
· **What do you think?** 어떻게 생각하세요?

저는 당신이 훌륭한 지적을 했다고 생각해요. 정치인들은 우리나라를 이끌어 가는 책임을 맡고 있으므로 좀 더 자세히 검증되어야 합니다. 우리는 그들에 대해 엄격한 행동 기준을 적용해야 합니다. 따라서 그들이 면밀히 관찰되고 모든 행동이 평가되는 것이 정상일 겁니다. 한 번의 사소한 실수라도 그 정치인뿐만 아니라 온 나라 전체의 수치가 될 수 있습니다. 영화 배우들은 좀 더 자유롭게 스캔들을 낼 수 있습니다. 그들이 스캔들에 연루된다 해도 그다지 큰 문제는 아니죠. 그렇지만 그들을 영웅처럼 우러러보는 팬들을 실망시키게 되죠. 따라서 여전히 그들도 좋은 본보기가 되어 주는 것이 중요합니다. 어떻게 생각하세요?

 Opinion 3 거짓정보가 유포되지 않도록 어느 정도 제한이 필요해요.

I don't completely agree with you. Yes, they should try to set a good example. But that doesn't mean they shouldn't be allowed to have some privacy. What's going on right now is that the media have become stalkers. I think we should limit some of the more damaging stories that the media spread. In fact, a lot of them aren't even true. They damage the politicians' or celebrities' reputations without substantial evidence. The media are not being responsible. We should control what they can and cannot print about public figures. Once the damage is done, it's very hard to repair the reputations. The entire career can be ruined for no good reason. **That's what I'm trying to say.**

stalker [stɔːker]
스토커(좋아하는 사람을 따라다니며 귀찮게 하거나 괴롭히는 사람)
damaging [dǽmidʒiŋ]
손해를 끼치는, 해로운
reputation [rèpjətéiʃən]
명성, 평판
substantial [səbstǽnʃəl]
많은, 실질적인

저는 당신 의견에 절대로 동의할 수 없어요. 네, 그들은 좋은 본보기가 되도록 노력해야 하지만 그렇다고 해서 사생활을 갖는 것까지도 허용되지 말아야 한다는 의미는 아니에요. 지금 방송 매체가 스토커가 되는 일이 벌어지고 있어요. 저는 대중 매체가 퍼뜨리는 피해를 줄 만한 정보들은 어느 정도 제한해야 한다고 생각합니다. 사실 그것 중 상당수가 사실이 아니죠. 그들은 충분한 증거도 없이 정치인이나 연예인들의 명예를 훼손합니다. 대중 매체는 책임을 지지도 않아요. 우리는 그들이 공인에 관해 공개할 수 있는 것과 없는 것을 제한해야 해요. 일단 손상을 입게 되면, 명예를 되찾는 것은 매우 어렵죠. 모든 명성이 정당한 이유 없이 손상될 수도 있어요. 이것이 바로 제가 말하고자 하는 바예요.

 Opinion 4 공적인 삶과 사적인 삶에 대한 명확한 구분이 있어야 해요.

Well, let me comment on that. Freedom of the press is very important. At the same time, I think we need to draw clearer lines as to what is a public and what is a private life. Politicians should feel free to lead their private lives as they fit as long as they can do their jobs. Celebrities shouldn't have to be subject to dirt-digging and sex scandals. People are people, they make mistakes and shouldn't have to pay so much for them. It's no one's business who is sleeping with whom. People should learn to mind their own business. It's a right everyone is entitled to. **That's all I have to say about it.**

press [pres]
보도 기관, 언론
feel free to
마음 놓고 ~하다, 자유롭게 ~하다
be subject to
~의 적용을 받다, ~ 받기 쉽다
be entitled to
~의 자격이 있다,
~의 권리가 있다

저도 거기에 대해 한마디 할게요. 언론의 자유는 매우 중요해요. 동시에 저는 우리가 공적인 삶과 사적인 삶을 구분짓는 좀 더 확실한 선을 그어야 한다고 생각해요. 정치인들은 그들의 업무를 수행하기에 적합하다면 그들이 원하는 대로 사적인 삶을 누릴 수 있어야 합니다. 연예인들도 추잡한 캐내기나 성 추문과 같은 것의 대상이 되어서는 안 됩니다. 그들도 사람이므로 실수할 수 있고 그것에 대해 엄청난 대가를 치러야만 하는 것은 아닙니다. 누구와 잠을 자든 그건 다른 사람이 상관할 바가 아니죠. 사람들은 자신의 일에만 신경 쓰는 법을 배워야 합니다. 모든 사람들에게 부여된 권리죠. 이것이 제가 말하고자 하는 전부입니다.

주어진 주제와 관련해 좀 더 깊이 있는 토론이 되도록 질문들을 제시했습니다.
이외에 자신이 생각하는 주제에 대해서도 함께 토론해 보세요.

1 | How much privacy does a public figure deserve?

2 | Is privacy different for a politician and a movie star?

3 | Should public figures be held to a higher standard of behavior?

4 | Is it censorship to limit the media's access to public figures?

5 | Where do we draw the line between public and private lives?

내가 만든 토론 주제

1 | 연예인들은 유명세와 관심으로 살아가는 거예요. 따라서 우리는 그들이 요구하는 것을 주고 있는 거죠.

- Celebrities live on fame and attention. So we're giving them what they asked for.
- Celebrities exist because of fame and the attention we give them.

2 | 연예인 역시 사람이에요. 그들의 사적인 관계까지 깊이 알려고 해서는 안 돼요.

- A celebrity is also a person. We should never get so deep into their private relationships.
- A star is a human being. No one has the rights to dig into their private lives.

3 | 사람들은 주목 받기 위해 연예인이 되고 싶어 하죠.

- People want to become a celebrity because they want attention.
- Celebrities love to get attention. That's why they're celebrities.

4 | 배우가 되는 것은 회계사가 되는 것과 다를 바 없어요. 연기도 회계 업무처럼 일종의 일이죠.

- Being an actor is just like being an accountant. Acting is just a type of a job just like accounting.
- An actor is just carrying out his job, acting. We should treat them the same.

5 | 10대 소녀들은 스타를 좋아하게 되면 그 스타를 따라하려고 해요. 그래서 스타들은 올바르게 행동해야 하는 거예요.

- When a teenage girl likes a star, she tends to imitate the star. That's why the star has to act right.
- Some teenagers look up to their idol. It's important that the idol acts right.

6 | 왜 다른 사람의 사생활에 그렇게 관심을 갖는 거죠?

- Why are you so interested in someone else's private life?
- Don't be so nosy in someone else's private life.

7 | 당신의 삶을 대중에게 공개하는 데는 단지 적은 비용이 들 뿐이에요. 그로 인해 얻게 되는 다른 많은 것들을 생각해 보세요.

- Having your life opened to public is just a small price. Think of all the other factors you gain.
- Celebrities are just paying their small price for gaining publicity and, of course, money.

8 | 좋은 본보기가 되는 것이 사생활을 잃게 된다는 것을 의미하는 것은 아니죠.

- Setting a good example doesn't mean losing privacy.
- You can set a good example and also not lose your privacy.

314

Issue 49 Beyond the Fire

화마를 넘어

The year 2008 began with a very dark omen for our country: the destruction of Sungnyemun Gate (better known as Namdaemun) by an arsonist. An ancient part of our cultural heritage and a symbol of the country appearing in countless media was burned to ashes. The shock was compounded by frustration and anger when it was learned that authorities had insufficiently protected the structure, and moreover, lost a chance to preserve more of it by responding more effectively once the fire began. The Sungnyemun fire **appalled the nation, and brought out many ideas as to** how to best preserve our nation's historic treasures. Some people say we must devote more government resources to security and/or police in order to adequately protect these treasures. Others say we must instead focus on getting citizens more involved in preserving our cultural heritage. **Do you have any fresh ideas that you want to share with us?**

· **appalled the nation, and brought out many ideas as to**
~는 나라 전체를 놀라게 하고, 많은 ~한 생각들이 제시되었습니다
· **Do you have any fresh ideas that you want to share with us?** 우리와 나눌 새로운 의견이 있나요?

omen [óumən] 전조, 징조 | **arsonist** [ά:rsnist] 방화범 | **heritage** [héritidʒ] 유산 | **compound** [kάmpaund] 구성하다 | **frustration** [frʌstréiʃən] 좌절, 실망 | **insufficiently** [ìnsəfíʃəntli] 부족한 | **preserve** [prizə́:rv] 보호하다, 보전하다 | **appall** [əpɔ́:l] ~을 놀라게 하다 | **adequately** [ǽdikwitli] 충분히

Issue 49_2.mp3

무작정 따라하기 ❶

모범 토론 엿보기   다양한 시각에서 풀어놓은 다음 토론을 통해, 배경지식도 쌓고 자신의 의견도 정리해보세요.

Opinion 1   국가가 나서서 막아야 합니다.

The government **has to step things up on this issue.** It needs to hire more guards or police. I think it's shameful that a single arsonist could just walk up to Sungnyemun and start a fire. It's something that only happens in lawless countries. Do you think an arsonist could just walk up and burn down the Washington Monument or Buckingham Palace? Our government spends trillions of won subsidizing companies and banks, but won't spend even a little on protecting our 5,000-year history! **Only the government has the resources to deal with this problem.**

step [step] 조치를 취하다
shameful [ʃéimfəl]
부끄러운
lawless [lɔ́:lis] 무법의
monument [mάnjəmənt]
기념물, 유물
trillion [tríljən]
조(10의 12제곱)
subsidize
[sʌ́bsədàiz] 보조금을 지불하다

토론 핵심 표현
· **has to step things up on this issue**   이 문제에 조치를 취해야 합니다
· **Only the government has the resources to deal with this problem.**
  오직 정부만이 이 문제를 해결할 자원을 가지고 있습니다.

정부는 이 문제에 조치를 취해야 합니다. 경비원과 경찰력을 늘려야 합니다. 겨우 한 사람의 방화범이 숭례문에 걸어 들어가 불을 질렀다는 것 자체가 매우 부끄러운 일이라고 생각합니다. 이런 일은 법치국가에서는 있을 수 없는 일입니다. 당신은 단 한 명의 방화범이 걸어가 워싱턴비나 버킹엄 궁을 전소시키는 것이 가능하다고 생각하세요? 우리 정부는 몇 조에 달하는 돈을 회사들과 은행들에게 보조금으로 지급하면서 오천 년 역사를 보호하는 데는 그와 비교도 안 되게 적은 돈을 씁니다! 오직 정부만이 이런 문제를 해결할 자원을 가지고 있습니다.

Opinion 2   시민들도 나서서 감시해야 해요.

That can't be the whole answer. I mean, Korea is an ancient country with historic sites everywhere. We can't put police at all of them. I think it's more important that citizens participate in monument preservation. Perhaps college students could volunteer a few hours each year to

preservation
[prèzərvéiʃən]
보호, 보존
volunteer [vάləntíər]
(힘든 일 등을) 자원하여 하다
the general public
일반대중, 사회

316

help out. The general public also have to take care of the monuments to some extent—at the very least, **we all have to keep a watchful eye on** what's going on around our precious monuments and report anything suspicious.

extent [ikstént] 범위, 정도
suspicious [səspíʃəs]
수상한

토론 핵심 표현
· **That can't be the whole answer.** 그것만이 모든 해답이 될 수는 없어요.
· **we all have to keep a watchful eye on ~** 우리 모두가 ~에 눈을 떼지 말고 지켜봐야 합니다

그것만이 모든 해답이 될 수는 없어요. 내 말은 한국은 여기저기에 역사적 유적지가 있는 오래된 국가라는 겁니다. 우리는 경찰에게 모든 것을 맡겨 둘 수는 없어요. 나는 시민들이 유물들을 보호하는 데 참여하는 것이 더 중요하다고 생각해요. 아마 대학생들은 일 년에 몇 시간이라면 이런 일을 도와주는 자원봉사가 가능할 거예요. 일반인들도 최소한 어느 정도의 시간을 내서 유물을 돌봐야 합니다. 우리 모두가 우리의 소중한 유물들 주변에 무슨 일이 일어나는지 눈을 떼지 말고 지켜보고 수상한 일은 바로 신고를 해야 합니다.

 Opinion 3 사회적 불평등을 먼저 해결해야 합니다.

We're overlooking something. The arsonist was an old man who was dissatisfied with society, and he set the fire out of rage. There could be millions more people like him. And any one of them can explode with rage at any time, anywhere. What I mean is that in order for us to solve this problem, we must understand its roots. So, instead of spending a tremendous amount of taxpayers' money to protect national monuments, we should focus a little more on making our society fair and equitable to everyone.

overlook [òuvərlúk]
~을 못 보고 넘어가다
rage [rage] 분노
explode [iksplóud]
(감정 등이) 폭발하다
tremendous [triméndəs]
엄청나게 많은
taxpayer [tǽkspéiər]
납세자
equitable [ékwətəbəl]
공정한, 공평한

토론 핵심 표현
· **We're overlooking something.** 우리가 간과하고 있는 게 있어요.
· **we should focus a little more on ~** 우리는 좀 더 ~에 대한 관심을 집중시켜야 합니다

Issue 49 About Sungnyemun **317**

우리가 간과하고 있는 게 있어요. 그 방화범은 사회에 불만이 있는 노인으로, 분노 때문에 불을 질렀습니다. 아마 그와 비슷한 수많은 사람들이 있을 것입니다. 그리고 그 중 누구든지 언제 어디서든 분노를 표출시킬 수 있습니다. 내가 말하고자 하는 것은 이러한 문제를 풀기 위해서는 그 근원이 무엇인지 이해해야 한다는 겁니다. 그래서 국가적 유물 보호에 국민의 엄청난 세금을 쓰는 것보다는 우리 사회를 모든 사람들에게 있어 좀 더 공정하고 공평하게 만드는 데 관심을 집중시켜야 합니다.

 Opinion 4 한국의 놀라운 IT 기술을 활용해 보죠.

Capitalize on what we have. I can't wait for some kind of social utopia to emerge to keep our monuments safe. I know it's not possible to guard them all, though. Instead, let's make use of our great IT systems. Motion sensors, video cameras, and maybe electronic fences are cheap enough, and they can do a good job of protecting monuments. They'll act as an effective deterrent. **As a side benefit,** by putting our IT systems to work this way, we could even boost exports of Korean-made security systems.

capitalize [kǽpətəlàiz]
~을 이용하다
utopia [ju:tóupiə] 이상향
emerge [imə́:rdʒ] 나타나다
motion sensor
[móuʃən sénsər]
동작 감지기
electronic fence
[ilèktránik fens]
전기 차단벽
deterrent [ditə́:rənt]
방해물, 제지하는 것

> 토론 핵심 표현
> · **Capitalize on what we have.** 우리가 가진 것을 이용해야 합니다.
> · **As a side benefit** 부수적 이득으로

우리가 가진 것을 이용해야 합니다. 어떤 사회적 유토피아가 생겨나 우리의 유물들을 안전하게 지켜주길 기다릴 수는 없습니다. 나는 모든 유물들을 지키기는 불가능하다는 것을 압니다. 대신, 우리의 훌륭한 IT 시스템을 이용해 봅시다. 동작 감지기, 비디오 카메라, 그리고 전기 차단벽이 가격도 충분히 싸고 유물들을 보호하는 데 훌륭한 역할을 할 수 있습니다. 그것들은 효과적인 제어 역할을 해낼 수 있을 것입니다. 부수적 이득으로, 우리의 IT 시스템을 이런 식으로 이용하면 한국산 경비 시스템의 수출도 늘릴 수 있습니다.

주어진 주제와 관련해 좀 더 깊이 있는 토론이 되도록 질문들을 제시했습니다.
이외에 자신이 생각하는 주제에 대해서도 함께 토론해 보세요.

1 ┃ "We need to hire more police to guard monuments." Do you agree or disagree with this statement? Give an explanation for your opinion.

2 ┃ How can the public best contribute to protecting our monuments?

3 ┃ Do you think more violent acts will be carried out in the future by people who are dissatisfied with society? Why or why not?

4 ┃ How can young people get more involved in protecting our national monuments?

5 ┃ Which monuments do you think are most important and should be given the highest priority in terms of protection?

내가 만든 토론 주제

앞의 질문들에 대답할 때 아래 문장들을 활용해 보세요.

1 | 유물 보호를 정부에게만 의지할 수 없어요.
- We can't only rely on the government to protect our monuments.
- Everybody has to do their part.

2 | 그들은 잘못된 우선순위를 가지고 있어요.
- They have the wrong priorities.
- They are placing emphasis on the wrong goals.

3 | 문제의 근원에 다가가야 합니다.
- We should get to the root of the issue.
- Finding the source of the problem is important.

4 | 유산을 보호하는 데 있어 완벽한 해결법이나 해결사는 없습니다.
- There is no one, absolute solution for protecting our heritage.
- Different ways of protecting our heritage should be devised.

5 | 유산을 보호하는 데 비용은 생각하지 말아야 해요.
- When it comes to protecting our heritage, we shouldn't worry about the cost.
- No matter the cost, we must devote more resources to preserving our monuments.

6 | 나는 같은 일이 반복될 거라 생각해요.
- I'm expecting more of the same.
- This kind of incident will continue to happen.

7 | 우리는 자원봉사로 나머지 일을 해결해야 합니다.
- We need to pick up the slack through volunteer work.
- We should provide additional support by volunteering.

8 | 유물들의 가치를 비교하거나 평가할 수 없어요.
- We can't measure or compare the relative values of our monuments.
- Every single monument is important and they should all be treated the same.

Issue 50 Molotov Cocktail Party

화염병 시위

We're going to talk today about demonstrations in Korea. Many people abroad have an image of Korea as a country full of political turmoil, violent clashes between riot police and demonstrators, and nonstop protests. Even after the end of militaristic rule, the demonstrations continued. Finally many laws were passed calling for stricter punishment for the people involved. This succeeded in stopping many of the more violent protests and created a new form of protest: the one-man protest. The question that remains is whether this was a good action or not. There are worries that people's freedom of speech is now too limited. At the same time, no one wants a return to the violence of past years. **Let's explore this issue together, shall we?**

- **We're going to talk today about ~** 오늘 우리는 ~에 대해서 이야기하려고 합니다
- **Let's explore this issue together, shall we?** 함께 이 문제에 대해 살펴볼까요?

demonstration [dèmənstéiʃən] 시위, 데모 | **turmoil** [tə́ːrmɔil] 소동, 소란, 혼란 | **clash** [klæʃ] 충돌, 분쟁, 불일치 | **riot** [ráiət] 폭동, 소동 | **demonstrator** [démənstrèitər] 시위 운동자, 데모 참가자 | **militaristic** [mílitəristik] 군국주의자의 | **succeed in** ~에 성공하다 | **protest** [prətést] 이의 제기, 항의 | **at the same time** 동시에

 Opinion 1 학생들의 시위는 과격했어요. 평화적인 시위가 필요해요.

I'd like to open up the talk by saying that I'm glad the riots are over. I remember when every weekend there'd be a group of students locked up at one university or another protesting every little incident. Firebombs would fly everywhere and you couldn't walk around without smelling tear gas in the air. It was like we were living in a war zone. Demonstrators then were just way too extreme. Couldn't they do peaceful protests like Gandhi? No wonder foreigners thought Koreans were wild. **What do you think?**

firebomb [fáiərbὰm]
화염병

tear gas [tiər gǽs]
최루탄

extreme [ikstrí:m]
극도의, 극단의

peaceful [pí:sfəl]
평화의, 협조적인

wild [waild]
난폭한, 거친

토론 핵심 표현
· **I'd like to open up the talk by saying that ~**
  저는 ~라는 점을 말씀드리면서 이야기를 시작하고 싶습니다
· **What do you think?** 어떻게 생각하세요?

저는 폭동이 끝나서 기쁘다는 점을 말씀드리면서 이야기를 시작하고 싶습니다. 저는 매주 주말마다 학생들이 집단으로 이 대학 저 대학에 모여 사사건건 반대하며 시위를 벌이던 때를 기억하고 있어요. 여기저기 화염병이 날아다녔고, 최루탄 가스 냄새를 맡지 않고는 걸어다닐 수가 없었죠. 마치 전쟁터에 살고 있는 것 같았습니다. 그 당시 시위자들은 너무 과격했어요. 간디처럼 평화적인 시위를 할 수는 없었을까요? 외국인들이 한국 사람들을 너무 과격하다고 생각하는 것도 무리는 아니에요. 어떻게 생각하세요?

 Opinion 2 소수의 사람들이 모이는 것은 나쁘지 않아요.

I see what you're trying to say. But I think the opposite is also dangerous. The present laws limit demonstrations quite a bit. I think this damages our ability to have a healthy debate about important issues. Too many people worry about breaking the law to even have a proper

debate [dibéit]
토론, 논쟁

break the law
법을 어기다

gathering [gǽðəriŋ]
모임, 집회, 집합

peaceful protest. I think large groups of hundreds or thousands of people can be dangerous. But a small gathering of people expressing their opinions can't be bad. **Do you have any other ideas?**

당신이 무슨 말을 하려는지 알겠어요. 그렇지만 반대의 경우 또한 위험해요. 현재의 법은 시위를 상당히 제한하고 있어요. 저는 이로 인해 중요한 문제들에 관해 건전하게 토론할 수 있는 우리의 능력이 손상된다고 생각해요. 너무도 많은 사람들이 정당하고 평화적인 시위를 벌일 때조차도 법에 위반되지 않을까 걱정하죠. 저는 수백, 수천 명의 사람이 모인 대규모 집단 시위는 위험할 수 있다고 생각해요. 그렇지만 적은 수의 사람들이 의견을 피력하기 위해 모이는 것은 나쁠 게 없죠. 다른 의견 있으세요?

 Opinion 3 한국의 이미지를 고려할 때 일인 시위가 더 적절해요.

Well, I'll go with you on that. There's nothing wrong with a small protest. It's probably a good way to keep the government aware of the current issues. And it's important for foreigners to get the right view of Korea. Now that we've had the World Cup, the world has their eyes on us more than ever. Therefore we need to think about the image, which will be portrayed. These one-man protests are much more civilized and fit Korea better. **I'm sure you'll agree with me on this.**

aware of
~의 의식이 있는, ~을 알고 있는

portray [pɔːrtrei]
표현하다, 묘사하다, 드러내다

one-man protest
[wʌn-mæn prətést]
일인 시위

civilize [sívəlàiz]
교화하다, 문명화하다

저도 그 점에 있어서 당신에게 동의합니다. 소규모 시위라면 문제될 게 없죠. 아마 정부가 현재의 문제들에 대해 인식할 수 있게 하는 좋은 방법이 될 거예요. 그리고 외국인들이 한국에 대해 좋은 시각을 갖게하는 것도 중요하죠. 월드컵을 치르고 나서, 세계는 그 어느 때보다 더 많이 우리를 주목하고 있어요. 따라서 우리는 그들에게 비춰질 이미지를 생각해야 해요. 이러한 일인 시위는 훨씬 더 문명화된 것이며 한국 상황에도 잘 맞지요. 저는 당신이 이 점에 대해 저에게 동의할 거라 확신해요.

 Opinion 4 폭력 없는 대규모 대중 시위가 가장 효과적이에요.

I'm afraid I don't see eye to eye with you. One-man protests are an interesting idea, but they're nowhere as effective as large public demonstrations. They are easily ignored and lack the power of a crowd. I don't think violence is the answer, but these one-man protests are almost laughable. Who's going to care if one guy with a sign stands in front of a government building? I think demonstrators need to capture their power and protest loudly and visibly. **That's everything I wanted to say about this.**

effective [iféktiv]
효과적인, 효율적인
ignore [ignɔ́:r]
무시하다, 모르는 체하다
capture [kǽptʃər]
사로잡다, 획득하다
loudly [láudli]
큰 소리로, 소리 높이
visibly [vízəbəli]
눈에 보이게, 뚜렷하게

토론 핵심 표현
· **I'm afraid I don't see eye to eye with you.**
  유감스럽지만 당신의 의견에 동의하지 않습니다.
· **That's everything I wanted to say about this.**
  이것이 제가 말하고자 했던 전부예요.

유감스럽지만 당신의 의견에 동의하지 않습니다. 일인 시위도 흥미로운 생각이지만 대규모 대중 시위만큼 효과적일 수는 없죠. 쉽게 무시되며 군중의 힘도 없지요. 저는 폭력은 해결책이 아니라고 생각해요. 그렇지만 이러한 일인 시위는 거의 장난이지요. 한 남자가 피켓을 들고 정부 청사 앞에 서 있는다고 해서 누가 신경 쓰겠어요? 저는 시위자들이 힘을 모아 소리 높여, 눈에 띄게 투쟁해야 한다고 생각해요. 이것이 제가 말하고자 했던 전부예요.

주어진 주제와 관련해 좀 더 깊이 있는 토론이 되도록 질문들을 제시했습니다.
이외에 자신이 생각하는 주제에 대해서도 함께 토론해 보세요.

1 | Is freedom of speech possible in Korea?

2 | Were demonstrators in the past too extreme?

3 | Are the present laws too limiting to demonstrators?

4 | Do you feel the one-man protests are effective?

5 | Do you think sometimes violent demonstrations are necessary to make the government change certain policies?

내가 만든 토론 주제

1 | 폭력적인 가두 시위는 한국의 대외 이미지에 큰 손상을 입히고 있어요.

- Violent street demonstrations are doing great damage to Korea's image abroad.
- The image of Korea from foreigners' eyes is damaged by violent street demonstrations.

2 | 거리에서 시위하는 것은 한국에서는 거의 국가적인 취미처럼 되어 버렸어요.

- Demonstrating in the streets has almost become a national pastime in Korea.
- Koreans seem to think of street demonstration as a kind of entertainment.

3 | 시위 참가자들에 대해 법이 너무 엄해요.

- The laws are too strict for participants in the demonstration.
- The participants in the demonstration are too harshly punished.

4 | 화염병 제조나 전달 과정에 개입된 사람을 감옥에 넣는 것은 좀 심한 것 같아요.

- Putting anyone involved in the production or transfer of the firebombs in jail is over doing it.
- The government is pushing it when they put away anyone involved in the production or transfer of the firebombs in jail.

5 | 일인 시위는 좀 우습다고 생각하지 않아요?

- Don't you find one-man rallies funny?
- I think one-man rallies are silly.

6 | 일인 시위자들은 대중의 지지를 더 많이 얻을 수 있어요. 이것이 바로 일인 시위가 폭력 시위보다 더 좋은 이유예요.

- One-man rallies gain more public support, and that's why it's a better idea than violent demonstrations.
- One-man rallies are actually a good idea because they are more likely to gain public support.

7 | 사실 정부가 두 명 이상의 사람들이 모여 시위하는 것을 어떻게 금지시킬 수 있겠어요?

- How can the government actually ban two or more demonstrators gathering together?
- It's nonsense that two or more demonstrators gathering is illegal.

8 | 사람들이 많이 모이면 모일수록, 그들은 더 많은 힘을 갖게 돼요.

- The more people gather up, the more power they will have.
- Where there are more people, they will have more power.

개입하기

긍정과 부정

질문과 대답

토론 마무리

토론 시작

의견 제시

이해 여부 확인

영어 면접·스피킹 시험 완벽 대비!

영어 토론
무작정 따라하기

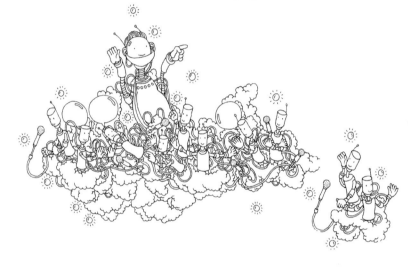

영어 토론 핵심패턴 428개

길벗
이지:톡

해석

오늘 토론은 인터넷 파일 공유에 관한 것이 되겠습니다. 한국에는 파일 공유 사이트가 많습니다. 웹사이트 방문자들은 영화나 음악과 같은 디지털 지적 재산(IP)을 아주 저렴한 가격이나 무료로 업로드하거나 다운로드할 수 있습니다. 사실상, 그러한 사이트들을 이용하는 것은 한국에서는 거의 보편적인 일 같습니다. 한국과 외국의 많은 기획사나 소프트웨어 회사들은 이를 '저작권 침해' 행위로 항의했으며, 네티즌들에게 다운로드를 중단하고, 파일 공유 사이트를 폐쇄하라고 정치적, 법적 압력을 제기하려고 애를 썼습니다. 그러나 이러한 압력에도 불구하고, 파일 공유 사이트는 여전히 한국 도처에 남아 있습니다. 혹자는 파일 공유 사이트가 존속해야 한다고 말합니다. 그들은 파일 공유 사이트에 대한 압력은 로열티를 내게 함으로써 대중들의 돈을 장악하려는 대기업들의 또 다른 시도라고 주장합니다. 다른 사람들은 우리가 선진국으로 인정받길 원한다면 IP 법을 준수해야 한다고 말합니다. 특히 영화나 음악 관련 상품들에 있어서는요. 이 문제에 대해 어떻게 생각하십니까?

실전 토론하기

1 | 파일 공유 사이트에서 어떤 종류의 파일들을 다운로드 하십니까? 파일 공유를 저작권 침해라고 생각하십니까?

2 | "국가 이미지와 같이 여러 가지 면에서 한국에 피해를 주기 때문에 파일 공유는 없어져야 합니다." 당신은 이 주장에 동의하나요, 동의하지 않나요?

3 | 파일 공유의 주된 원인이 무엇이라고 생각합니까?

4 | 파일 공유의 장점과 단점은 무엇일까요?

5 | 저작권 침해법 적용을 제외하고, 파일 공유 문제에 대한 특별한 접근법은 무엇일까요?

웹에서 사이버 모욕이나 중상과 같은 사이버 범죄가 급증함에도 불구하고 효율적인 해결책이 없었습니다. 그러나 인터넷에 떠도는 욕설과 유언비어 때문에 심리적으로 괴로워한 가수 유니와 최진실을 포함한 몇몇 유명 연예인들의 자살 이후, '인터넷 실명제'를 지지하는 사람들의 수가 증가했습니다. 그리고 이 사건들은 인터넷 글에 관한 논쟁을 불러일으키고 있습니다. 혹자는 실명제 방식이 메시지를 올리는 사람들의 행동을 더욱 신중하게 만들 것이라고 주장합니다. 다른 이들은 사람들의 사생활과 신분을 노출하지 않고 말할 수 있는 권리를 제한하기 때문에 실명제 안이 위헌일지 모른다고 생각합니다. 인터넷 실명제는 이제 중요한 문제가 되고 있습니다. 이 문제를 들었을 때, 떠오른 생각을 말해 주세요.

실전 토론하기

1 | "실명제는 사생활과 언론 자유에 대한 헌법상의 권리를 제한합니다." 당신은 이 주장에 동의하나요, 동의하지 않나요?

2 | 사이버 범죄, 유언비어 유포와 같은 온라인 부정행위의 주된 원인이 무엇이라고 생각합니까?

3 | 당신의 신분을 밝혀야 한다면, 온라인에서 의견을 자유롭게 표현할 수 있겠습니까?

4 | 실명제의 위험성과 이익은 무엇이라고 생각합니까?

5 | 실명제 사용을 제외하고, 온라인상의 유언비어 유포나 이와 같은 다른 문제들을 해결하기 위한 특별한 대책은 무엇일까요?

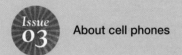

About cell phones

About TV

자, 이제 한국에서의 휴대 전화 사용에 관해 토론을 시작하도록 하죠. 요즘 한국에서는 젊은이들부터 노인에 이르기까지, 그리고 기업 경영인에서 초등학교 학생들에 이르기까지 모든 사람들이 휴대 전화를 가지고 다니는 것 같습니다. 이러한 열풍은 너무도 대단해서 어디를 가든 똑같은 휴대 전화를 팔고 있는 휴대 전화 대리점들이 줄지어 늘어서 있는 것을 볼 수 있습니다. 여러분은 의문을 가질 겁니다. '이 모든 현상이 어떻게 시작된 것일까?' 휴대 전화 혁명은 호출기의 사용으로 시작되었다고 할 수 있을 겁니다. 사람들은 호출기로 서로의 상황을 알 수 있었고, 기술이 급속히 발전함에 따라 휴대 전화의 편리함을 알아가기 시작했죠. 사람들은 이 기술을 열렬히 받아들였고, 이제는 다시 놓지 못할 것 같습니다. 심지어는 휴대 전화만을 통신 수단으로 사용하고 집에 유선 전화를 놓지 않는 사람들도 있습니다. 뿐만 아니라 휴대 전화에 영화나 뮤직 비디오를 다운 받는 것이 새로운 스타일의 유행이 되어, 휴대 전화로 편리함과 즐거움을 동시에 얻게 되었지요.

실전 토론하기

1 | 지금 휴대 전화를 소유하고 있다면 당신의 휴대 전화는 어떤 기능들이 있나요?

2 | 다른 사람과 통화하는 것 외에 다른 활동을 위해 얼마나 많이 휴대 전화를 사용하나요?

3 | 한국인들이 휴대 전화에 너무 의지하고 있다고 생각하나요? 한국에서 휴대 전화 중독 현상을 심화시키는 요인들이 있을까요?

4 | 다른 사람들과 연락하는 또 다른 방법들로는 어떤 것이 있나요? 그것들이 휴대 전화 만큼 효과적인가요?

5 | 휴대 전화를 사용하지 않는 지하철이나 버스를 만드는 것에 대해 어떻게 생각하나요?

자, 여러분. 이제 시작할까요? 아주 오랜 옛날부터 인간은 다양한 형태의 오락거리들을 즐겨 왔습니다. 그것이 말하는 것이든 TV를 보는 것이든 말이죠. TV를 통해 우리는 다양한 뉴스와 정보를 얻을 수 있으므로 TV는 점점 인기를 얻어가고 있습니다. 폭력 행위를 보여주는 동영상이나 이미지를 볼 수 없다면 세상에서 일어나는 잔혹한 행위들에 대해 우리가 어떻게 알 수 있을까요? TV는 정보 제공처로서 출발했지만, 이제는 정보보다 오락을 더 많이 제공하고 있습니다. 어떤 사람들은 TV를 통해 보는 비현실적이며 공상적인 삶들 때문에 우리가 TV에 중독된다고 말합니다. 시청자는 이런 공상을 꿈꾸며, 밖에 나가서 TV에서 보았던 스타와 똑같은 옷과 액세서리들을 사죠. 그들은 TV 속 인물의 삶에 푹 빠져 현실과 꾸며낸 이야기를 구별하지 못합니다. 어떤 이들은 TV가 마약이나 술의 힘을 빌지 않고도 현실 세계의 압박감으로부터 벗어날 수 있는 수단이 되기 때문에 무해하다고 주장하기도 합니다.

실전 토론하기

1 | 당신은 주로 어떤 종류의 프로그램을 보나요?

2 | 오늘날 TV에는 많은 폭력이 등장합니다. TV 속의 폭력에 대해 어떻게 생각하나요?

3 | 왜 어떤 사람들은 TV를 마약에 비유할까요? 당신도 TV가 중독성이 있다고 생각하나요?

4 | 요즈음 TV에는 정보를 주는 뉴스 프로그램들이 많습니다. 당신은 기자들이 이러한 프로그램을 어떤 선입견 없이 보도할 수 있다고 생각하나요?

5 | 인기 프로그램 중의 하나가 실제에 바탕을 둔 것입니다. 이렇게 실제에 바탕을 둔 프로그램에 대해 어떻게 생각하나요?

우리가 오늘 이 자리에 모인 것은 온라인 채팅의 위험성에 관해 이야기하기 위해서입니다. 인터넷이 우리에게 긍정적인 성과를 많이 가져다주었다는 사실은 부인할 수 없습니다. 하지만 우리가 이런저런 이유로 인해 인터넷에 더욱 많이 의존하게 되면서, 채팅과 같은 특정한 인터넷 선택 기능들에 대한 중독이 증가하고 있습니다. 저는 여러분 모두 한 번 혹은 그 이상 온라인 채팅을 해보셨을 거라고 확신합니다. 그것이 채팅 사이트를 이용한 것이든 메신저 서비스를 통해 친구들과 정보를 교환한 것이든 말이죠. 사회 생활을 오직 채팅 사이트를 통해서만 하는 사람들도 있습니다. 이로 인해 반사회적 행동과 비현실적인 인생관이 만들어집니다. 채팅 중독자들은 일상 속에서 해야 할 일들을 잊어버리고 시간이 어떻게 흘러가는지도 모릅니다. 그들은 채팅에 너무나 의존하기 때문에 오랜 기간 동안 컴퓨터로부터 떨어져 있지 못합니다.

실전 토론하기

1 | 당신은 인터넷 중독이 몇몇 사람들이 생각하는 것만큼 심각하다고 생각하나요?

2 | 당신은 하루에 얼마나 인터넷을 사용하나요? 채팅 사이트이든 메신저이든 채팅은 얼마나 하나요?

3 | 당신은 온라인 채팅이 위험하다고 생각하나요? 그렇다면 왜죠?

4 | 당신은 채팅에 중독된 것 같은 사람을 알고 있나요?

5 | 온라인 채팅의 장점은 어떤 것들인가요?

미군에 의해 처음으로 개발된 이래로, 인터넷의 사용은 극도로 빠른 속도로 증가해 왔습니다. 20년 전만 해도 이메일에 대해 들어보지도 못한 사람들이 있었지요. 이제 사람들은 다양한 정보와 자료는 말할 것도 없고 영화와 음악을 인터넷에서 다운 받을 수 있습니다. 이용이 증가함에 따라, 인터넷 범죄 또한 늘어나고 있습니다. 우리는 오늘 인터넷 검열 제도에 대해서 이야기하고자 합니다. 폭력적이며 외설적인 영상들을 담은 인터넷 사이트들이 증가하고 있죠. 이것은 윤리적, 도덕적 문제에 관한 논란을 불러일으켰을 뿐만 아니라 적절한 연령과 정보의 수위에 있어서 어느 한도에 선을 그어야 할지 딜레마에 빠지게 했습니다. 인터넷 범죄로 이어지는 폭력적이고 부적절한 영상들이 증가함에 따라 많은 정부들이 개입하여 인터넷을 검열하고 있습니다. 이 점에 대한 당신의 의견은 무엇인가요?

실전 토론하기

1 | "표현의 자유는 인터넷 검열 제도에 반대하는 주장의 강한 근거가 되어 왔습니다." 당신은 이 주장에 동의하나요, 동의하지 않나요?

2 | 더 엄격한 인터넷 검열 제도가 있다면 어떤 점에서 유리할까요?

3 | 인터넷 검열 제도가 강화된다면 어떤 문제들이 생길까요?

4 | 대부분의 부모들은 온라인상에 올려도 적절한 것에 대해 좀 더 통제하기를 원합니다. 당신은 어떤 제한이 있어야 한다고 생각하나요?

5 | 정부는 인터넷을 통해 정보를 얻는 우리의 권리에 대해 어느 정도의 힘을 발휘해야 할까요?

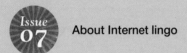

오늘은 현대 사회에서 기술이 진보함에 따라 언어가 어떻게 변화되어 왔는지 이야기하고자 합니다. 모든 사람들이 인터넷을 알게 되면서 메신저, 채팅 사이트, 이메일 등을 통한 의사 소통이 더 쉽다는 것을 깨닫게 되었습니다. 이러한 서비스가 퍼져감에 따라 부정확한 문법, 어휘, 철자 등을 사용한 새로운 인터넷 채팅 언어와 표현들이 무수히 쏟아져 나왔습니다. 영어든 우리말이든간에 사람들은 제한된 공간과 시간 속에서 제한된 양의 단어를 쓸 수 있는 새로운 방법들을 개발하게 된 거죠. 정통 언어 파괴 현상의 증가로 그것에 반대하는 많은 운동들이 일어나고 있습니다. 반면 인터넷 언어를 모른다면, 당신은 무지하고 유행에 뒤쳐지는 사람으로 여겨질 수도 있죠. 이것에 대해 어떻게 생각하세요?

실전 토론하기

1 | 왜 사람들은 인터넷 용어를 사용할까요?

2 | 당신은 어떤 인터넷 용어를 알고 있나요? 아는 것 중에서 가장 흔히 쓰이는 것들을 설명해 보세요.

3 | 언어의 변화는 우리 문화 속에서 불가피하게 발생하는 것이라고 생각하나요? 아니면 우리가 막을 수 있는 것이라고 생각하나요?

4 | 그릇된 언어 사용을 '바로잡기' 위해 많은 운동이 벌어지고 있습니다. 이것에 대해 어떻게 생각하세요?

5 | 우리 문화에서 의사 소통의 변화와 함께 사회적으로 바뀐 것들이 있나요? 그렇다면 우리가 그 점에 대해 어떻게 해야 한다고 생각하세요?

우리는 광고의 세상에서 살고 있습니다. TV에서부터 지하철, 심지어 건물이나 고속도로에까지 광고가 없는 곳이 없지요. 이번 토론의 목적은 광고가 우리의 삶에 미치는 효과와 영향력에 관해 살펴보는 것입니다. 먼저 여러 가지 광고의 종류에 대해 이야기한 후 그 효과에 대해 논의하도록 하죠. 한국에서는 TV나 신문, 잡지 등이 전형적인 광고 수단이었지만, 최근에는 인터넷상의 배너 광고, 건물의 간판, 고속도로의 광고판 그리고 스티커 광고 등이 늘어나고 있습니다. 어디를 가든지, 우리는 우리 눈에 들어오는 광고들의 영향을 받게 되죠. 최근에 영화를 본 적이 있다면, 당신은 아마 영화의 배경에 나오는 간판이나 특정 상품을 사용하는 주인공을 통해서 그 상품들을 교묘하게 광고하는 것을 볼 수 있을 겁니다. 이렇게 도배된 광고들은 눈살을 찌푸리게 만들지만, 광고가 없다면 자본주의는 지속되지 못할 겁니다.

실전 토론하기

1 | 광고가 없다면 우리 삶은 어떻게 될까요?

2 | 인터넷에는 많은 배너 광고들이 있습니다. 당신은 그런 광고들에 관심을 갖나요?

3 | 당신이 본 광고 때문에 필요하지 않은 것을 사고자 하는 충동을 느꼈던 적이 있나요?

4 | 너무 외설적이거나 폭력적인 내용을 담은 광고들의 부적절함에 대해 어떻게 생각하나요?

5 | TV를 보거나 라디오를 들으면 광고주들은 소비자를 끌어당기기 위해 음악을 사용하죠. 우리가 TV나 라디오 광고를 통해 듣게 되는 광고 음악은 얼마나 효과가 있을까요?

로또 열광에 대해 이야기할 준비가 되셨나요? 복권은 전 세계적으로 인기를 끌고 있습니다. 상금이 수백만 달러를 넘을 수도 있기 때문이죠. 어떤 사람들은 위험을 감수한다는 점에서 그것을 일종의 도박으로 간주하기도 하지요. 그들은 복권에 중독되어 집착하는 사람들이 있어 복권이 사회에 위험 요소가 되고 있다고 주장합니다. 차 사고로 죽을 확률이 복권에 당첨될 확률보다 더 크다고 하죠. 한편 다른 사람들은 복권은 단지 오락거리에 지나지 않으며 실질적으로는 사회에 어떤 부정적인 영향도 미치지 않는다고 말합니다. 당첨될 가능성이 희박하기 때문에, 보통 시민들은 그것을 매우 진지하게 생각하지 않죠. 그러므로 여기서는 복권이 사회에 해악이 되는 것인지, 아니면 단지 재미있는 오락거리인지에 관해 논의하기로 하죠.

실전 토론하기

1 | 전에 복권을 구입해 본 적이 있나요? 그렇다면 무슨 이유로 사게 된 거죠?

2 | 복권이 사회에 해악이 될까요, 아니면 단지 오락거리일까요?

3 | 복권 당첨금에 제한이 있어야 할까요? 왜 그렇게 생각하나요?

4 | 어떤 사람들은 도박을 좋아해서 심각한 곤경에 빠지기도 합니다. 복권에 중독된 누군가에게 닥칠 가장 심각한 상황은 무엇일까요?

5 | 복권에 당첨된다면 그 돈으로 무엇을 하시겠습니까?

최근 몇 십 년 동안 영화 속에 성적이며 폭력적인 내용들이 점점 더 증가되어 왔습니다. 이것은 너무 보편화되어 많은 사람들은 신중하게 생각하지 않고 아이들이 이러한 영화를 보도록 허락하죠. 아동용 영화를 대상으로 한 몇몇 연구들은 놀랄 만한 결과를 보여 줍니다. 예를 들면, 인기 있는 어린이 영화인 〈닌자 거북〉은 그 해에 나온 영화 중 가장 폭력적인 장면들을 담고 있었다고 합니다. 그 장면이 뭐가 문제라는 것일까요? 연구 결과는 청소년들이 영화와 TV에 많은 영향을 받는다는 것을 보여 줍니다. 아이들은 영화에서 폭력적인 장면을 보면 그것이 괜찮다고 믿게 되며 같은 행동을 모방하게 됩니다. 입법자들이 개입하면, 영화 제작자들은 검열 제도에 불만을 갖게 되죠. 저는 이 문제에 대해 우리가 어떻게 해야 할지 여러분의 생각을 듣고 싶습니다.

실전 토론하기

1 | 10년 전의 영화와 오늘날의 영화 사이에 차이점이 있다고 생각하세요?

2 | 기술의 발달로 우리는 비디오와 DVD, 인터넷을 통해 영화를 볼 수 있습니다. 이로 인하여 사람들이 영화상에서 폭력과 성을 더 쉽게 접할 수 있게 되었다고 생각하세요?

3 | 아이들이 영화의 폭력 장면을 보지 못하도록 보호하는 것은 누구의 책임일까요? 왜 그렇게 생각하세요?

4 | 프로그램이 시작되기 전에 TV 프로그램에 등급을 표시하는 것은 얼마나 효과가 있을까요?

5 | 영화의 성과 폭력적인 장면을 검열하는 것이 표현의 자유를 침해하는 것이라고 생각하나요?

〈슈퍼 사이즈 미〉라는 영화를 보거나 들어 본 적 있나요? 미국의 독립 영화 제작자인 모건 스퍼록이 각본, 감독, 주연을 한 다큐멘터리 영화입니다. 이 영화에서 스퍼록은 패스트푸드가 얼마나 해로운지를 보여 주기 위해 30일 동안 맥도날드에서만 하루 세 끼를 먹었습니다. 영화를 만든 후 당시 32살의 스퍼록은 살이 11킬로그램이 쪘는데, 체중 감량에 14개월이 걸렸고 급격한 기분 변화와 간 손상을 입었다고 주장했습니다. 비만은 우리나라에서 심각한 문제가 되고 있기 때문에, 우리는 이것에 대해 신중히 생각해 보고자 합니다. 많은 건강 전문가들은 패스트푸드나 '정크' 푸드가 그 원인이라고 말하고 있습니다. 한국의 패스트푸드업체들도 불고기 버거에서부터 라면에 이르기까지 모든 것들을 팔고 있지요. 하지만 다른 분석가들은 패스트푸드에는 전혀 이상이 없다고 말합니다. 패스트푸드는 사람들의 선호에 따라 먹을 수 있는 그저 또 다른 선택에 불과하다는 것입니다. 그럼 이제 이 문제에 대한 여러분의 생각을 공유해 보세요.

실전 토론하기

1 | "한국 정부는 패스트푸드에 더 많은 규제를 가해야 합니다." 당신은 이 주장에 동의하나요, 동의하지 않나요?

2 | 왜 패스트푸드는 한국에서 인기가 많아졌을까요?

3 | 한국 전통 음식과 패스트푸드의 차이점은 무엇입니까?

4 | 한국의 젊은 사람들이 패스트푸드를 너무 많이 먹는다고 생각하나요? 이유는 무엇인가요?

5 | 한국의 식습관, 특히 젊은 사람들의 식습관을 향상시킬 수 있는 가장 좋은 방법은 무엇일까요?

콩, 옥수수, 그리고 고기를 포함한 수백만 톤의 유전자변형(GM) 식품이 미국에서 수입되고 있기 때문에, 한국의 소비자들은 식품 안전을 점점 더 걱정하고 있습니다. 이것은 한국 사람들 사이에서 뜨거운 논쟁거리가 되었습니다. 소비자와 환경 운동가들은 유전자변형식품(GMO)의 안전에 대한 불안감을 언급하면서, 수입 반대의 목소리를 높이고 있습니다. 어떤 이들은 자연의 균형에 미칠 수 있는 악영향을 지적하기도 하고, 또 다른 이들은 큰 나라와 회사들이 GMO 기술을 보유하지 못한 소규모 농장주나 가난한 나라들을 밀어내면서, GMO에서 이익을 얻을지도 모른다는 사실에 반대하고 있습니다. 그러나 생산자들은 변형되지 않은 식품 가격이 치솟았기 때문에, GMO에 의지할 수밖에 없다고 합니다. 또한 그들은 유전자변형 농작물들이 인간에게 미치는 해로운 영향에 대한 확실한 증거가 없다고 말합니다. 이 문제를 토론하는 시간을 가져봅시다.

실전 토론하기

1 | "GMO는 그것이 수년에 걸쳐서 완전히 안전하다고 입증될 때까지 한국에서 금지되어야 합니다." 당신은 이 주장에 동의하나요, 동의하지 않나요? 왜 그렇죠?

2 | GMO 수입이 미국에 의해 한국에 정치적으로 강요되고 있다고 생각하십니까?

3 | 식품 구입에 있어서 당신이 우선시하는 것은 무엇인가요? [참고: 안전성, 가격, 편리성 등]

4 | GMO 사용과 관련된 위험성은 무엇인가요?

5 | GMO 사용의 이점은 무엇인가요?

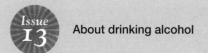

안녕하세요, 여러분. 제가 오늘 토론을 이끌도록 하겠습니다. 한국에서 개인적인 유흥이나 사업적인 일들이 친구나 직장 동료, 가족들과의 술자리를 중심으로 이루어진다는 점을 부인할 사람은 없을 것입니다. 이것은 특히 휴일이 많은 12월과 1월에 더욱 두드러지죠. 한국의 비주거 지역을 걷다 보면 수많은 술집과 클럽들을 볼 수 있을 겁니다. 이러한 사실은 한국 문화에서 술이라는 것이 얼마나 깊숙이 자리잡고 있는지 보여 줍니다. 통계에 의하면 술은 폭력을 야기할 수 있다고 합니다. 따라서 우리는 이러한 지역에서 범죄 발생률이 높다는 것을 추측할 수 있지요. 1900년대 초 미국에서의 '주류 양조 판매 금지'는 단지 술을 금지하는 것만으로는 효과가 없다는 것을 보여 줍니다. 그렇다면 술로 인한 위험이 증가하는 것에 대해 사회는 무엇을 할 수 있을까요? 술은 또한 음주 운전은 말할 것도 없고 중독과 무책임을 낳기도 합니다.

실전 토론하기

1 | 당신은 술이 건강에 해롭다고 생각하나요? 이유는요?

2 | 사람들이 술을 마시면 어떤 위험들을 초래하게 될까요?

3 | 당신은 술이 마약과 다르다고 생각하나요? 설명해 보세요.

4 | 술은 금지되어야 할까요? 술 금지가 우리 사회에서 제대로 실행될까요?

5 | 사업상 필요에 의해서든 단지 즐기기 위해서든 음주는 대부분의 한국 사람들이 한국에서 꼭 해야 할 것입니다. 음주 문화에서 발생할 수 있는 문제들에 대해 우리는 무엇을 할 수 있을까요?

흡연이 암이나 심장 질환, 폐기종 그리고 만성 기관지염의 원인이 된다는 것이 과학적으로 입증되었습니다. 흡연자들은 흡연을 함으로써 스스로를 위험하게 할 뿐만 아니라 간접 흡연으로 인하여 비흡연자들까지도 심각한 위험에 빠뜨리게 되죠. 전 세계적으로 공공 장소에서 흡연 행위를 금지하는 곳이 점점 더 늘어가고 있습니다. 다시 말해서 담배를 피우고 싶을 때 갈 수 있는 장소가 점점 줄어든다는 것이죠. 그렇지만 어떤 사람들은 흡연을 선택하는 것은 개인의 자유라고 주장하기도 합니다. 한편 담배의 니코틴은 중독성이 매우 강합니다. 담배 제조회사들은 중독된 흡연가들로부터 매년 수백만 달러를 벌어들이죠. 흡연가들이 아무리 담배를 끊고 싶더라도, 몸 안의 니코틴과 타르가 수십 년 동안 축적되어 담배를 끊기 힘들게 만듭니다.

실전 토론하기

1 | 흡연을 시도해 본 적이 있다면, 처음으로 시도한 것이 몇 살 때였나요? 왜 담배를 피우게 되었죠?

2 | 흡연자가 비흡연자에게 끼치는 영향은 어떤 것들일까요?

3 | 청소년 흡연은 우리 사회에 어떤 영향을 미칠까요? 이 문제에 대해 우리는 무엇을 할 수 있을까요?

4 | 흡연을 금지해야 한다고 생각하는 장소를 말해 보세요. 왜 그렇게 생각하나요?

5 | 흡연 금지가 개인의 자유를 침해하는 것일까요?

오늘은 다이어트에 관해 이야기해 보죠. 이 세상에는 굶어 죽어가는 사람도 많은 반면에 선진국에서는 과체중으로 다이어트를 하는 사람들도 많습니다. 저 또한 지금 다이어트 중이라는 것을 시인해야겠군요. 너무 많은 다이어트 상품들이 출시되어 있기 때문에 어떤 것이 가장 적절한 다이어트 방법인지 결정하는 것도 어렵죠. 속성 다이어트는 젊은 여성들 사이에서 매우 인기를 끌고 있지만 나중에 그것이 효과가 없다는 것을 깨닫게 됩니다. 우리 사회는 육체적 매력에 너무 민감해요. 그렇기 때문에 더 날씬하게 보이기 위해 속성 다이어트를 하고 심지어는 지방 흡입술까지 하는 사람들이 생기죠. 날씬해 보여야 하는 것은 젊은 여성들에게는 심한 중압감으로 작용합니다. 그 결과 식욕 부진이나 폭식증 등을 겪게 되므로 건강을 해치기도 합니다. 최악의 경우는 과도한 다이어트로 인해 죽음에 이르기도 합니다.

실전 토론하기

1 | 당신은 어떤 종류의 다이어트를 해 봤나요?

2 | 왜 사람들은 다이어트를 할까요? 다이어트를 하는 동안 사람들은 어떤 문제들을 겪게 되나요?

3 | 당신은 아마도 많은 다이어트 방법에 대해 들어 보았을 겁니다. 당신이 건강한 다이어트 방법으로 추천하고 싶은 것은 어떤 것인가요?

4 | 우리 사회가 신체적 매력에 너무 민감하다고 생각하나요?

5 | 한국 사회는 깡마른 체형의 여성을 원합니다. 왜 그렇다고 생각하나요?

당신이 낙태에 대해서 알고 있다면, 그것이 매우 논란의 여지가 많다는 점도 알고 있을 것입니다. 낙태는 많은 사람들로부터 비도덕적인 것으로 여겨져 왔습니다. 로마 가톨릭교와 같은 많은 종교 단체들은 낙태를 심각한 죄악으로 여기고 있습니다. 낙태에 관한 가장 큰 논쟁은 여성의 몸이므로 낙태는 여성의 선택 사항이라는 것입니다. 1973년 미국 대법원에서는 임신 3개월 안에 이루어지는 낙태를 합법화한다는 기준을 마련했습니다. 이 '로우 대 웨이드' 판례는 낙태에 관한 논쟁을 벌일 때 자주 거론됩니다. 때때로 낙태는 쉽게 결정할 수 있는 것이 아닙니다. 여성이 낙태를 하기 전, 낙태를 하면서, 낙태를 하고 나서 겪게 될 정신적 고통 또한 고려되어야 합니다. 미국의 모든 주에서 그리고 전 세계적으로 낙태에 관해서 다른 법을 적용하고 있습니다.

실전 토론하기

1 | 낙태가 합법화되어야 할까요? 낙태가 합법화되지 않아야 할 상황은 어떤 경우일까요?

2 | 낙태가 불법화되면, 비밀리에 낙태가 행해지는 경우가 더 많아질까요?

3 | 태아가 언제 인간이 된다고 생각하세요? 즉, 우리는 어느 단계에서 태아에게 권리를 부여해야 할까요?

4 | 여성이 강간을 당해서 임신을 하게 된다면, 이 여성에게는 낙태를 허용해야 한다고 생각하세요?

5 | 낙태를 하는 여성들은 정서적 고통뿐만 아니라 또 어떤 결과를 겪게 될까요?

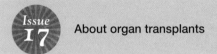
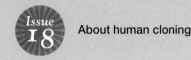
우리가 장기 이식에 대해 얼마나 많이 알고 있는지 이야기해 보죠. 장기 이식은 어떤 사람의 신체 일부를 다른 사람에게로 옮기는 것을 말해요. 죽은 환자나 죽어 가고 있는 사람으로부터 이식할 수 있지요. 또 다른 형태의 장기 이식은 건강한 사람이 건강하지 못한 사람에게 폐나 신장을 기증하는 경우입니다. 누군가에게 완전히 새로운 신체가 주어졌다는 이야기는 어떤 사람들에게는 충격이 될 수도 있을 겁니다. 의사들은 오직 마음만 바꿀 수 없을 뿐 목 아래로는 모두 교체 가능하다고 말합니다. 저는 여러분이 이런 일이 일어나는 것을 과학 소설이나 액션 영화를 통해 보았을 거라고 생각해요. 과학이 매우 진보해 가고 있으므로 신체를 전부 이식하는 것도 그리 먼 이야기는 아닙니다.

실전 토론하기

1 | 장기 이식에 대해 어떻게 생각하세요?

2 | 당신이 갑자기 교통 사고로 죽게 된다면 당신의 장기를 필요로 하는 사람에게 기꺼이 기증할 수 있나요?

3 | 장기 이식이 괜찮다고 생각한다면, 몸 전체를 완전히 이식하는 것에 대해서는 어떻게 생각하나요?

4 | 몸 전체를 이식할 경우 일어날 가장 끔찍한 일은 어떤 것일까요?

5 | 과학자들은 개나 원숭이와 같은 동물의 몸을 완전히 이식하는 데 성공했습니다. 인간에게도 이러한 일이 가능한 날이 올 거라고 생각하세요?

좋습니다. 인간 복제에 대한 토론을 시작하죠. 저는 여러분 모두 인간 복제가 가능하다는 것을 지금쯤은 알고 있으리라 생각합니다. 성장한 포유동물에 대한 복제 실험이 최초로 성공을 거둔 후, 복제는 매우 논란을 일으키는 문제가 되었죠. 사람들은 동물을 복제하는 것은 문제 삼지 않지만, 인간을 복제하는 것에는 반대합니다. 이것은 아마 동물 수의 증가는 식량 공급의 증가를 가져오지만, 인간 복제는 더욱 복잡한 문제들을 야기하기 때문일 것입니다. 이미 인간의 아기가 복제되었다는 뉴스가 있었지만, 대중은 이 복제된 아기의 정체성이나 심지어 민족성도 모르고 있지요. 이것이 처음 발표되었을 때 이 문제를 두고 열띤 논쟁이 공공연히 벌어졌었죠. 테이블을 돌아가면서 모든 사람들이 이 문제에 대해 어떻게 생각하는지 들어 보고 싶군요.

실전 토론하기

1 | 인간 복제에 대해 어떻게 생각하세요? 특정한 상황에서는 허용되어야 할까요?

2 | 당신 자신을 복제할 수 있는 기회가 주어진다면, 그렇게 하겠나요?

3 | 인간을 복제하는 것은 신의 일에 도전하는 것이라고 생각하세요?

4 | 앞으로 복제가 어떻게 될 거라고 생각하세요? 결국 자유롭게 인간을 복제하는 것이 합법화될까요?

5 | 인간의 영혼을 복제하는 것도 가능하다고 가정한다면, 복제된 인간은 부모의 마음을 가지고 있을까요, 아니면 그 자신의 마음을 가지고 있을까요?

안락사에 대해 들어 본 적 있나요? 그리스어로 '좋은 죽음' 이라는 뜻이죠. 영어로 '안락사' 라고 말하는 것은 불치병에 걸린 사람이 죽을 수 있도록 도와주는 것을 말합니다. 이 환자들은 대개 엄청난 고통에 시달리며 질병에서 회복할 가망도 없기 때문에 삶을 끝내기를 원합니다. 의사들은 이 환자를 죽음에 이르는 약이나 가스를 주어 도와줍니다. 안락사에 대해 알고 있다면 분명 잭 커보키언 박사에 대해서도 알고 있겠죠. 그는 자살을 도와주는 것으로 악명 높은 미국의 의사죠. 안락사에 반대하는 사람들은 그를 악마로 생각합니다. 반대하는 사람들은 매일 기적이 일어나서 불치병에 걸린 환자도 회복할 수 있기 때문에 누군가가 불치병에 걸렸다고 결정하기는 힘들다고 말합니다.

실전 토론하기

1ㅣ 안락사에 대해 당신은 어떤 입장인가요? 사람들에게 자기 삶을 끝낼 권리가 있다고 생각하세요?

2ㅣ 자살에 대해서 어떻게 생각하세요? 안락사가 보통의 자살과 같을까요?

3ㅣ 왜 네덜란드를 제외한 모든 나라에서 안락사가 불법이라고 생각하나요?

4ㅣ 죽음에 대한 공포가 안락사를 반대하는 것과 관련 있을까요? 왜죠?

5ㅣ 안락사가 합법화될 수 있을까요? 합법적인 것이 되기 위해서는 어떤 변화를 거쳐야 할까요?

한국에서 열 명 중 한 명 정도의 여성들이 성형 수술을 받았고 성형 수술을 받는 남성의 수도 증가하고 있다는 걸 알고 계세요? 한국 사회가 외모에 무척 민감하므로 그리 놀랄 일은 아니죠. 물론 성형 수술에는 가슴 확대, 지방 흡입술, 쌍꺼풀 수술 등 여러 가지가 있습니다. 우리 모두 어떤 종류의 수술이든 위험이 따른다는 얘기를 듣지만 사람들은 아름답게 보이기 위해서라면 그러한 위험도 기꺼이 감수하려고 하죠. 언론 매체는 무의식적으로 우리에게 미의 기준을 알려주죠. 멋진 몸매와 완벽한 얼굴을 가진 모델이나 연예인들을 보면 우리는 그들처럼 되고 싶어 합니다. 그리고 그들이 그렇게 보이기 위해 성형 수술을 받았을 수도 있다는 사실을 잊어 버리죠. 어쨌든 그것이 사람들이 성형 수술을 받는 하나의 이유가 될 수 있겠죠.

실전 토론하기

1ㅣ 사람들이 무엇에 영향을 받아 성형 수술을 하게 된다고 생각하나요?

2ㅣ 성형 수술에는 어떤 부작용들이 있나요?

3ㅣ 돈이 문제가 되지 않는다면, 당신은 성형 수술을 받을 건가요? 어떤 부분을 할 건가요?

4ㅣ 한 사람이 성형 수술을 받을 수 있는 정도에 제한을 두어야 할까요?

5ㅣ 보험 회사에서는 의료 정책에 성형 수술도 반영해야 할까요?

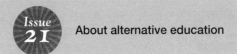

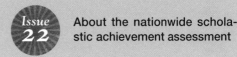

교육 개혁에도 불구하고, 1990년대 수만 명의 학생들이 정규 학교를 그만두었습니다. 이 문제를 해결해 보려는 노력으로, 많은 전문가들과 옹호 단체들은 전통적 교육과는 다른 다양한 교수법과 학습법을 포함한 대안교육 계획을 매우 열심히 추진하였습니다. 그런데 왜 이것이 지금 뜨거운 논쟁이 되고 있을까요? 대안학교는 공립학교 적응에 실패한 학생들을 받아들이는 것이 목적이기 때문에, '부적응아들을 위한 곳'이라는 사회적 편견이 생겨났습니다. 그리고 많은 대안학교들이 교육 당국의 인가를 받지 않았다는 사실을 걱정하는 사람들도 많습니다. 그러나 재능 있는 학생들을 포함하여 공교육에 싫증을 느끼는 더 많은 사람들이 그들의 개성을 존중하는 교육을 추구하려는 희망을 안고, 대안교육으로 방향을 틀기 시작했습니다. 이 문제에 대해 함께 생각해 보는 건 어떨까요?

실전 토론하기

1 | 왜 사회는 대안학교에 편견을 가지고 있을까요?

2 | 어떤 아이들은 정규학교보다 대안학교를 더 좋아할지 모른다고 생각하나요? 이유는요?

3 | 어떤 대안학교들은 왜 운영에 어려움이 있는 걸까요?

4 | "많은 대안학교들은 또 다른 형태의 명문 학교들이다." 당신은 이 주장에 동의하나요, 동의하지 않나요?

5 | 대안교육이 한국에서 확대되리라 생각합니까? 자세히 설명해 주세요.

한국 정부는 다섯 과목, 즉 국어, 영어, 수학, 과학, 그리고 사회 과목을 다루는 일제고사(종합 시험)라는 전국 학업 성취도 평가를 실행하였습니다. 모든 학생들이 똑같은 날에 이 시험을 치르기 때문에, 전국에 걸쳐 점수가 비교될 수 있습니다. 이 문제가 한국에서 가장 뜨거운 이슈 중의 하나가 되었습니다. 어떤 사람들은 그들이나 그들의 자녀들이 학업에 있어서 어느 위치에 와 있는지를 확인하게 될 거라고 말하면서 이 시험을 환영하고 있습니다. 그들은 이 시험이 경쟁을 통해 학업 성취도를 증진시킬 것이라고 주장합니다. 그러나 비평가들은 이 시험이 백해무익하다고 역설합니다. 그들은 이 시험이 학생들에게 치열한 경쟁과 지나친 공부를 강요하고, 행복을 추구하고 삶의 질을 향상시키고자 하는 기본적인 인간의 권리를 학생들에게서 빼앗을 것이라고 말합니다. 게다가 몇몇 교사와 학생들은 이 시험의 성적이 학교 서열화에 이용되는 것을 걱정하고 있습니다. 이 문제에 관해 당신의 의견을 말씀해 주세요.

실전 토론하기

1 | "표준화된 시험은 불가피한 세계적 추세입니다." 당신은 이 주장에 동의하나요, 동의하지 않나요? 의견에 대한 이유를 설명하세요.

2 | 일제고사가 학업 능력을 평가하기 위한 최선의 방법이라고 생각하십니까?

3 | 시험 성적에 기초하여 전국의 모든 아이들의 순위를 매기는 것이 좋은 생각입니까?

4 | 교육의 빈부 격차가 줄어들 수 있다고 생각합니까? 이유는요?

5 | 한국의 교육비를 줄일 수 있는 한두 가지의 방법은 무엇일까요?

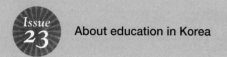 **Issue 23 About education in Korea**

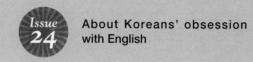 **Issue 24 About Koreans' obsession with English**

모든 사람들이 한국의 교육 제도에 문제가 있다는 데 동의할 것입니다. 시대에 뒤떨어진 교과 과정, 낡은 교수법, 제멋대로인 아이들, 무책임한 학부모들까지, 교육 제도는 최대의 위기에 빠져 있죠. 그렇지만 아직도 한국이 전 세계적으로 가장 뛰어난 교육 제도를 갖고 있다고 생각하는 사람들도 있습니다. 당신이 세계 교육의 현재 흐름에 대해 알고 있다면, 한국에 문제가 있음을 알 겁니다. 문제가 없다면 학부모나 학생들이 그토록 기를 쓰고 외국 유학을 떠나려 하지 않겠죠. 이 토론이 끝날 때쯤에는 여러분이 이 문제들에 대해 보다 잘 인식하게 되기를 바랍니다. 우리의 미래는 아이들이 어떻게 교육받느냐에 달려 있으므로 이 문제의 적절한 해결책들에 대해서도 이야기해 보죠.

실전 토론하기

1 | 사람들은 왜 한국의 교육 제도에 문제가 있다고 생각할까요?

2 | 교사들이 인터넷을 이용하거나 파워포인트를 이용한 프레젠테이션과 같은 최근의 기술에 관해 훈련 받아야 한다고 생각하세요?

3 | 요즘 학부모들은 체벌을 좋아하지 않는데 말썽 피우는 아이들을 어떻게 교육시킬 수 있을까요?

4 | 아이들 교육의 책임은 누구에게 있을까요?

5 | 대학 교육에 문제가 있다고 생각하세요? 정부와 학부모는 이 문제에 대해 무엇을 할 수 있을까요?

오늘은 한국의 영어 공부에 대한 집착에 관해 살펴보죠. 세계화는 현대 사회의 키워드가 되었습니다. 많은 사람들이 한국이 세계화에 동참하기 위해서, 아이들에게 가능한 한 영어를 유창하게 말하는 법을 가르쳐야 한다고 믿고 있습니다. 그래서 한국에서 영어 학원들이 번창하고 있는 거죠. 또한 쓰는 영어에서 말하는 영어를 강조하는 방향으로 변화하고 있기도 합니다. 이제는 심지어 대학 입시나 취직 시험에서 문법 지식보다는 듣기 능력을 더 요구하기도 하지요. 모든 한국인들은 영어를 유창하게 말하는 사람을 부러워하는 것 같습니다. 영어를 말할 수 없다면, 당신은 안정적인 직업을 찾을 수 없을 겁니다. 대기업에서 영어 인터뷰를 요구하기 때문이죠. 이 점에 대한 여러분의 의견은 무엇인가요?

실전 토론하기

1 | 영어에 대해 어떻게 생각하세요? 영어를 배우는 것에 관심이 있나요, 아니면 어쩔 수 없이 배워야 하는 것이라고 생각하나요?

2 | 한국에서 직장 생활을 하는 데 영어를 말하는 것이 중요하다고 생각하나요?

3 | 공교육에서 이루어지는 영어 교육이 효과적이라고 생각하나요?

4 | 사람들이 왜 영어를 배운다고 생각하세요?

5 | 영어를 배우기에 적절한 나이는 몇 살일까요?

Issue 25 — About early study abroad

안녕하세요, 여러분? 오늘은 조기 유학에 대해 살펴보죠. 유학이 새로운 개념은 아니지만 한국에서는 외국 유학을 떠나는 아이들의 연령이 점점 더 낮아지고 있습니다. 부유한 부모들은 문화와 언어를 배울 수 있도록 그들의 자녀를 외국에 보내고 있습니다. 연구에 의하면 조금 더 일찍 언어를 접하면 그만큼 더 빨리 언어를 배울 수 있다고 합니다. 그렇지만 아이들의 성장을 위해 안정적인 가족의 보살핌이 필요하다는 주장이 나옴에 따라 논란이 되고 있죠. 서구권 국가로 유학을 떠나는 대부분의 사람들은 대학생들입니다. 그들은 이미 자기 정체성을 확립했으며 독립적으로 살아갈 수 있습니다. 저는 유학에 관한 여러분의 의견을 듣고 싶습니다.

실전 토론하기

1 | 당신은 자녀들을 유학 보내겠습니까? 이유는요?
2 | 어린 나이에 유학을 간 아이들의 향수병을 달래 줄 방법은 무엇이라고 생각하나요?
3 | 외국으로 유학 보내지 않고도 아이들이 외국 문화와 언어를 익힐 수 있게 하는 방법이 있을까요?
4 | 조기 유학을 간 어린 아이들의 가장 큰 문제점은 무엇이라고 생각하세요?
5 | 조기 유학 붐이 단지 일시적인 유행이라고 생각하세요? 아니면 계속 지속될 거라고 생각하세요?

Issue 26 — About cheating

모든 사람들이 살면서 적어도 한 번쯤은 시험을 볼 때나 혹은 리포트를 쓸 때 부정 행위를 했거나 시도해 본 적이 있을 거라고 생각합니다. 선생님으로서 저는 학생들이 부정 행위를 하는 다양한 방법들을 보아 왔죠. 이제 그러한 부정 행위가 인터넷으로 인해 좀 더 첨단화되고 수월해지고 있습니다. 학생들은 인터넷에서 정보를 떼내어 리포트에 그대로 붙이고 표절을 합니다. 이런 문제로 인해 교사들은 학생에게 리포트를 완성하기까지의 모든 진행 단계를 볼 수 있도록 개요나 초안을 제출하라고 요구하는 등의 방지법을 생각해 내게 되었습니다. 저는 적은 사용료를 받고 학생들에게 리포트를 파는 여러 개의 웹사이트가 있다는 것을 알고 있습니다. 심지어 학생들은 온라인에 자신의 숙제를 올려서 인터넷 사용자들로 하여금 자신들의 숙제를 하도록 하기도 하죠. 이것은 정직하지 못한 행위입니다. 명백히 학습에 장애가 되지요. 자, 우리는 어떻게 해야 할까요?

실전 토론하기

1 | 많은 학생들이 그들의 숙제나 리포트에 남의 것을 표절하고 있다고 생각하나요?
2 | 학생들은 왜 부정 행위를 할까요? 좋은 점수를 받아야 한다는 압박 때문일까요, 아니면 이것이 인간의 본성일까요?
3 | 시험이나 과제물에 부정 행위를 한 학생들에게 어떤 처벌을 내려야 할까요?
4 | 부정 행위를 막을 수 있는 방법들로 어떤 것들이 있을까요?
5 | 인터넷으로 인해 학생들이 표절하는 것이 더욱 수월해졌습니다. 이러한 문제를 막을 수 있을까요, 아니면 더욱 심해질까요?

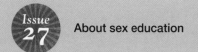

자, 학교에서의 성교육에 관한 토론을 시작하죠. 성에 대해 적극적인 청소년들의 숫자가 증가하면서 그들에게 성에 관한 교육을 시키는 것이 점점 더 중요해지고 있습니다. 한 가지 제안은 학교에서 다른 과목에 대한 교육을 제공하는 것처럼 성교육도 해야 한다는 것입니다. 많은 사람들은 성을 금기시해야 할 것으로 여겨서 아예 그 문제를 회피하려고 합니다. 그렇지만 다른 사람들은 성에 대한 무지가 곧 강간이나 원하지 않는 임신 등의 많은 문제를 야기할 수 있기 때문에 성교육이 필요하다고 주장합니다. 정말로 문제가 되는 것은 학교가 이 주제에 관해 아이들과 청소년들을 가르칠 능력이 있는가 하는 점입니다. 여러분은 그것에 대해 어떻게 생각하시나요?

실전 토론하기

1 | 성교육은 학교에서 실시되어야 할까요? 이유는요?

2 | 학생들이 성교육을 진지하게 받아들이게 하는 데 교사들이 어려움을 겪을 거라고 생각하세요?

3 | 어떤 식으로 성교육을 하는 것이 효과적일까요?

4 | 학교가 아니라면 학생들은 어디에서 성교육을 받을 수 있을까요?

5 | 성교육은 효과가 있을까요? 이유는요?

우리는 오늘 이 자리에서 체벌에 관해 이야기하고자 합니다. 여러분도 아시다시피 어린 학생들을 벌 주는 방법은 여러 가지가 있죠. 어떤 방법들은 다른 방법들보다 더욱 효과적인 것으로 드러났습니다. 아주 오랜 시간 동안 사용되어 온 방법 중 하나는 체벌인데, 다시 말해서 막대기나 맨손으로 학생들의 신체를 때리는 것입니다. 많은 사람들은 이것이 나쁜 행동을 하는 학생들을 처벌하는 데 딱 적절한 방법이라고 믿고 있습니다. 다른 사람들은 그것이 야만적이고 불필요하다고 주장합니다. 그들은 그것이 구시대적이며 현대 사회와 맞지 않다고 말합니다. 우리는 체벌이 학교에서 어떻게 행해져 왔으며 어떤 효과가 있는지 그리고 그것이 계속되어야 할 것인지에 관해 살펴보고자 합니다. 자, 테이블을 돌아가면서 모든 사람들의 의견을 들어 보죠.

실전 토론하기

1 | 체벌은 필요할까요? 이유는요?

2 | 체벌은 학생들에게 어떤 영향을 미칠까요?

3 | 체벌이 우리 사회의 폭력에 관해 말해 주는 바는 무엇인가요?

4 | 체벌과 관련해서 어떤 문제들이 있을까요? 우리는 그것을 어떻게 바꿀 수 있을까요?

5 | 다른 처벌 방법으로는 어떤 것들이 있을까요? 체벌도 그것들과 마찬가지의 효과가 있을까요?

오늘 우리는 교복에 관해 토론하고자 합니다. 서양에서는 대개 사립 학교에서만 교복을 입는 것에 비해, 한국에서는 모든 학생들에게 교복을 입도록 요구하는 학교가 대부분입니다. 남학생들은 보통 재킷을 입고 타이를 매며 정장 바지를 입도록 요구됩니다. 여학생들은 주름 치마와 블라우스 그리고 남학생들과 비슷한 재킷을 입죠. 복장 규정을 선호해서 교복을 없애버린 학교들도 있습니다. 이로 인해 학생들은 더욱 자유롭게 옷을 선택해서 입을 수 있게 되죠. 대부분의 논쟁은 이러한 교복이 학생들이 공부를 더 잘하는 데 도움이 되는지, 아니면 차이가 없는지를 중심으로 이루어집니다. 이 주제에 관해 모든 사람들의 의견을 들어 보죠.

실전 토론하기

1 | 교복은 학생들이 공부를 더 잘하는 데 도움이 되나요?
2 | 교복 착용이 학부모들에게는 경제적으로 도움이 될까요?
3 | 교복에 대한 대안으로는 어떤 것이 있을까요?
4 | 교복으로 인해 학생들은 어떤 문제를 갖게 되나요?
5 | 교복 때문에 자기 표현을 못하게 되나요?

오늘은 기여 입학 제도에 관해서 이야기하고자 합니다. 좋은 대학에 들어가기 위해 학생들은 중고등학교 시절에 열심히 공부하죠. 힘든 경쟁의 정도를 생각해 보면, 기여 입학 제도에 대해 사람들이 매우 분개하는 이유를 쉽게 이해할 수 있습니다. 이 제도는 부유한 가정의 학생들에게 기본적으로 돈을 내고 대학에 들어가도록 허용해 주는 것입니다. 매년 이러한 부유한 학생들이 고등학교 성적이 나쁘더라도 높은 수준의 교육을 받을 수 있도록 몇 개의 자리 정도는 따로 남겨집니다. 불만은 그 자리들을 가족이 대학에 돈을 기부한 부유한 학생들이 차지하면서, 가난하지만 열심히 공부하는 학생들이 학교에 들어가지 못하는 데서 나오는 거죠. 이 주제에 대해 어떤 의견이 있으세요?

실전 토론하기

1 | 기여 입학 제도는 가난한 학생들에게 어떤 영향을 미칠까요?
2 | 기여 입학 제도는 공평한가요?
3 | 기여 입학 제도는 금지되어야 할까요?
4 | 기여 입학 제도를 좀 더 공평하게 시행할 수 있는 방법으로 어떤 것들이 있을까요?
5 | 기여 입학 제도가 학교에 주는 혜택은 어떤 것들인가요?

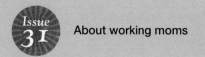
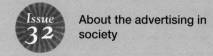
수세기에 걸쳐서 한국 문화는 돈을 버는 엄마보다 가정주부를 더 강조해 왔습니다. 이상적인 한국 여성은 적극적인 직업 여성이 아니라, '현명한 아내이며 좋은 어머니'였습니다. 이것은 특히 한국의 중상류층에선 사실이었지요. 그러나 1990년대 이래로, 특히 1997년 금융 위기 이후로, 일하는 엄마에 대한 논의가 제기되었습니다. 직업을 가진 한국 엄마들의 수가 급격히 증가했으며, 많은 엄마들이 수산시장에서부터 최고경영직에 이르기까지, 온갖 장소에서 지금 일하고 있습니다. 심지어 어떤 엄마들은 가족의 주요 소득자가 되기도 했지요. 어떤 사람들, 특히 여권 운동가들은 이것이 한국 여성이 남성과 평등하다는 것을 보여 준 긍정적인 추세라고 말했습니다. 다른 사람들은 이러한 추세를 우리의 전통 문화에 해가 되는 것이고, '시간제 보모'에게 맡겨지는 아이들에게 좋지 않다고 비판했습니다. 이 주제에 관해 덧붙이고 싶은 말이라도 있습니까?

실전 토론하기

1 | "피할 수 없는 현실이기 때문에, 한국의 일하는 엄마들에게 용기를 불어넣어야 합니다." 당신은 이 주장에 동의하나요, 동의하지 않나요?

2 | 왜 많은 한국 주부들이 일을 한다고 생각합니까?

3 | 일하는 엄마가 되는 것의 장점과 단점은 무엇일까요?

4 | 일하는 엄마는 자녀들을 올바르게 교육하지 못할 수 있다고 생각하나요?

5 | 미래에 한국에서 일하는 엄마가 증가할까요, 감소할까요? 그 이유를 자세히 설명하세요.

우리 모두는 한국에서 광고가 고부가 가치 산업이 되었다는 것을 알고 있습니다. 거의 모든 공공 장소에서 광고들을 볼 수 있습니다. 혹자는 광고가 경쟁 상품에 관한 유용한 정보를 제공하기 때문에 긍정적인 역할을 한다고 말합니다. 광고를 통해 제품에 관해 더 많이 알 수 있으며, 그래서 찾고 있는 특징들을 비교하는 데 도움을 준다고 말합니다. 다른 광고들은 가격 경쟁을 벌이고 있어, 가장 싸거나 가격대비 가장 좋은 제품을 찾는 데 도움을 줍니다. 다른 문제들과 마찬가지로, 모두가 그들의 말에 동의하는 것은 아닙니다. 이 막대한 양의 광고가 해로울 수도 있다고 생각하는 사람들도 있습니다. 광고는 사람들에게 실제로 필요한 것보다 더 많은 것을 갖고 싶게 할 수 있으며, 또는 아무것도 사지 않으면 불충분하다고 느끼게 할지도 모릅니다. 어떤 전문가들은 특히 아이들이 이러한 위험에 상처받기 쉽다고 주장합니다. 잠시 이 문제에 대해 이야기해 볼까요?

실전 토론하기

1 | "광고는 사회에 부정적인 영향을 끼칩니다." 당신은 이 주장에 동의하나요, 동의하지 않나요?

2 | 광고가 당신의 구매 결정에 실제로 영향을 미칩니까? 어떤 것을 살지 고를 때 가장 영향을 많이 미치는 것은 무엇입니까?

3 | 비용 효율이 가장 높은 중 매체는 무엇이라고 생각하십니까? [참고: 웹사이트, TV, 신문, 광고판 등]

4 | 어떤 광고들이 한국에서 가장 인기가 많습니까?

5 | 광고를 성공시키는 열쇠는 무엇일까요?

자, 빈부격차에 관한 토론을 시작해 보죠. 여러분 모두 전 세계 다른 지역에서뿐만 아니라 한국에서도 역시 빈부격차가 두드러지게 나타난다는 데 동의하실 겁니다. 어떤 날이든 지하철을 타고 가다 보면 돈을 구걸하는 한두 명 정도의 사람들은 보게 되실 겁니다. 자, 이 사람들이 모두 집이 없는 사람들이라고 아무도 확신할 수는 없지만, 한국에 집 없는 사람들이 존재한다는 것은 분명합니다. 부유한 사람들은 자가용이나 택시를 이용하므로 보통 이런 광경들을 목격할 일이 없죠. 사실 압구정이나 강남 같은 지역에 산다면, 아마 가난한 사람들이 존재한다는 사실조차도 모를 수 있을 겁니다. 그건 단순히 화려한 옷과 자동차를 살 돈이 있느냐의 문제가 아니라, 가족들을 먹여 살리고 자녀를 학교에 보낼 수 있느냐의 문제이지요. 여러분 모두 어떻게 생각하시는지 묻겠습니다.

실전 토론하기

1 | 빈부격차에 대해서 어떻게 생각하세요?

2 | 이 격차를 줄이기 위해서 우리는 무엇을 해야 할까요?

3 | 혜택을 받지 못한 사람들을 돌보는 것은 누구의 책임일까요?

4 | 공산주의가 수입의 격차를 해결할 수 있을까요?

5 | 이 문제를 해결하는 데 정부는 어느 정도의 영향력을 가지고 있나요?

오늘 우리는 이 자리에서 한국의 인종 차별에 관해서 토론하고자 합니다. 지금 대부분의 사람들은 한국에 소수 민족이 있다는 사실을 알고 있습니다. 한국에는 중국인, 필리핀인, 러시아인, 베트남인들이 있죠. 그렇지만 그들의 존재가 적어 많은 사람들이 한국은 인종적으로 조화로운 사회라고 생각합니다. 그렇지 않습니다. 사실 한국에도 인종 차별은 존재하고 있습니다. 한국 사람들은 소수 민족, 피부색이 다른 사람들 그리고 기본적으로 한국 사람이 아니면 다르게 여깁니다. 더 다양한 인종이 사는 미국과 같은 나라에서 존재하는 것처럼 모든 사람들이 인종 차별을 하는 것은 아니지만, 한국 사람들도 그들만의 인종 차별적인 선입관들이 있다는 것을 알아야 합니다. 그렇다면 당신이 가지고 있는 인종 차별적인 생각은 어떤 것일까요? 이것에 대한 당신의 의견은 무엇인가요?

실전 토론하기

1 | 왜 사람들은 인종 차별적인 견해를 갖고 있거나 가지게 될까요?

2 | 인종이 혼합된 사회에서는 인종 차별이 더 심할까요, 아니면 더 나을까요?

3 | 당신은 자신이 인종 차별주의자라고 생각하나요? 그렇다면 왜 그렇게 생각하나요?

4 | 언론 매체는 어떤 면에서 인종 차별에 영향을 미치고 있을까요?

5 | 인종 차별은 어떻게 방지할 수 있을까요?

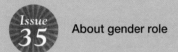
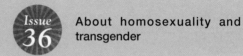
모두 다 오셨나요? 이제 시작해도 되겠군요. 저는 오늘 여러분들과 사회의 성평등에 관해 이야기하고 싶었습니다. 한국은 유교적 전통에 기초한 남성 중심의 사회이죠. 그로 인한 문제들이 오랫동안 계속 언급되어 왔지만 여전히 많은 문제들이 남아 있습니다. 여성들은 정부, 직장, 임금에 있어서, 그리고 종종 가정에서도 남성에 비해 훨씬 힘이 약합니다. 한국이 근대 국가가 되면서 이러한 불평등이 어떻게 고정화될 수 있는지 우리는 살펴보아야 합니다. 예를 들면, 한국 기업들은 20대 후반이 넘은 연령의 여성들을 고용하려 하지 않습니다. 그들이 결혼하여 곧 아이를 갖게 되기 때문이죠. 남성들은 이러한 문제에 직면하지 않습니다. 그러나 그 연령대의 미혼 여성은 멸시도 받습니다. 그들이 그 나이까지 '한 남성에게 정착'하지 못한다면 뭔가 문제가 있는 것으로 여겨지죠. 이 토론이 끝날 때쯤 우리는 왜 우리 사회가 계속해서 여성을 차별하고 있는지 자문해 보아야 합니다.

실전 토론하기

1 | 당신은 사회에서 남성과 여성이 다르게 대우 받는다고 생각하나요? 이유는요?
2 | 생물학적 차이가 직장에서 다르게 취급 받는 것을 정당화할 수 있을까요?
3 | 한국 사회에서 경제적 문제들이 여성과 남성에 대한 요구들을 어떻게 변화시켜 왔나요?
4 | 30대의 미혼 여성들은 사회로부터 어떤 문제들을 경험하게 되나요?
5 | 같은 연령대의 미혼 남성들은 어떤 문제들에 직면하게 되나요?

오늘 우리는 한국에서의 동성애와 성전환자에 관해서 토론하고자 합니다. 이것은 한국 최초의 성전환 유명 연예인인 하리수와 같은 인물로 인하여 주목을 받기 시작한 주제이지요. 다른 게이들은, 그들이 성전환자이든 아니든 간에, 이곳에서 매우 특이한 상황에 직면하게 됩니다. 이곳의 게이들은 노골적으로 차별 받는 것은 아니지만 그렇다고 받아들여진다는 의미도 아닙니다. 그것은 동성애가 이곳에서는 인정조차 받지 못한다는 것을 의미할 뿐입니다. 한국의 많은 동성애자들은 그들의 아내 혹은 남편에게는 비밀스러운 또 다른 삶을 숨긴 채 '평범한' 삶을 살아가고 있습니다. 한국에서 용기 내어 자신들의 성적 선호를 밝히고자 하는 동성애자들은 거의 없습니다. 아무도 한국 사회가 그들을 받아들일 것이라고 생각하지 않습니다. 이 점에 대한 여러분의 의견은 무엇입니까?

실전 토론하기

1 | 게이들은 사회에서 어떤 차별을 받게 되나요?
2 | 한국에서의 게이들과 게이 문화의 역사는 어떤가요?
3 | 유명한 게이들이 자신의 동성애성을 공개할 때 어떤 위험들을 감수해야 하나요?
4 | 한국은 개방된 사회인가요, 아니면 폐쇄된 사회인가요? 그것은 문제가 될까요?
5 | 게이는 외국에서 외국의 영향인가요, 아니면 국내에서 발생한 것인가요?

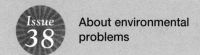

이번 토론의 목적은 세계의 새로운 테러리즘 시대에 관해서 이야기하는 것입니다. 무역센터의 9·11 테러는 이후 몇 년 동안에 전쟁과 각종 문제들을 일으키는 사건들의 시발점이었습니다. 이스라엘에서 벌어지는 이스라엘과 팔레스타인 사이의 충돌은 한치의 양보도 없이 계속되고 있습니다. 매일 뉴스는 최근에 발생한 테러리스트들의 잔인한 공격에만 주목하고 있기 때문에 사람들은 뉴스에 지겨워하고 있죠. 세계의 어느 지역에서나 폭탄과 죽음에 의해서만 해결 가능한 집단들과의 문제가 존재하는 것 같습니다. 이러한 문제들을 풀 수 있는 해결책이 분명 있을 겁니다. 이러한 테러 상황에 대해 자세히 살펴보도록 하죠. 제가 토론을 이끌도록 하겠습니다.

실전 토론하기

1 | 오늘날 세계에서 일어나고 있는 주요 테러 분쟁은 어떤 것들이 있나요?

2 | 왜 사람들은 폭력적인 테러를 저지르는 걸까요?

3 | 테러리스트와 자유의 투사는 어떤 차이점이 있을까요?

4 | 테러리스트들의 어떤 행동들이 용서 받을 수 있을까요? 용서 받을 수 없는 것은 무엇일까요?

5 | 테러를 막을 수 있는 방법은 무엇일까요? 테러는 자연스럽게 사라질까요?

오늘은 한국의 오염 문제에 관해 자세히 살펴 보고자 합니다. 많은 사람들이 한국으로 오는 비행기에서 칙칙한 색과 스모그로 덮인 듯한 대기를 보았을 겁니다. 이것이 바로 대기 오염입니다. 많은 사람들이 이곳에서 호흡 곤란이나, 식수 문제, 그리고 일반적으로 환경과 관련된 많은 다른 문제점들을 토로하고 있습니다. 사실 한국은 매우 오염된 나라입니다. 문제는 그들이 어느 정도까지 그들이 저지른 것을 치워야 하느냐는 것이죠. 다른 많은 국가들은 과거의 환경 문제들로 인하여 지금 번영하고 경제적으로도 강해졌습니다. 여전히 경제를 발전시키고 있는 단계인 나라에 무엇을 기대할 수 있을까요? 이것은 종종 한국과 같은 나라에서 질문 받을 수 있는 사항입니다. 이 문제에 대해 모두들 어떻게 생각하나요?

실전 토론하기

1 | 세계 오염의 대부분은 누구의 책임일까요?

2 | 개발도상국 역시 선진국과 같은 안전 예방 조치를 세워야 할까요?

3 | 환경을 깨끗하게 유지하는 데 드는 비용은 누가 가장 많이 부담해야 할까요?

4 | 환경을 보호하는 방법에는 어떤 것들이 있을까요?

5 | 가정에서 재활용할 수 있는 것에는 어떤 것들이 있을까요?

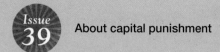

오늘의 토론은 사형 제도에 관한 것입니다. 아시다시피 사형 제도는 매우 논란의 여지가 많은 주제죠. 결국 이것은 말 그대로 삶과 죽음의 문제입니다. 숀 펜이 주연한 〈데드맨 워킹〉이란 영화를 기억하시는 분 있나요? 그 영화는 이 문제를 다루었는데 그 당시에 많은 논란을 불러일으켰죠. 논쟁이 뜨거웠던 미국에서는 찬반 양쪽에서 도덕성과 사형 제도의 효율성에 관해 흥미 있는 의견들을 많이 내놓았습니다. 사형 제도의 실시 여부에 관해 각 주에서 결정을 할 수 있습니다. 텍사스와 같은 일부 주에서는 일 년에 몇 십 건의 사형이 집행됩니다. 반대하는 사람들은 이 사람들 중 상당수가 무죄이며, 따라서 주 정부에 의해 부당하게 살해당하고 있다고 주장합니다. 다른 사람들은 이 사람들은 모두 유죄이며 자신들의 죄에 대해 최후의 대가를 치러야 한다고 주장합니다. 누가 옳은지 그리고 정부가 무엇을 해야 하는지 정하는 것은 매우 어려운 결정입니다. 질문 있으십니까?

실전 토론하기

1| 사형 제도가 범죄의 발생을 막을 수 있을까요?

2| 가끔 무고한 사람이 죽음을 당할 수도 있다고 생각하세요?

3| 국가가 국민을 죽일 권리를 가지고 있나요?

4| 사형 제도가 인종 차별과 관련 있나요?

5| 사형 제도의 대안으로는 어떤 것들이 있나요?

세계화에 대한 오늘의 토론을 시작하죠. 세계가 점점 발달하고 부유한 국가들과 가난한 국가들이 서로 점점 더 교역을 늘려감에 따라 많은 문제들이 발생할 수 있습니다. 이런 문제들 중 일부는 국가의 정체성과 기업들이 문화에 미치는 영향과 관련되어 있지요. 각 나라들은 다양한 상품들을 수출입하고 자국의 국민들을 위해 이윤을 내려고 노력합니다. 많은 기업들이 상품을 제조하고 선적하는 데 자국의 노동력보다는 다른 나라의 값싼 노동력을 이용하고 있죠. 때론 세상이 정부가 아닌 기업에 의해 운영되고 있는 것 같아요. 많은 사람들이 세계화가 부유한 국가들에게 유리하므로 가난한 국가들은 피해를 입는다고 주장합니다. 다른 많은 사람들은 문화가 모두 똑같아질 거라고 주장하지요. 여러분은 이러한 경향에 대해 어떻게 생각하세요?

실전 토론하기

1| 세계화는 가난한 나라에 어떤 도움과 피해를 가져다주나요?

2| 세계화는 부유한 나라에 어떤 도움과 피해를 가져다주나요?

3| 두 나라 사이에 공평한 교역이란 무엇인가요?

4| 국민들을 위한 부와 재화 또는 국가의 정체성을 유지하는 것 중 무엇이 더 중요할까요?

5| 세계화를 가장 적극적으로 지지하는 것은 어떤 국가들인가요? 그들은 무엇을 얻나요?

오늘의 주제인 대학 졸업생들의 현실에 대해 시작해 봅시다. 오늘날 다수의 대학 졸업생들이 실직 상태이거나 불완전한 고용 상태에 있습니다. 일을 못 구한 젊은 한국인들은 흔히 '흰 손' 또는 '백수'라고 불립니다. 그리고 다른 불완전 취업자들은 한 달에 평균 88만 원의 저임금을 받고 일하고 있습니다. 그들은 이 보잘것없는 월급 때문에 주로 '88만원 세대'로 불립니다. LG나 삼성과 같은 대기업에 들어간 운 좋은 졸업생들조차 세계 경제 불황 때문에 직장에 오래 남을 수 있을지 확신할 수 없습니다. 아이러니하게도 동시에 많은 작은 회사들은 일할 사람을 구하지 못하고 있습니다. 어떤 중소기업은 심지어 중국이나 인도에서 근로자를 고용하고 있습니다. 혹자는 대학 졸업생들이 너무 까다롭게 따지지 말고 저임금 일자리를 받아들여야 한다고 말합니다. 하지만 다른 사람들은 회사들이 젊은 졸업생들을 더 많이 고용해야 하며, '인원 감축'과 '외부 인력 활용'을 그만두어야 한다고 말합니다. 이 문제의 원인과 가능한 해결 방안에 대해 이야기해 봅시다.

실전 토론하기

1 | 한국의 대학 졸업생들이 야망을 낮춰서 작은 회사에서 일해야 한다고 생각합니까?
2 | 한국에서 백수가 생겨나는 주된 원인이 무엇이라고 생각합니까?
3 | 한국 대학 졸업생들의 실직 문제에 대한 해결책은 무엇입니까?
4 | 요즈음 한국의 대기업들이 대학 졸업생들을 더 적게 고용하는 이유는 무엇일까요?
5 | 한국 정부, 가족, 또는 사회가 실직 상태의 대학 졸업생들을 어떻게 도울 수 있을까요?

1990년대에 시작된 '농촌 총각 장가 보내기' 캠페인의 결과로, 한국으로 시집온 외국 신부들의 수가 급격히 증가했습니다. 지금은 4만 명 이상이 한국에 있습니다. 2020년에는 다섯 가구 중 하나가 '국제적'이 될 것으로 예상됩니다. 이러한 현상은 '다문화 가정'이라는 새로운 가족 형태를 만들어냈습니다. 자, 여기에 바로 논점이 있습니다. 정부를 포함하여 혹자는 국제 결혼이 출생률 감소와 결혼 시장의 성비 불균형과 같은 한국의 주요 사회적 문제들을 극복하는 데 도움을 줄 거라고 생각합니다. 하지만 문화적 다양성 또는 혼혈 사회가 우리의 전통적인 동질 사회에 주는 영향을 걱정하는 사람들도 있습니다. 이 문제에 대해 어떻게 생각하세요?

실전 토론하기

1 | 한국이 다문화 사회에 대한 준비가 되어 있다고 생각합니까?
2 | 한국에서 다문화 가정이 증가하는 것의 장점과 단점은 무엇입니까?
3 | 다문화 가정의 급우나 다문화를 가진 이웃에 대해서 어떻게 생각하세요?
4 | 다문화 가정에 대한 보통 한국 사람의 태도는 어떻다고 생각합니까?
5 | 다문화 가정의 어려움을 처리하기 위해 정부가 할 수 있거나 해야 하는 일은 무엇입니까?

한국 사회의 결혼과 이혼에 관한 오늘 토론을 시작하죠. 한국은 1980년대에 이혼율이 매우 낮았습니다. 그러나 지금은 거의 30~40퍼센트에 이르죠. 50퍼센트가 넘는 미국의 이혼율에 비교할 순 없죠. 하지만 이러한 추세가 계속된다면 곧 유사한 수치에 도달하게 될 수도 있습니다. 한국 사회는 결혼을 매우 진지하게 생각합니다. 두 집안 간의 결합은 우리 유교 사회에서는 매우 중요한 것이죠. 최근의 이혼율 추세에 대해 설명이 좀 필요할 것 같습니다. 어떤 사람들은 이것은 젊은이들의 타락 때문이며 또한 오늘날의 젊은이들이 전통을 존중하지 않기 때문이라고 주장합니다. 다른 사람들은 서구 문화의 영향 때문이라고 합니다. 많은 전문가들은 한국의 이혼율 증가가 여성이 경제적으로 더욱 독립했기 때문이라고 생각합니다. 여성이 더 많은 경제적 능력을 갖게 됨에 따라 그들은 더 이상 재정적 지원을 받기 위해 남편에게 의지하지 않아도 됩니다. 여러분은 이에 동의하나요, 반대하나요?

실전 토론하기

1 | 한국에서 이혼율이 증가하는 가장 주된 요인은 무엇일까요?
2 | 이혼율의 증가는 좋은 변화를 반영하는 것일까요, 아니면 나쁜 변화를 반영하는 것일까요?
3 | 결혼의 의미가 지금 작아졌나요, 아니면 커졌나요?
4 | 남성에게 있어 결혼은 얼마나 중요한 것인가요?
5 | 여성에게 있어 결혼은 얼마나 중요한 것인가요?

오늘의 주제인 '한국의 가정 폭력'에 대해 모두 관심을 가져 주시기 바랍니다. 저는 이것이 매우 민감한 주제라는 것을 알고 있지만, 우리는 이 문제를 면밀히 고찰해야 합니다. 결혼한 한국 여성의 40~60퍼센트 정도가 배우자에게 구타를 당합니다. 이것은 매우 높은 수치이며 우리가 정확한 수치를 확실히 알 수 없으므로 다소 차이가 날 수도 있습니다. 가정 폭력은 대개 개인적인 문제로 여겨지므로 많은 사람들이 사건을 알리지 않습니다. 열에 한 명 정도는 매우 심하게 맞아 병원에 입원하기도 합니다. 그렇지만 사람들은 이것을 법이 개입해서는 안 되는 가정 문제로 생각합니다. 분명히 이 문제는 면밀히 살펴봐야 합니다. 자, 여러분 모두 이 주제에 관해 직접적이든 간접적이든 경험이 있다고 생각하고, 여러분의 의견을 들어보고 싶습니다.

실전 토론하기

1 | 한국의 가정 폭력 비율이 높은 이유는 무엇일까요?
2 | 한국의 음주 문화가 이것에 어떤 영향을 미친다고 생각하세요?
3 | 가정 폭력을 예방하기 위해 무엇을 할 수 있을까요?
4 | 이런 문제들을 규제하는 것은 누구의 책임일까요?
5 | 가족 내부의 문제들을 다루는 데 법이 얼마나 개입해야 할까요?

우리 모두가 알고 있듯이 독도(일본에서는 다케시마로 알려져 있습니다)는 오랜 기간 동안 서울-도쿄 관계에 있어 쓰라린 부분이었습니다. 한국과 일본 양국의 역사 자료에 의하면 독도는 몇 세기 동안 한국의 섬이었던 게 확실합니다. 국제법에 의해 한국의 법적 소유권은 한국이 그 섬을 소유하고 그곳에 해안 경비대가 주둔해 있으므로 더욱 강화되었습니다. 일본 정부는 일본 제국이 패배하면서 한국의 모든 영토에 대한 권리를 강요에 의해 포기당했다고 하면서 독도에 대한 소유권을 주장하고 있습니다. 독도는 한국 일본간의 관계에 언제든지 폭발할 가능성이 있는 발화점으로 남아 있습니다. 어떤 사람들은 우리가 독도에 대한 현재의 '조용한 의견 차이' 상태를 계속 유지해야 한다고 생각하지만, 또 다른 사람들은 우리가 더 많은 군대를 주둔시키고 국제 홍보와 법적 캠페인, 그 외 다른 방법으로 강력하게 독도에 대한 우리의 지배를 강조해야 한다고 주장합니다. 이 문제에 대한 의견을 말해 보세요.

실전 토론하기

1 | "우리는 독도에 더 강력한 군대를 주둔시켜야 한다." 당신은 이 의견에 동의하나요, 동의하지 않아요? 당신의 의견을 뒷받침하는 이유를 말하세요.

2 | 독도에 대한 정부나 국민들의 지배력을 확고히 하는 최상의 방법은 무엇인가요?

3 | 사이버 외교를 이용해 독도 지배력을 보호하는 것에 대해 어떻게 생각하나요? 설명하세요.

4 | 당신은 독도 문제를 유엔이나 다른 국제 기관에 가져가는 것에 찬성하십니까? 이유는요?

5 | 당신이 생각하는 다른 방법이 있습니까?

오늘의 주제인 한국의 의무 징병 제도에 대해 이야기를 시작해 볼까요? 여기에 모인 많은 사람들이 유승준의 이야기를 알고 있을 겁니다. 그는 군 복무를 피하기 위해 미국 시민권을 취득한 유명 스타였죠. 이러한 행동으로 그는 많은 적들이 생기고 많은 팬들을 잃게 되었지만, 그가 잘했다고 생각하는 사람들도 많습니다. 많은 사람들이 왜 한국에 의무 징병 제도가 필요할까 의문을 갖고 있습니다. 한국의 많은 청년들은 삶에서 최고의 몇 년을 군대에 바쳐야 한다고 생각하며 이에 분개합니다. 미국과 같은 여러 나라에서는 모병제로 전환했습니다. 한반도의 관계가 진전되느냐 악화되느냐에 따라 군의 상황이 바뀌게 될 것입니다. 많은 한국 남자들은 빨리 해결되어 군 복무 기간이 줄어들기를 바랍니다. 여러분은 이 점에 대해 어떤 의견들을 가지고 있나요?

실전 토론하기

1 | 의무 징병 제도는 없어져야 할까요?

2 | 복무 기간이 축소되어야 할까요?

3 | 여성도 군대에 가야 할까요?

4 | 모병제가 징병제보다 효과적일까요?

5 | 북한의 상황이 악화된다면 군 제도는 어떻게 변화될까요?

자, 토론을 시작하는 게 어때요? 우리는 오늘 서울의 교통에 대해서 이야기할 겁니다. 모든 사람들이 출퇴근 시간에는 버스나 택시 승차를 피해야 한다는 것을 알고 있죠. 이것은 악몽과 같고 혼잡하더라도 지하철을 타는 것이 더 **빠릅니다**. 막히는 시간이 아니더라도 많은 사람들은 택시나 버스를 잘 타려 하지 않습니다. 그것은 한국의 택시나 버스 기사들이 부주의하기로 악명 높기 때문이죠. 한국이 세계에서 교통 사고 사상자 수 2위 국가인 것도 당연합니다. 진짜 악몽은 휴일에 여행을 가고자 할 때 나타납니다. 부산에서 서울까지 보통 5시간 반 정도 걸리는 것을 20시간이나 걸려서 가게 됩니다. 매일 사람들은 이 교통 지옥에 어떻게 대처할 수 있을까요? 악몽은 주차 공간을 확보할 때까지 계속됩니다. 아마도 한국은 자동차 판매의 급증에 대한 대가를 치르고 있는 것 같습니다. 저는 이 점에 대해 여러분의 의견을 듣고 싶습니다.

실전 토론하기

1 | 도시 안에서 교통량을 줄이기 위해 무엇을 할 수 있을까요?
2 | 도시간의 교통량을 줄이기 위해 무엇을 할 수 있을까요?
3 | 대중 교통 수단은 충분한가요?
4 | 도로의 차량 수를 줄일 수 있는 방법이 있을까요?
5 | 한국 사람들은 자동차에 집착하는 편인가요? 이것이 유익할까요?

자, 유명인의 사생활에 대해 토론을 시작하도록 하죠. 음악가나 영화 배우, 정치가들, 아니면 다른 형태로든 유명 인사들이 일단 유명해지고 나면 그들은 어느 정도의 사생활은 포기해야 한다는 점을 인정합니다. 그들은 대중의 영역 안으로 던져지는 것이며, 그들이 하는 모든 행동은 그들을 좋아하는 팬뿐만 아니라 팬이 아닌 층까지 수백만의 사람들에 의해 기록되고 사진에 담기며 분석됩니다. 유명인들 중 다수는 이것을 이해하며 적절하게 옷을 입고 옳은 행동을 하는 등 그에 맞게 행동합니다. 그들은 그들이 받는 주목과 관심을 좋아하는 것 같습니다. 정보화 시대에 더욱 많은 대중 인사들이 그들 스스로가 스캔들과 루머의 제공자가 된다는 것을 알게 되죠. 그리고 그들은 더 많은 사생활을 갖기를 원하게 됩니다. 그들은 자신들의 삶이 리포터와 사진 기자들에 의해 침해당한다고 불평합니다. 유명 인사의 사생활의 경계는 무엇일까요? 그들은 어떤 권리들을 가지고 있을까요? 모든 사람들의 의견을 들어보는 것이 어떨까요?

실전 토론하기

1 | 공인은 어느 정도의 사생활을 가질 수 있을까요?
2 | 정치인과 영화 배우의 사생활은 다른 걸까요?
3 | 공인들에 대해 좀 더 엄격한 행동 기준을 적용해야 할까요?
4 | 검열 제도를 통해 방송 매체가 공인들에게 접근하는 것을 제한할 수 있을까요?
5 | 공적인 삶과 사적인 삶은 어디에서 구분지어야 하나요?

2008년, 우리나라는 매우 좋지 않은 전조로 시작되었습니다: 바로 방화범에 의한 숭례문(남대문으로 더 잘 알려진)의 파괴입니다. 고대 문화 유산이자 많은 언론에 의해 우리나라의 상징으로 알려진 숭례문이 한줌의 재로 타버렸습니다. 당국이 이 문화재를 충분히 보호하지 않았다는 것, 그리고 더 나아가 화재가 시작되었을 때 효과적으로 대처해 숭례문을 보호할 기회를 놓쳤다는 것이 알려졌을 때 그 충격에는 좌절과 분노가 더해졌습니다. 숭례문 화재는 전국을 놀라게 했고 나라의 역사적 보물들을 보호하는 최적의 방법에 대한 많은 생각들이 제시되었습니다. 어떤 사람들은 우리가 더 많은 정부 자원을 안전과 경찰력에 쏟아 이러한 보물들을 충분히 보호해야 한다고 얘기합니다. 또 다른 사람들은 문화 유산들을 보호하기 위해 대신 시민들이 더 많이 참여하는 데 중점을 두어야 한다고 이야기합니다. 우리와 나눌 새로운 의견이 있나요?

실전 토론하기

1 | "우리는 좀 더 많은 경찰을 고용해 유물들을 지켜야 한다." 당신은 이 의견에 동의하나요, 동의하지 않나요? 당신의 의견을 설명해 주세요.

2 | 대중이 유물 보호를 도울 수 있는 최선의 방법은 무엇입니까?

3 | 사회에 불만을 가진 사람들이 미래에 더 폭력적인 행동을 보일 거라고 생각하나요? 왜요?

4 | 국가 유물들을 보호하는 데 청소년들을 더 참여시킬 방법이 있을까요?

5 | 어떤 유물들이 가장 중요하고 가장 먼저 보호되어야 한다고 생각합니까?

오늘 우리는 한국의 시위에 대해서 이야기하려고 합니다. 외국의 많은 사람들은 한국에 대해 정치적 혼란, 전투 경찰과 시위자들의 폭력적 충돌, 끊임없는 시위 등으로 가득 찬 나라라는 이미지를 갖고 있습니다. 군부 통치가 종식되었음에도, 시위는 계속되었죠. 마침내 연루된 사람들에게 엄중한 처벌을 내리는 많은 법안이 통과되었죠. 이로 인해 좀 더 폭력적인 투쟁은 사라지고, 새로운 형태의 투쟁이 생겨나게 되었죠. 바로 일인 시위예요. 문제가 되는 것은 이 조치가 바람직한 행위였는가 하는 겁니다. 지금 사람들의 표현의 자유가 너무 제한되고 있다는 우려의 소리가 높아요. 동시에 어느 누구도 과거의 폭력 사태가 다시 발생하는 것은 원치 않죠. 함께 이 문제에 대해 살펴볼까요?

실전 토론하기

1 | 한국에서 표현의 자유가 실행 가능할까요?

2 | 과거의 시위자들은 너무 과격했나요?

3 | 현재의 법률은 시위자들을 너무 제약하고 있나요?

4 | 일인 시위가 효과적이라고 생각하세요?

5 | 정부의 정책을 바꾸기 위해서 폭력 시위가 필요할 때도 있다고 생각하세요?

토론 시작

토론을 시작할 때

• 자, 여러분. 시작할까요?	All right, everyone. Shall we start?
• ~에 대해 이야기할 준비가 되셨나요?	Are you ready to talk about ~
• 자, ~에 대한 오늘의 토론을 시작하죠.	Okay, let' begin our discussion on ~
• ~에 대한 오늘의 토론을 시작하죠.	Let's open[start] today's discussion about ~
• 우선, ~에 대해 토론하죠.	First of all, let's discuss ~
• 토론을 시작하는 게 어때요?	How about we begin our discussion?
• 여러분 모두 오늘의 주제에 관해 주목해 주셨으면 합니다.	I'd like to bring everyone's attention to today's topic.

토론의 주제와 목적을 밝힐 때

• 오늘 우리는 여기서 ~에 관해 이야기할 것입니다.	We're here today to talk about ~
• 오늘 우리는 ~에 대해 이야기할 것입니다.	Today, we're going to talk about ~
• 오늘은 ~에 대해 이야기하죠.	Let's talk about ~ today.
• 오늘의 토론은 ~에 관한 것입니다.	Today's discussion will be about ~
• 이것은 요즘 굉장한 화젯거리죠.	This is a hot topic right now.
• 우리가 오늘 하고자 하는 것은 ~에 관해 토론하는 것입니다.	What we want to do today is to discuss ~
• 이 토론의 목적은 ~을 살펴보는 것입니다.	The purpose of this discussion is to find out ~

- 함께 이 문제에 대해 살펴볼까요?

- 오늘 우리는 그 문제에 관해 자세히 살펴보고자 합니다.

- 우리가 ~에 관해 얼마나 알고 있는지 이야기해 보죠.

- 이 토론이 끝날 때쯤 우리는 ~을 자문해 보아야 합니다.

Let's explore this issue together, shall we?

Today we want to take a closer look at the problem.

Let's discuss how much knowledge we have about ~

By the end of this discussion, we need to ask ourselves ~

의견 제시

상대의 의견을 물을 때

• 이 문제에 대한 당신의 의견은 무엇입니까?	What's your opinion on this?
• 그 점에 대해 어떻게 생각하세요?	What do you think about it?
• 이 주제에 대해 모두 어떻게 말하는지 들어 보죠.	Let's see what everyone has to say about this topic.
• 모든 사람들의 의견을 들어 보는 게 어때요?	Why don't we get some opinions from everyone?
• 여러분은 이 점에 대해 어떤 의견들을 가지고 있나요?	What are some points you would like to make about this?
• 테이블을 돌아가면서 모든 사람들의 의견을 들어 보죠.	Let's go around the table and hear everyone's opinion.
• 여러분 모두 어떻게 생각하시는지 묻겠습니다.	Let me ask what all of you think.
• 누구 여기에 대한 의견 있나요?	Who has an opinion on this?
• 누구 의견 발표하실 분 있나요?	Anyone else want to contribute?
• 다른 의견 있으세요?	Do you have any other ideas?
• 여러분은 이에 동의하나요, 반대하나요?	Do you agree or disagree with this?

자신의 의견[생각]을 말할 때

• 저는 ~라고 생각해요.	I think that ~
• 저는 ~라고 추측하고 있어요.	I guess that ~
• 저에게는 ~으로 여겨지는군요.	It seems to me that ~
• 저의 의견으로는	In my opinion,

• 저의 견해로는	In my view,
• 저의 견해는 ~입니다.	My point of view is ~
• 제 생각은 ~입니다.	What I think is ~
• 제가 알기로는	As far as I see it,
• 제가 아는 바로는	The way I see it,
• 저는 단지 ~을 말씀드리고 싶었습니다.	I just wanted to mention ~
• 저는 그것이 ~라고 생각합니다.	I consider it to be ~
• ~라고 말하면서 시작하고 싶군요.	Let me begin by saying that ~
• 여기서 ~을 언급하고 싶군요.	I'd like to point out here that ~
• 제 소견을 분명히 말씀드리자면,	If I may put in my two cents,
• ~에 대해 제가 어떻게 생각하는지 말해 볼게요.	Let me tell you what I think about ~

일반적 사실, 다른 사람의 의견을 빌어 이야기할 때

• 일반적으로, 보통	Normally
• 보통, 전형적으로	Typically
• 대체로	As a rule
• 전반적으로	On the whole
• 일반적으로 말해서	Generally speaking
• 평균적으로, 통상적으로	On the average
• 전문가들은 ~라고 말합니다.	Experts say that ~
• 많은 사람들은 ~라고 믿습니다.	Many people believe that ~

• 어떤 사람들은 ~라고 주장합니다.	Some people argue that ~
• 실제로 조사에서 ~라는 것을 보여 주었습니다.	Research has actually shown that ~
• 심지어는 ~한 경우도 들어 본 적이 있어요.	I've even heard of cases where ~
• ~에 관해 많은 연구가 행해졌습니다.	There have been many studies done on ~

예를 들어 이야기하고자 할 때

• 예를 들면	For example
• 예를 들어	For instance
• 한 예로	For one thing
• 단지 한 가지 예로	Just as an example
• 그 증거로 ~을 보세요.	For evidence, look at ~
• 이것을 예로 들어 보죠.	Take this for example.
• 제가 몇 가지 예를 들어 보죠.	Let me give you some examples.
• 제가 무엇을 말하고자 하는지 예를 들어 드리죠.	Let me give you an example of what I mean.
• 저의 의견에 대한 이해를 돕고자 예를 들어 드리겠습니다.	Let me give you an example to help you further understand my point.

이유, 결과를 밝히고자 할 때

• 그러므로, 따라서	Therefore[Thus]

• 이러한 이유로	For this reason
• 이로 인하여	On account of this
• ~의 결과로	As a result of ~
• 결론적으로	Consequently
• ~ 때문에	Because of ~
• ~때문에	Owing to ~
• ~로 인해	Due to ~
• 왜냐하면	Since[Because]
• 이것이 바로 ~한 이유입니다.	This is the reason why ~
• 그래서 바로 ~이 있는 것입니다.	That's why there are ~
• 그것이 바로 ~할 필요가 있는 이유입니다.	That's why there needs to be ~
• 이 얘기는 ~라는 의미입니다.	By this, I mean that ~
• 그것이 바로 당신의 의견에 동의할 수 없는 이유입니다.	That's why I can't agree with you on your point.

여러 가지 논거를 들어 말하고자 할 때

• 우선, 첫째로	First
• 무엇보다도, 우선	First of all
• 우선	To begin with
• 둘째로, 다음으로는	Secondly
• 다음으로	Next

• 그 다음에	After that
• 따라서	So then
• 마지막으로	Finally
• 마지막으로	Lastly
• 끝으로	At the end
• 마지막으로	At the last thing

경험에 비추어 이야기하고자 할 때

• 저의 경우에는	In my case
• 저로서는	For my own part
• 저의 경험으로는	In my experience
• 저의 개인적 경험에 대해 말씀드리겠습니다.	Let me tell you about a personal experience.

예상 혹은 추측하는 것을 말할 때

• 저는 ~라고 생각해요.	I suppose ~
• 저는 ~라고 생각합니다.	I would guess that ~
• 저는 ~라고 생각합니다.	I would assume that ~
• 아마 당신이 옳을 수도 있겠군요.	Perhaps you are correct.
• 결국 제가 옳았다는 것이 드러났어요.	It turned out that I was right.

• 더욱이, 게다가	Furthermore
• 게다가	Besides
• 뿐만 아니라	In addition
• 더군다나	What's more
• 설상가상으로	What's worse
• 설상가상으로	To make matters worse
• 다시 말하자면	In other words
• 제 말뜻은 ~입니다.	What I mean is ~
• 한 가지만 더 말하죠.	Just one more thing.
• 제가 더 설명해 볼게요.	Let me explain further.
• 제가 거기에 덧붙여 말하겠습니다.	Let me add to that.
• 제가 거기에 약간 덧붙이고 싶어요.	I'd like to add something to it.
• 당신이 방금 한 말에 대해 이야기하고 싶군요.	I want to talk about what you just said.

의견 제시

중요한 점을 강조하고자 할 때

• 우선, 무엇보다도	First of all
• ~은 중요합니다.	It's important to ~
• 중요한 것은 ~입니다.	The main thing is ~
• 이 점이 중요해요.	This is the main point.

가장 중요한 사항은 ~입니다.	The most important thing is ~
그것은 매우 중요한 점입니다.	This is a very important point.
그것이 바로 우리가 주목해야 할 점입니다.	That's what we should focus on.
그것이 바로 제가 말하고자 하는 핵심입니다.	That is the main point of what I'm saying.

자신의 확신을 밝히고자 할 때

물론, 당연히	Of course
당연히	You bet
분명히, 확실히	Undoubtedly
의심할 바 없이	Without a doubt
당연히 그렇죠.	Absolutely certain.
저는 ~라고 확신해요.	I'm certain that ~
저는 ~라고 확신합니다.	I'm convinced that ~
저는 ~을 굳게 믿고 있어요.	I firmly believe that ~
저는 ~라고 확고하게 믿고 있습니다.	I strongly believe that ~
저는 여러분 모두 ~일 것이라고 확신합니다.	I'm sure all of you ~
분명히 저는 ~하는 것은 잘못이라고 생각합니다.	I absolutely think it's wrong to ~
제가 틀렸다면 정정해 주세요. 그렇지만 저는 ~라고 확신합니다.	Correct me if I'm wrong, but I'm sure ~
여러분이 저의 의견에 동의하실 거라고 확신합니다.	I'm sure you'll agree with me.
여러분이 분명 ~라고 생각하게 될 거라고 여겨요.	I think you definitely would think ~

• 어느 누구도 ~라는 사실을 부인할 수는 없습니다.	No one can deny the fact that ~
• ~에 관해 알고 있다면 당신은 분명히 …도 알고 있겠죠.	If you know anything about ~, then you must know ...
• 분명히 우리가 뭔가 잘하고 있는 거예요.	Clearly we're doing something right.

예외의 경우를 밝힐 때

• ~은 제외하고	Except that ~
• 한 가지 예외 사항은 ~입니다.	One exception is ~
• 이것은 ~을 포함하지는 않죠.	This does not include ~
• 물론 한 가지는 언급해 두어야겠군요.	One should be mentioned, of course.
• 물론 예외는 있습니다.	There are exceptions, of course.

문제점에 관해 이야기할 때

• 문제는 ~입니다.	The problem is ~
• 문제는 ~입니다.	The trouble is ~
• 도대체 뭐가 문제인 거죠?	What's wrong with ~ ?
• ~하는 것은 정말 우스워요.	It's absolutely ludicrous to ~
• ~라는 점을 잊지 마세요.	Don't forget that ~
• 사람들이 깨닫지 못하는 것은 ~입니다.	What people don't realize is that ~
• 저는 분명히 ~은 틀린 거라고 생각합니다.	I absolutely think it's wrong to ~

놀랄 만한 사실을 이야기할 때

- 놀랍게도   Surprisingly

- 이상하게도   Strangely enough

- 믿든 믿지 않으시든 간에   Believe it or not

- 이상하게 들릴 수도 있지만 ~   It may sound strange, but ~

- 당신은 믿지 않으실 수도 있지만 ~   You may not believe this, but ~

이전에 한 말을 언급하고자 할 때

- 말씀하신 것처럼   Like you said

- 전에 말씀하신 것처럼   As you said before

- 언급하신 것처럼   As you've mentioned

- 전에 우리가 말한 것처럼   As we said earlier

- 전에 누군가 이것에 대해 말하지 않았나요?   Didn't someone mention this before?

제안하고자 할 때

- ~은 어때요?   How about ~ ?

- ~하는 건 어때요?   Why don't you ~ ?

- 좋은 생각이 있어요.   I've got an idea.

- 좋은 생각이 났어요.   An idea comes to my mind.

• 몇 마디 하게 해주세요.	Permit to say a few words.
• 제안 하나 할게요.	I have a proposition for you.
• 제안 하나 해도 될까요?	May I offer you a proposition?
• 제안해도 될까요?	Can I suggest something?
• 저는 ~라고 제안하고 싶습니다.	I'd like to suggest that ~
• 아마 당신은 ~할 수도 있겠군요.	Perhaps you could ~

요약하여 설명할 때

• 간단히 말해서	In short
• 간단히 말해, 즉	In brief
• 마침내, 결국에는	Finally
• 결국	In the end
• 정리하자면	To sum up
• 간단히 말하자면	To make a long story short
• 몇 마디로 하자면	To put it into a few words

이해 여부 확인

상대의 이해 정도를 확인할 때

상대의 말을 이해하지 못했음을 밝힐 때

상대의 말에 대한 이해의 정도를 밝힐 때

의견을 명확하게 하고자 할 때

상대의 말을 재확인할 때

설명을 요구하고자 할 때

유감, 의심을 나타낼 때

오해를 풀고자 할 때

상대의 이해 정도를 확인할 때

• 제 말을 이해하고 계시죠?

Are you following me?

• 제 말을 이해하고 계시죠?

Are you with me?

• 아시겠지요?

Is that clear?

• 제 말뜻을 아시겠어요?

Do you see my point?

• 제 말 무슨 뜻인지 아세요?

Do you know what I mean?

• 지금까지 잘 이해하고 있나요?

Do you understand so far?

• 제가 무슨 이야기를 하는지 아시겠어요?

Do you know what I'm talking about?

• 제가 무슨 말을 하려고 하는지 아시겠어요?

Do you see what I'm trying to say?

상대의 말을 이해하지 못했음을 밝힐 때

• 뭐라구요?

Pardon me?

• 뭐라고 하셨지요?

I beg your pardon?

• ~을 제대로 못 들었어요.

I didn't catch ~

• 잘 모르겠어요.

I don't follow you.

• 이해가 되지 않는군요.

I don't get it.

• 이해가 안 됩니다.

I don't understand.

• 다시 한 번 말씀해 주시겠어요?

Could you say that again?

• 다시 말씀해 주시겠어요?

Would you repeat that, please?

• 제가 잘 이해하고 있는지 모르겠어요.

I'm not sure I get your point.

• 무슨 말씀을 하시는 건지 잘 모르겠네요.	I don't quite see what you're trying to say.
• 당신이 무슨 말을 하고자 하는지 모르겠어요.	I don't see what you're getting at.

상대의 말에 대한 이해의 정도를 밝힐 때

• 알았어요.	I got it.
• 이해하고 있어요.	I'm with you.
• 무슨 말인지 알겠어요.	I see what you mean.
• 무슨 말을 하는지 알겠어요.	I see what you're saying.
• 당신이 무슨 말을 하려고 하는지 알겠어요.	I can see what you're trying to say.
• 그 정도면 명확하게 전달된 것 같습니다.	That seems clear enough.

의견을 명확하게 하고자 할 때

• 좀 더 상세하게 설명하자면,	To explain in more detail,
• 제가 의미하는 것은 ~입니다.	What I mean is ~
• 제가 한 말은 ~입니다.	What I really said is ~
• 제가 말하는 것은 ~입니다.	What I'm getting at is ~
• 제가 말하고자 하는 바는 ~입니다.	What I want to say is ~
• 제가 여기서 말하고자 하는 바는 ~입니다.	What I'm trying to say here is ~
• 그 점에 대해서 다시 설명드리죠.	Let me explain it to you again.

상대의 말을 재확인할 때

• 당신은 ~라고 말하고 있는 건가요?

• 당신은 지금 ~라고 말하려는 건가요?

• 제가 제대로 이해하고 있다면, 당신이 말하고자 하는 바는 ~이지요.

• 그러니까 다시 말해 당신이 말하고자 하는 것은 ~이지요.

• 그래서 지금까지 당신이 한 말을 요약해 본다면,

Do you mean to say ~ ?

Are you trying to say that ~ ?

If I understand you correctly, you are saying ~

So, in other words, you are trying to say that ~

So if I can just sum up what you've said so far,

설명을 요구하고자 할 때

• 무슨 뜻으로 그렇게 말씀하시는 건가요?

• 좀 더 구체적으로 설명해 주시겠어요?

• 그 점에 대해서 상세히 설명해 주시겠어요?

• 그 점을 좀 더 자세하게 설명해 주실 수 있나요?

• 좀 더 분명하게 말씀해 주실 수 있나요?

• 다시 한 번 말씀해 주실 수 있나요?

• 좀 더 상세하게 설명해 주실 수 있나요?

What do you mean by that?

Can you be more specific?

Would you expand on that please?

Can you explain that in more detail?

Could you clarify that a little more?

Can you go over that one more time?

Can you give me some more details on that?

유감, 의심을 나타낼 때

- 그렇게 말씀하시니 유감이군요.

  I'm sorry to hear that.

- 믿기가 어렵군요.

  I find that hard to believe.

- 믿을 수 없어요.

  Unbelievable.

- 전 여전히 회의적이에요.

  I remain skeptical.

- 제가 걱정하는 것은 ~이에요.

  What I'm worried about is ~

- 제가 우려하는 바는 ~입니다.

  What I'm concerned about is ~

오해를 풀고자 할 때

- 그런 뜻이 아니었어요.

  I didn't mean that.

- 제가 말한 것은 그게 아니에요.

  That's not what I meant.

- 그렇게 말한 게 아니에요.

  I said no such thing.

- 그런 의도로 말한 게 아니었어요.

  I didn't mean to imply that.

- 다시 명확히 말씀드릴게요.

  Let me clarify that.

- 다시 말씀드리죠.

  Let me rephrase that.

- 다시 설명해 볼게요.

  Allow me clarify.

- 오해하지 마세요.

  Don't take it the wrong way.

- 제가 분명하게 말할게요.

  Let me make myself clear.

- 당신이 제가 한 말을 오해하신 것 같아요.

  I think you misunderstood what I was trying to say.

개입하기

의사 발언 중 끼어들고자 할 때

• 잠깐만요.	Just a moment.
• 저도 할 말이 있어요.	I'd like to say something.
• 미안하지만, 제가 끼어들어도 될까요?	Excuse me, may I interrupt?
• 제가 끼어들어도 괜찮겠어요?	Is it okay if I interrupt?
• 제가 한마디 해도 될까요?	Can I something here?
• 여기서 제가 잠시 끼어들어도 될까요?	Can I interrupt for a minute here?
• 여기서 제가 말해도 될까요?	May I say something here?
• 저도 그 점에 대해 한마디 할게요.	Well, let me comment on that.
• 여기서 ~을 지적하고 싶습니다.	I'd like to point out here that ~
• 제가 몇 마디 덧붙이겠습니다.	Let me add a few more words to make sure.
• 제가 잠깐 끼어들어도 된다면, 방금 하신 말씀에 덧붙이고 싶습니다.	If I may interrupt for a moment, I'd like to add to what you just said.

상대의 의견이 논지에서 벗어났음을 밝힐 때

• 그건 다른 이야기죠.	That's another story.
• 당신의 얘기는 논점에서 벗어난 것 같군요.	I think your statement is off the point.
• 별로 관련이 없는 문제인 것 같아요.	I don't think that's really relevant.
• 우리가 주제에서 벗어나고 있는 것 같아요.	I think we're getting sidetracked.
• 실례지만, 지금 우리가 주제에서 벗어나고 있는 것	Excuse me, but I think we're getting off

같군요.	the subject.
• 미안하지만, 그것은 논점에서 벗어난 이야기인 것 같군요.	Sorry, but I think that is off the point.

상대의 지적, 개입에 반응할 때

• 흥미롭군요.	That's interesting.
• 당신 말이 맞아요.	You're right.
• 좋은 지적이십니다.	That's a good point.
• 하던 말을 마저 끝내도 될까요?	May I just finish?
• 마저 하던 말을 끝낼게요.	Let me finish what I was saying before.
• 저는 당신이 훌륭한 지적을 하고 있다고 생각해요.	I think you're making an excellent point.
• 그 점 지적해 주셔서 감사합니다.	Thank you for pointing that out.

주제에서 잠시 벗어나고자 할 때

• 토의 사항에는 없지만 ~	It's not on the agenda but ~
• 잠깐 주제에서 벗어나도 될까요?	Could I digress for a minute?
• 잠깐 주제와 다른 이야기를 해 보죠.	Let me get off the topic for a moment.
• 저는 사실 다른 문제에 대해 이야기하고 싶어요.	I'd like to bring up a different subject actually.

• 우리가 무슨 얘기를 하고 있었죠?

Where were we talking about?

• 다시 원래의 주제로 돌아가면,

Going back to the topic,

• 다시 원래의 주제로 돌아가죠.

Let's get back to the topic at hand.

• 다시 원래의 주제로 돌아가자면,

To get back to the topic on hand,

• 다시 ~에 관해 이야기하고 싶습니다.

I'd like to go back to talk about ~

화제를 바꾸려고 할 때

• ~에 대해 말하자면

Speaking of ~

• 그런데

By the way

• 그러고 보니 ~이 생각나네요.

That reminds me ~

• 잊어버리기 전에,

Before I forget,

• 다음 주제는 무엇인가요?

What's the next topic?

• ~로 넘어가야겠군요.

I should move on to ~

긍정과 부정

• 당신 말이 맞아요.	You're right.
• 당신이 정확히 옳았어요.	You were right on the nose.
• 100% 찬성이에요.	I agree 100%.
• 당신의 생각이 옳은 것 같아요.	I think you're on the right track.
• 제가 말하고자 했던 바와 비슷한 이야기군요.	That's kind of what I wanted to say.
• 저도 ~이 있다는 데에 동의합니다.	I agree that there's ~
• 저도 분명히 당신의 의견에 동의합니다.	I'm sure I can agree with you.
• 저도 ~에 대해 똑같은 의견을 갖고 있어요.	I have the same opinion about ~
• 저도 그렇게 생각하고 있었습니다.	That's just what I was thinking about.
• 저도 그 점에 있어서 당신에게 동의합니다.	Well, I'm go with you on that.
• 전적으로 당신의 의견에 동의해요.	I entirely agree with you.
• 저는 ~라는 사실에 전적으로 동의합니다.	I absolutely agree with the fact that ~
• 저는 당신의 의견에 전적으로 동의합니다.	I'm in complete agreement with you.

• 바로 그거예요!	That's exactly it!
• 바로 그렇게 되어야 합니다.	That's the way it should be.
• 정말 좋은 생각이군요!	What a good idea!
• 이제 제대로 말하시는군요.	Now you're talking.

• 일리가 있는 말이에요.	That makes sense.
• 좋은 의견들을 내놓으신 것 같군요.	I think you make some very good points.
• 저는 당신이 제대로 지적하셨다고 생각해요.	I think you've hit the nail on the head.

• 그 점은 이해할 수 있지만 ~	I can understand that, but ~
• 맞는 말일 수 있지만 ~	That's true, but ~
• 옳은 주장이지만 ~	Yes, that's a good argument, but ~
• 좋은 지적입니다만 ~	That's a good point, but ~
• 그럴 수도 있지만 ~	That's possible, but ~
• 어떤 면에서 사실일 수도 있지만 ~	In one sense that may be true, but ~
• 당신 의견은 옳지만 ~	You have a right to your opinion, but ~
• 당신 말에도 일리가 있을 수 있지만 ~	You might have a point there, but ~
• 그 점에 반대하는 것은 아니지만, 동시에 ~	I'm not against it, but at the same time ~
• 그럴 수도 있지만, 저는 여전히 ~라고 생각해요.	That may be so, but I still think that ~

• 미안하지만 전 생각이 달라요.	I beg to differ.
• 그건 틀린 겁니다.	That's just wrong.

당신은 틀렸어요.	You've got that wrong.
당신은 완전히 틀렸어요.	You're way off base.
당신은 완전히 틀렸어요.	You're dead wrong.
저는 그렇게 생각하지 않습니다.	I don't think so.
농담하시는 거겠죠.	You must be kidding me.
그건 말도 안 돼요.	That's ridiculous.
지금 농담하시는 거죠?	Are you kidding me?
당신 제정신이 아니군요.	You must be crazy.
저는 당신이 틀렸다고 생각해요.	I think you have the wrong idea.
어떻게 그런 말을 할 수 있어요?	How can you say such a thing?
당신 생각은 고루해요.	Your ideas are old-fashioned.
저는 당신의 의견에 동의하지 않아요.	I don't see eye to eye with you.
그 점에 대해서는 반대할 수밖에 없군요.	I'm afraid I have to disagree with that.
저는 조금도 동의할 수 없어요.	I couldn't agree less.
저는 전적으로 ~에 반대합니다.	I'm absolutely against ~
당신의 의견에 결코 동의할 수 없군요.	I can't agree with you a hundred percent.
그것이 사실인지 확신할 수가 없군요.	I'm not sure if that's true.
저는 전적으로 당신의 의견에 반대합니다.	I absolutely disagree with you.
저는 당신이 방금 한 말에 강하게 반대해요.	I strongly object to what you've just said.
절대로 거기에 동의할 수 없어요.	There's no way I can agree with that.
여기서 의견 차이가 나는 것 같군요.	I think this is where we disagree.

| 저는 그 점에 있어서 당신이 완전히 옳다고는 생각하지 않습니다. | I don't think you're completely correct on that point. |

상대의 의견에 반박하고자 할 때

그건 말도 안 돼요.	That's crazy.
그건 불공평해요.	It's not fair.
그건 있을 수 없는 일이에요.	That's out of the question.
공정한 것 같지 않네요.	I don't think that's fair.
저는 ~ 때문에 그 의견에 반대합니다.	I'm opposed to that idea because ~
그렇게 말하는 건 쉽지요.	That's easier said than done.
정말 잔인한 말이군요.	That's a pretty harsh statement.
그것은 전혀 이치에 맞지 않아요.	It just doesn't make sense.
당신의 의견은 이치에 맞지 않아요.	Your opinions don't hold water.
끼어들어서 미안하지만, ~처럼 들리는군요.	I'm sorry to interrupt, but it sounds like ~
~라고 해도 당신은 똑같은 의견을 내세울까요?	Wouldn't you have the same opinion if ~ ?
너무 많은 ~가 있다고 생각하지 않으세요?	Don't you think there are too many ~ ?
그렇지만 당신 역시 중요한 점을 놓치고 있다고 생각해요.	But I think you're also missing the point.
그것은 단지 당신 생각일 뿐이에요.	That's only what you think.
그들의 입장이 되어 생각해 보세요.	Put yourself into their place.
당신은 지금 자기 모순에 빠져 있다고 생각하지 않나요?	Don't you think you are contradicting yourself?

• 당신이 어떻게 ~라고 말할 수 있는지 이해할 수가 없군요.	I don't understand how you can say that ~
• 당신은 그 문제를 너무 단순하게 생각하시는 것 같군요.	You are looking at the problem too simply.
• 당신이 왜 그 이야기를 꺼냈는지 이해할 수가 없군요.	I don't see why you would bring that up.
• 맞는 말이지만 그것이 ~라는 사실을 바꿀 수는 없죠.	True, but that doesn't change the fact that ~

반론을 제기할 때

• 어쨌든	In any case
• 한편, 반면에	On the other hand
• 사실은 사실 그대로 보죠.	Let's face it.
• 한 가지만 분명히 하죠.	Let's get one thing straight.
• 당신 말이 옳다고 생각하지만 ~	I guess you're right, but ~
• 제가 틀릴 수도 있지만 ~	I may be wrong, but ~
• 그것은 견해상의 문제입니다.	It's a matter of opinion.
• ~이기 때문에 당신의 의견은 받아들이기 어렵군요.	Your views are hard to accept because ~
• ~의 문제를 다른 시각에서 생각해 볼 수도 있어요.	There are other ways of looking at the issue of ~
• 하시는 말씀을 이해합니다만 ~	I understand what you're saying, but ~
• 그것이 사실일지 모르지만, 제가 알기로는 ~	That may be true, but I know ~
• 저는 그것에 대해 좀 다른 생각을 가지고 있습니다.	I have a little different idea about it.

• ~이 있다는 점은 인정합니다.

I agree that there is ~

• ~라는 점은 인정해야겠군요.

I have to admit that ~

• 인정하기 싫지만 당신 말이 옳아요.

I hate to admit it, but you're right.

• 다른 방법이 없다면 ~

If there's not other way ~

• 만일 대안이 없다면 ~

If there's no alternative ~

• 당신은 정말 설득력 있는 의견을 가지고 있군요.

You have a convincing argument.

질문과 대답

누군가에게 무엇을 물어볼 때

· 왜 ~인지 궁금해요.

· 동의하세요?

· ~이 맞지 않나요?

· 질문 하나 해도 될까요?

· 당신에게 질문을 해야겠네요.

· 몇 가지 예를 들어주실 수 있나요?

· 그것이 맞다고 생각하지 않으세요?

I wonder why ~

Would you agree?

Isn't it true that ~

May I ask you a question?

I have to ask you something.

Can you give me some examples?

Don't you think that's true?

질문에 대답할 때

· 기꺼이 그 질문에 대답해 드리겠습니다.

· 이로써 모든 사람들의 질문에 대답이 될까요?

· 그 질문을 해주셔서 감사합니다.

· 당신의 질문에 답하자면 ~

I'd be happy to answer that question.

Does that answer everyone's questions?

Thank you for asking that question.

To answer your question ~

말이 막혔을 때

· 음, 글쎄요.

· 뭐랄까

· 사실은,

Well, let's see.

Let me see.

In fact,

• 그러니까 제 말은,	Well, I mean,
• 뭐라고 말해야 할까?	How can I say it?
• 어떻게 말해야 할까?	How should I put it?

답변을 회피할 때

• 글쎄요, 의심스럽네요.	Well, I doubt it.
• 저는 잘 모르겠네요.	I'm not sure about that.
• 저는 말하고 싶지 않아요.	I won't say.
• 잘 모르겠어요.	I don't know about that.
• 좀 더 생각해 볼게요.	Let me think about it.
• 저, 더 생각해 볼게요.	Well, I'll think it over.
• 그것에 대해서는 생각해 봐야 하겠네요.	I'll have to think about that.
• 그 문제에 대해서 생각할 시간을 좀 더 주시겠습니까?	Can you give me more time to think about that?
• 저는 특별히 할 말이 없네요.	I have nothing special to say for myself.
• 대답하기 전에 생각할 시간을 주세요.	Give me time before I answer.

어떤 점을 고려하라고 할 때

• ~을 고려해 보면	Considering ~
• ~을 보면	Seeing ~

• ~을 고려하면	Taking into account ~
• 여러분이 ~을 고려한다면	When you consider ~
• 모든 것을 고려해 보았을 때,	All things considered,

재고를 부탁할 때

• 그것은 당분간 보류합시다.	Let's put that on hold for now.
• 그 사항은 잠시 후에 처리합시다.	We'll be dealing with that in a moment.
• 다시 생각해 보세요.	Reconsider it.
• 좀 더 생각해 보세요.	Sleep on it, please.
• 한번 더 생각해 보세요.	Think twice.
• 다시 한 번 생각해 보시겠어요?	Would you think it over once more?

전문가 대담

토론 마무리

의견을 마무리지을 때

- 어쨌든 그것이 저의 의견이에요.

- 그것이 제가 이 주제에 대해 말할 전부예요.

- 그것이 이 문제에 대해 제가 말하고자 했던 전부예요.

- 이 주제에 관해서는 더 이상 이야기할 필요가 없는 것 같군요.

- 이 점에 대해서는 더 이상 이야기할 필요가 없는 것 같군요.

- 할 얘기는 다 한 것 같네요.

- 마지막으로 한마디 하겠습니다.

That's my opinion anyway.

That's all I had to say about this subject.

That's everything I wanted to say about this.

I don't think we need to go any further on this topic.

I don't think we need to talk about this any more.

I think that's all there is to it.

In conclusion, I should like to say a word.

결론을 내릴 때

- 따라서 우리는 ~라고 결정했습니다.

- 우리는 ~라는 결론에 도달하게 됩니다.

- 다시 확인하자면, 지금까지 우리는 ~하는 데 동의했습니다.

- 자, 우리가 지금까지 토론한 사항들을 정리해 보자면,

We have then decided to ~

We can make the conclusion that ~

Just to double check, we have so far agreed to ~

So, to sum up what we've discussed so far,

토론 마무리

논의가 더 필요할 때

• 아마 우리는 ~에 관해 더 이야기해야 할 것 같군요.

Maybe we need to talk more about ~

• 다음 번에 좀 더 이야기하도록 하죠.

Let's talk about this further next time.

• 이 문제에 대해서는 좀 더 토론이 필요할 것 같습니다.

I think we should discuss this a little more.

• 좀 더 시간을 갖고 이 문제를 생각할 필요가 있겠어요.

I think we need more time to consider this.

• 이 문제는 다음 회의 때까지 보류해야 할 것 같습니다.

I think this will have to wait until our next meeting.

• 결정하기 전에 좀 더 정보가 필요한 것 같습니다.

I think we need a little more information before we can decide.

• 이 문제에 대해서는 좀 더 면밀히 살펴보아야 합니다.

We need to look at this more carefully.

토론을 마칠 때

• 오늘은 여기서 끝내야 할 것 같습니다.

Perhaps we should stop here for today.

• 우리 논쟁은 그쯤에서 끝냅시다.

Let's end our argument there.

• 오늘 우리에게 주어진 시간이 다 되었군요.

That's all the time we have for today.

• 이것으로 이 문제에 관한 토론을 끝내죠.

That closes our discussion on this matter.

• 여기서 그만 마쳐야 할 것 같습니다.

I'm afraid we'll have to finish here.